贵阳海关年鉴

2023

《贵阳海关年鉴（2023）》编纂委员会　编

中国海关出版社有限公司

·北京·

图书在版编目（CIP）数据

贵阳海关年鉴 . 2023 ／《贵阳海关年鉴（2023）》
编纂委员会编 . --北京：中国海关出版社有限公司，
2024. 6. --（中国海关史料丛书）. --ISBN 978-7
-5175-0813-7

Ⅰ. F752. 55-54

中国国家版本馆 CIP 数据核字第 2024RA3004 号

贵阳海关年鉴 （2023）

GUIYANG HAIGUAN NIANJIAN （2023）

作　　者：《贵阳海关年鉴（2023）》编纂委员会

责任编辑：傅　晟

责任印制：孙　倩

出版发行：中国海关出版社有限公司

社　　址：北京市朝阳区东四环南路甲 1 号　　　　　　邮政编码：100023

编 辑 部：01065194242-7502 （电话）

发 行 部：01065194221/4238/4246/5127 （电话）

社办书店：01065195616 （电话）

　　　　　https：//weidian. com/？userid＝319526934 （网址）

印　　刷：北京新华印刷有限公司　　　　　　经　　销：新华书店

开　　本：889mm×1194mm　1/16

印　　张：17　　　　　　　　　　　　　　　字　　数：367 千字

版　　次：2024 年 6 月第 1 版

印　　次：2024 年 6 月第 1 次印刷

书　　号：ISBN 978－7－5175－0813－7

地图审图号：GS 京（2022）1441 号

定　　价：180. 00 元

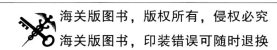

《贵阳海关年鉴（2023）》
编纂委员会

主 任 委 员 龙卫东

副 主 任 委 员 王松青　孙永泉　蒋　莉　马　琨　钟汉莎
蔡　皿　熊　烽　詹水旭　郭　洁　刘亚宁

编纂委员会委员 汪道钦　熊　剑　李永良　付　红　方晓红
何　忠　刘礼静　姜尚好　张　毅　王向荣
周雪松　陈　军（科技处）　吕琪泳　杨天明
丁　辉　刁韶峰　曾内耀　李雪梅　黄维洪
李　峰　马小龙　郑　峰　王　芳　何亚乔
雷平顺　何　刚　张宗利　黄　勇　周险峰
孙　靖　于向东　张洪波　袁　玲

编辑说明

一、《贵阳海关年鉴（2023）》是由贵阳海关主办的系统反映贵阳海关 2022 年度改革与发展基本情况及重大活动的史料性文献资料，为人们了解、研究贵阳海关工作情况提供信息资料，也为续修《中国海关通志》积累史料。

二、《贵阳海关年鉴（2023）》编纂工作，坚持以马克思列宁主义、毛泽东思想、邓小平理论、"三个代表"重要思想、科学发展观、习近平新时代中国特色社会主义思想为指导，力求全面、客观记录新时代贵阳海关改革发展历程，不断丰富贵阳海关历史文化，充分发挥年鉴存史、资政、育人作用，为建设社会主义现代化海关提供精神动力和史实支撑。

三、《贵阳海关年鉴（2023）》记载时限为 2022 年 1 月 1 日至 12 月 31 日，记载贵阳海关贯彻落实党中央、国务院决策部署取得的新业绩、新进展和新经验，全景式展现贵阳海关在服务国家战略、强化监管优化服务、统筹疫情防控和经济社会发展等方面的实践。

四、《贵阳海关年鉴（2023）》采用分类编辑法，分 3 个层次：类目、分目和条目。类目下设若干分目，分目下设若干条目，采取条块结合的记述方式。共设置 10 个类目，即特载、专记、大事记、党的建设、业务建设、综合保障、隶属海关、直属事业单位、荣誉·名录、海关统计资料。附录收录 2022 年贵阳海关参与署级、省级课题政策研究成果，2022 年贵阳海关高级认证企业名单等。力求重点突出，图文并茂，服务当代，惠及后世。

五、《贵阳海关年鉴（2023）》在贵阳海关关史办的组织下，由各部门、各隶属海关负责提供资料及撰写工作，贵阳海关年鉴编辑部负责年鉴的类目设置、统稿、编审及校对工作。

前　言

2022 年是党和国家历史上极为重要的一年，是贵州发展史上极不寻常的一年，也是贵阳海关推动贵州高水平开放、高质量发展的关键一年。一年来，全关落实党中央、国务院重要决策和海关总署党委工作部署，把握"一个主题"、找准"两个齿轮"、注重"三个导向"、做好"三个创新"，主动抓好任务落实，书写高质量发展答卷。

2022 年，贵阳海关始终坚持党建引领"凝心铸魂"。坚持把学习宣传贯彻党的二十大精神作为首要政治任务，落实习近平总书记视察贵州重要讲话精神，贯彻落实习近平总书记重要讲话和重要指示批示精神，全面深入推进"第一议题"制度落地见效。扎实开展"学查改"专项工作和政治机关建设专项教育活动，争当政治机关建设"排头兵"，使忠诚成为黔关党员干部的政治品格。抓基础、强基本、重基层，持续深化"四强"党支部建设，推出一批叫得响、质量优、特色显的支部品牌，办公室党支部、贵阳龙洞堡机场海关第一党支部、六盘水海关综合业务党支部顺利通过全国海关党建示范（培育）品牌复核，铜仁海关综合业务党支部被评为全国海关党建培育品牌。强化乡村振兴接续发展，扎实开展"双联双促"活动，党委班子成员结对帮扶 9 名困难群众，持续投入专项帮扶资金，建成"金钥匙"文化广场、修缮 7.8 千米灌溉水渠等工程项目。

2022 年，贵阳海关始终坚持服务大局"守正创新"。坚持目标导向、问题导向、结果导向相统一，不断创新思路、创新举措、创新监管，在全面深化改革中服务贵州开放型经济取得新进展。推动签署新一轮署省合作备忘录。促成海关总署批复"一局四中心"项目 3 个指定监管场地建设申请。助力解决贵州航宇科技发展股份有限公司环形锻件商品编码归类疑难问题，每年可为企业节约成本约 1000 万元。推动"贵阳综保型国际陆港"建成运营，实现中欧、中老两大铁路列车在贵州交汇。出台促进贵州外贸保稳提质十六条措施，综合运用"线上+线下"模式开展大调研工作，建立服务企业长效机制，梳理形成关区 61 家重点企业名单库，针对性解决 116 项问题。加大自由贸易试验区海关监管创新制度复制推广力度，融资租赁海关监管制度成功在贵阳综合保税区落地。支持跨境电商新业态发展，指导备案 6 个跨境电商海外仓，推动跨境电商"1210"（保税跨境贸易电子商务）新业态试点工作，推动跨境电商"9710"（跨境电商 B2B 直接出口）业务在全关区落地。署长俞建华在全国海关年中工作会议上点名表扬贵阳海关扎实推进法治建设工作。

2022 年，贵阳海关始终坚持安全发展"实干笃行"。坚持强化监管和优化服务相统一，持续严防疫情，严打走私，严守安全。慎终如始抓好疫情防控，有序开展"关长走进口岸封管区"，有效应对属地疫情，落实关心关爱举措。筑牢国门生物安全防线，持续推进"国门绿盾 2022""跨境电商寄递'异宠'综合治理"专项行动，查获外来物种 6 种次、共 63 只。加强知识产权海关保护，查获侵权货物 1020 件，实现货运渠道查发"零"的突破。统筹开展"国门利剑 2022"联合专项行动，立案 39 起，破获 1 起特大利用邮递渠道走私贩卖 γ-羟基丁酸毒品案，被公安部批准为部督目标案件。构建业务风险立体防控体系，建立安全生产风险隐患"吹哨人"预警机制，扎实开展"口岸危险品综合治理"百日专项行动，与地方部门开展联合执法 31 次，通报、移送安全隐患问题 14 项，安全生产专项整治三年行动顺利收官。

2022 年，贵阳海关始终坚持队伍建设"选优配强"。坚持"引""选""育"结合，优化干部队伍结构，畅通领导干部能上能下通道，以工作实绩检验干部。年内选拔任用处科级领导干部 53 名，事业单位管理领导 3 名。突出职务职级并行，开展干部择优晋升职级工作，完成 71 名干部职级晋升。先后组织 523 人次参加业务专题培训和考试并获得卫检、动植检等相关岗位资质，参加 3 期海关总署危险品检验岗位资质考核，总体通过率达到 90.5%，排名全国前列。落实关心关爱防疫一线干部职工长效工作机制，对工作表现突出的 43 名同志进行表彰奖励。7 个集体、9 名同志获省部级表彰。1 个教培课件首次获全国海关教育培训中心采用。

2022 年，贵阳海关始终坚持后勤保障"集约高效"。坚持集中财力保民生、保运转、保发展，坚决落实"过紧日子"要求，贵阳海关机关及所属 9 个隶属海关获得财政部等四部门授予的"节约型机关"称号。持续深化模范机关建设，举全关之力办大事，获得"全国文明单位"称号。统筹解决老干部独生子女补贴历史遗留问题和干部职工子女假期托管难问题，办好民生实事。完成综合保健中心、缉私局办公场所搬迁，推动完成铜仁海关办公大楼置换工作。

图 例

⊗	直属海关单位	◉廷布	外国首都	— — — — — —	地级市界
⊕	隶属海关	——	自治州行政中心 地区、盟行政公署驻地	··············	县（区、市）界
•	派出机构	◎东城区	县（区、市）政府	— — — — —	铁路
⊙	海关特殊监管区域	○庞各庄镇	乡（镇）政府、街道办事处	—○G10○—	高速公路及编号
●	口岸	✈北京首都 国际机场	机场	············	国道
🚆	铁路口岸	▲泰大顶 1509	山峰 高程	——————	省道
⚓	水运口岸	—■—■—■—	国界	············	其他道路
✈	航空口岸	—■ ■ ■—	未定国界	～城～	河流 湖泊
🚚	公路口岸	— — — — —	地区界		沟渠
●	境外口岸	············	军事分界线		桥梁 渡口
◉北京市	首都	— ·· — ·· —	省界	⚓	港口 码头
◎石家庄市	省政府	— — — — —	未定省界	∏∏∏∏∏	长城
◎廊坊市	地级市政府	— — — — — —	特别行政区界		珊瑚礁

注：本书中的关境图，不包括香港，澳门，台湾、澎湖、金门、马祖单独关税区。

海关专题图片 领导活动

> 2022 年 4 月 8 日，贵阳海关党委书记、关长王松青（右三）调研晶泰科（贵州）光电科技有限公司（王梦阳　摄）

> 2022 年 7 月 21 日，贵阳海关党委书记、关长王松青（右二）调研贵州亚狮龙体育文化产业发展有限公司（杨珺轶　摄）

∧ 2022 年 7 月 26 日，贵阳海关党委书记、关长王松青（前排左二）到遵义市茅家铺村调研五指葱产业发展情况 （陈健　摄）

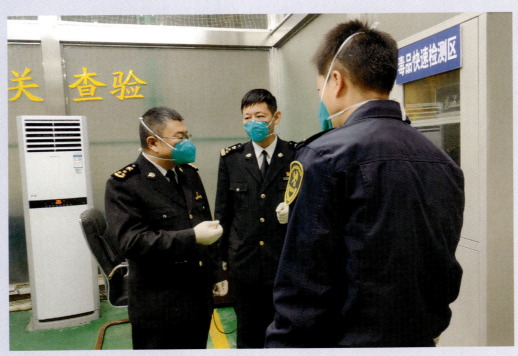

∧ 2022 年 11 月 22 日，贵阳海关党委委员、副关长孙永泉（左一）带队赴贵阳龙洞堡机场海关开展"跨境电商寄递'异宠'综合治理"专项行动、外来物种入侵口岸防控工作督导检查（伏吉仙　摄）

∧ 2022 年 8 月 5 日，贵阳海关党委委员、缉私局局长郭洁（右三）赴遵义市绥阳县开展"双联双促"帮扶活动（熊冰晶　摄）

∧ 2022 年 3 月 8 日，贵阳海关党委委员、副关长詹水旭（站立第一排左四）参加贵阳海关"黔关巾帼展新颜 喜迎党的二十大""三八"妇女节系列活动　（段晖　摄）

∧ 2022 年 4 月 20 日，贵阳海关党委委员、纪检组组长刘亚宁（左二）赴贵阳海关综合技术中心（贵州国际旅行卫生保健中心）调研指导专项整治工作 （梁艺馨 摄）

∧ 2022 年 6 月 9 日，贵阳海关党委委员、副关长马琨（右一）赴贵州思特技术有限公司调研 （龙霄 摄）

∧ 2022 年 5 月 18 日，贵阳海关所属筑城海关保障贵州首批中老铁路国际货运列车衔接中欧班列过境货物通关 （左耘 摄）

∧ 2022 年 10 月 18 日，贵阳海关所属铜仁海关对出口打火机产品实施监管 （雷柯伦 摄）

∧ 2022 年 11 月 24 日，贵阳海关所属凯里海关支持贵州生猪首次供应澳门 （肖田野 摄）

^ 2022 年 12 月 1 日，贵阳海关综合技术中心（贵州国际旅行卫生保健中心）在第 35 个"世界艾滋病日"向出入境人员讲解艾滋病防治知识 （史玉璇 摄）

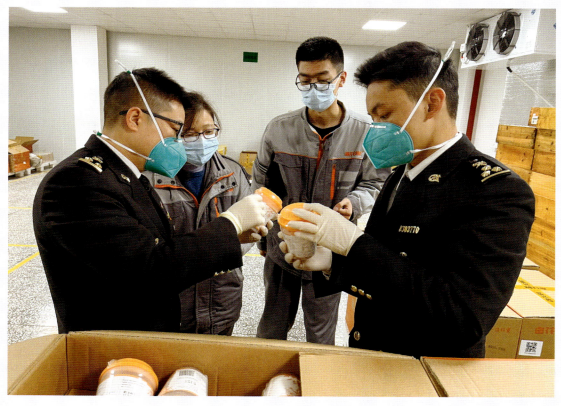

^ 2022 年 12 月 2 日，贵阳海关所属铜仁海关助力贵州蜂蜜首次出口澳大利亚 （匡世超 摄）

目 录

第六篇　综合保障

第七篇　隶属海关

第一篇

特载

深入贯彻党的十九届六中全会精神
深化政治机关建设　强化监管优化服务
为助力贵州高水平开放高质量发展作出新贡献

——在 2022 年贵阳海关工作会议上的讲话
贵阳海关关长、党委书记　王松青
（2022 年 1 月 27 日）

本次会议的主要任务是：以习近平新时代中国特色社会主义思想为指导，全面贯彻党的十九大和十九届历次全会精神，深入落实全国海关工作会议、全面从严治党工作会议以及贵州省委经济工作会议、全省开放型经济发展大会部署，总结 2021 年工作，分析研判形势，明确思路，研究部署 2022 年工作。

一、2021 年主要工作回顾

（一）聚焦党建引领，以学习为主线，加强政治建设，全面贯彻落实党中央决策部署

一是政治机关意识不断强化。坚持把学习贯彻习近平总书记重要指示批示精神作为关区的首要政治任务，固化为党委会、形势分析例会和党委理论学习中心组学习第一议题，第一时间学习研究，定期督办问效。全年组织党委理论学习中心组学习 11 次，集中研讨 5 次，关党委讲授专题党课 8 人次。持续深化基层党建

"强基提质工程"，指导执法一线科室成立 14 个新党支部，基层党建进一步夯实。3 个党支部获评全国海关党建示范品牌、培育品牌，1 个党支部获评省直机关"星级""示范"党支部。

二是中央决策部署落实坚决。以最坚决的态度、最迅速的行动、最有力的举措，贯彻落实习近平总书记重要讲话和重要指示批示精神，以实际行动走好践行"两个维护"第一方阵。严厉打击"洋垃圾"、象牙等濒危野生动物及其制品走私，查获象牙制品 14 件、红珊瑚制品 7 件、濒危愈创木 6 件，首次在保税维修业态查发固体废物。严厉打击"水客"走私，破获 1 起利用"水客"走私普通货物案件，查扣疑似涉案奢侈品 300 余件。传好脱贫攻坚与乡村振兴"接力棒"，选派 2 名干部完成驻村第一书记轮换，投入专项帮扶资金 40 万元，各党支部开展党建帮扶活动 20 余次。

切实从政治层面强化业务工作，举一反三，全面梳理评估关区业务领域存在风险，深入推进政治机关建设。

三是党史学习教育扎实开展。将党史学习教育作为庆祝中国共产党成立 100 周年系列活动的重要内容贯穿全年，组织开展"重温长征精神""察民情访民意"等 20 项活动，扎实开好专题民主生活会。全年专题学习党史 5 次，举办读书班 2 期，高质量完成西南文化协作区线上党史知识竞赛和红色故事汇演活动。制订"我为群众办实事"实践活动方案，细化、合并 52 项重点任务清单和 132 条重点民生项目清单，建立工作台账和月报报送制度，确保实践活动高质量完成，形成办实事项目经典案例 12 个。

（二）聚焦国门安全，以责任为使命，坚持依法把关，全面织密织牢立体监管网络

一是坚决筑牢口岸检疫防线。坚持"外防输入、内防反弹"总策略，严格落实"三查三排一转运""7 个 100%"等卫生检疫措施和集中封闭管理规定，持续更新完善疫情防控相关工作方案，强化培训演练、联防联控及个人安全防护自查督查，严格做好入境客运航空器终末消毒监督。全年检疫出入境航班 38 架次，出入境人员 596 人次，排查处置高风险人员 319 人次。首次承担六国外事包机检疫监管保障任务，做到"通得快""检得准""零感染"，有效服务国家外交工作大局，获外交部和贵州省外事办充分肯定。顺利完成圭亚那归国劳务人员包机检疫监管任务，为我国采取"一廊两站"疫情防控模式接回境外滞留人员贡献了贵州方案。抓好进口冷链食品和高风险非冷链集装箱货物全链条常态化防控。持续巩

固内部防控，妥善应对遵义、铜仁等地突发疫情。落实疫苗接种"应接尽接"要求，除禁忌症外，干部职工接种率达 100%，符合接种加强针条件的 590 人完成接种。全年全关实现疫情"零遗漏"、工作人员"零感染"的"双零"目标。

二是坚决筑牢重点监管防线。强化重点敏感商品及新增出口法检商品监管，认真落实国家宏观调控政策。扎实开展安全生产专项整治三年行动和"安全生产月""安全生产万里行"活动，动态更新问题隐患与制度措施"两个清单"，开展隐患排查 16 次，发现问题 41 项并全部整改，全年未发生安全责任事故。开展跨境电商进口走私"断链刨根"专项行动，以贵州省内 3 个综合保税区跨境电商进口"1210"模式为排查重点，织密织严跨境电商防控网络。与国安等部门合作开展"清邮""阻源"等专项行动，协助查办危害国家安全案件 2 起，查发政治类有害出版物 80 余件。开展"国门绿盾 2021"行动，强化外来物种入侵、濒危物种及其制品风险分析和研究，切实防范有害生物输入风险。全年查获政治反宣品、毒品、濒危物种、危险品等 1899 批次，增长 13.8 倍，实现关区知识产权案件实质性查获"零"的突破，有力维护中国共产党成立 100 周年良好政治环境。

三是持续做好税收征管。稳固已有税源、挖掘新兴税源、引导税收回流，税收入库 6.92 亿元，增长 32.31%。持续深化原产地业务改革，积极做好 RCEP 生效准备工作，原产地业务量稳步增长，共签发原产地证书 6321 份，增长 6.8%。做好税收风险防控，各类补税合计 1556.25 万元，增长 3.4 倍；9 条税收风险

参数建议被税收征管局采纳，为历史最好水平。扎实开展税政调研，3 项建议获关税征管司采纳，1 条调整建议被 2022 年关税调整方案采纳。

四是坚决筑牢打击走私防线。统筹推进打击走私"国门利剑 2021"与禁毒"大扫除""净边"专项行动，与公安、国安、邮政、中检等部门建立协作机制，提升多维作战水平。加强与贵州省相关部门沟通协调，理顺涉案物品移交程序，建立完善海关查获走私冻品和固体废物移交处理机制。深入开展数据监控和数据核查，持续跟踪贵州出口手机异常增长情况，成功侦破出口手机走私案，积极维护健康的外贸环境。持续完善"防控—监管—打私"风险研判协作机制，推动资源整合，强化全员综合打私水平。2021 年，立案查办案件 46 起，案值 1.36 亿元；刑事立案 8 起，案值约 1200 万元；行政立案 38 起，案值约 1.24 亿元。

（三）聚焦产业发展，以提效为重心，深化改革创新，全面培育壮大外贸市场主体

一是大力推动业务改革深化。持续深化"放管服"改革，取消报关企业注册行政许可审批，报关单位实现全程网办，大幅缩短企业备案时间。深入推广"提前申报""两步申报""多证合一""注销便利化"等改革措施，"两步申报"占比增长 381.9%，"多证合一"备案企业增长 80%，"注销便利化"实现首次办理。以查发问题为导向，稳步推进稽查业务和属地查检改革，建立跨关区稽查作业模式，不断提升查发效能。

二是大力优化口岸营商环境。成立工作小组，开展营商环境跨境贸易指标调研，推动考核能力逐步提升。持续巩固压缩整体通关时间

成效，强化通关监控和异常处置，2021 年，贵阳海关进口货物整体通关时间 9.62 小时，出口货物整体通关时间 0.56 小时，较 2017 年分别压缩 89.16%、92.88%，超过国务院"压缩比不低于 50%"目标。每月对照自查涉企收费，开展 3 次收费单位现场检查，坚决杜绝违规收费。加强进出口领域信用体系建设，开展企业信用培育 52 家，顺利认证通过关区第一家贸易型高级认证企业。

三是大力促进外贸产业增长。推动贵州省跨境电商"9610""9710""9810"模式相继开通，跨境电商业务出口模式全部落地，9 个隶属海关全部覆盖跨境电商业务。保障贵州首发直达中欧班列启动，为贵州融入"一带一路"发展机遇作出新的贡献。积极服务贵州 12 大农业特色产业和 10 大工业产业健康发展，出台促进特色商品出口措施。全力支持鲟鱼产业发展，新增企业备案 5 家，出口鲟鱼货值达 222.1 万美元。出台 15 条措施支持综合保税区进境粮食加工产业发展，主动解决企业资质和粮食调运等困难，全年调运监管进境粮食 44.8 万吨，此项工作获评 2021 年度省综合考核服务高质量发展改革创新奖。成立专班推动贵州轮胎股份有限公司完善加工贸易管理，完成系统改造。2021 年贵州省货物贸易进出口总值达 654.2 亿元，增长 19.7%，折合 101.3 亿美元，突破百亿美元大关，达到 2016 年以来新高点。

（四）聚焦扩大开放，以服务为宗旨，抢抓重要机遇，全面加速推动开放平台建设

一是加速推动口岸对外开放。抢抓贵阳机场 T3 航站楼建设机遇，顺利完成智慧航空口岸 T3 航站楼项目预验收和智慧口岸大数据项目初步验收工作，贵阳海关首次实现个人健康

码的申报接口调用和旅通系统业务数据落地，为全国 6 个海关之一。加强遵义新舟机场口岸公共卫生核心能力建设指导，做好正式验收准备。审定铜仁凤凰机场海关监管区域改造方案，助推口岸监管能力提升。

二是加速推动综合保税区高质量发展。牵头组织贵州省有关部门完成贵阳、贵安综合保税区围网整改项目验收，补足贵州省综合保税区绩效评估短板。制订保税维修、再制造监管方案，支持维修企业拓展保税检测业务，推动业务健康合规发展。2020 年，贵阳综合保税区排名较 2019 年提升 6 名，贵安综合保税区排名提升 4 名，遵义综合保税区在中西部地区 55 个综合保税区中排名第 40 位。

三是加速推动重点平台建设。围绕"有效监管、高效运行"总体目标，持续优化"一局四中心"项目总体规划布局，推动制定"一局四中心"通关业务流程，积极推动贵州双龙保税物流中心（B 型）申建，指导改貌铁路海关监管作业现场尽快开展业务。

（五）聚焦队伍建设，以强基为根本，从严治党治关，全面锤炼锻造准军队伍作风

一是抓好政研信宣提升影响。2021 年，贵阳海关成为贵州省开放型经济发展大会 3 家受邀发言单位之一，积极为全省开放发展出谋划策，向全省人民发出了海关促开放的郑重承诺，展现海关主动服务的良好形象。围绕省领导工作要求，靶向发力，迅速组成 6 个专题小组，形成 12 篇政研报告，成果获省领导积极肯定。统计政研水平不断提升，"RCEP 对贵州外贸产业影响分析研究"课题在 2021 年度贵州省委全面深化改革重大调研课题评选中获得三等奖，获省领导批示肯定。信宣质量稳步提

升，首次承办海关总署办公厅互联网信息能力提升行动，总署相关信息载体采用 6 篇次，创历史新高，连续两年获评全省政务信息工作先进单位；外贸案例首次获中央电视台《新闻联播》采用，脱贫攻坚事迹获得海关总署融媒体全平台宣传，并获 2 位署领导批示肯定；全年撰写的专报、信息获省委、省政府领导批示 25 篇次。

二是抓好行政综合保障。坚持创先争优，在贵州省综合考核改革创新项目评比中连续四年获一等奖，继续保持全国文明单位称号。持续提升政务运行效率，办文、办会、办事更加规范高效，政务公开、网站管理工作更加便捷有序，值班应急、机要保密和档案管理进一步加强，1 名同志被评为全国海关机要保密工作先进工作者。法治建设不断加强，贵阳海关获贵州省"七五"普法先进集体。派员参加海关总署修订《中华人民共和国海关法》专班，为修订工作贡献黔关力量。坚决落实"过紧日子"要求，出台 12 条持续"过紧日子"措施，从严从紧控制预算资金，集中财力优先保民生、重点保运转、精准保发展。强化关区网络安全监控，在公安部组织的网络攻防演习中，关区网络设施与信息系统连续三年未被攻破。用心用情做好老干部工作，退休干部狄兆全同志获"贵州省优秀共产党员"称号。共青团工作有声有色，1 名同志获评全国优秀共青团干部，首次得到团中央表彰。积极协调地方政府，彻底解决凯里海关办公楼产权的历史问题，推动铜仁海关办公大楼置换工作取得重大进展。

三是抓好巡察审计监督。抓好巡视整改"回头看"，紧盯 26 项巡视中长期整改措施，有效阻止"前紧后松"和问题反弹。开展巡察

工作，坚持以上促下、贯通联动，组建 4 个巡察组对 12 个部门单位开展常规政治巡察，提出 56 条整改建议，有序推进整改。严格落实海关总署专项审计自查，对 9 家单位开展实地核查，发现问题 19 个并全部整改完成；严格落实"凡离必审"要求，完成 7 名岗位调整的领导干部离任经济责任审计，持续强化内部审计监督。针对 16 项重点领域和关键环节的高风险内控节点，创新设计内部风险防控清单，构建基层自控、职能监控、专门监督的内控管理闭环回路。积极参与署级执法评估项目，上下联动开展系列专项评估。

四是抓好干部人事工作。进一步拓宽干部培养空间和渠道，1 名干部获海关总署提任直属海关副厅级领导干部。树立正确选人用人导向，完成 1 名正处级领导干部进一步使用、5 名正处级、5 名副处级、16 名科级领导干部选拔任用，27 名干部套转为专业技术类公务员。选拔使用优秀年轻干部，机构改革后首次提拔 80 后正处级领导干部 1 名、85 后副处级领导干部 1 名，首次完成 1 名 30 岁以下执法一线科长的配备工作。注重职务与职级齐头并进，择优晋升 44 名职级干部，提拔 17 名职级干部担任处科级领导职务。突出培训实效，选派 18 名关员到上海海关跟班锻炼，组织 51 人参加海关总署商检领域岗位练兵和技能比武，2 名同志成绩位居前列。

五是抓好专项整治活动。扎实开展"现场监管与外勤执法权力寻租"专项整治活动，坚持"开门搞整治"，广泛张贴宣传海报，调研企业 175 家、发放问卷调查表 388 份、开展谈话 310 人次，寄发告知书 937 份。成立 3 个检查组对 12 个执法一线部门（单位）开展实地督查，全力配合海关总署实地检查，提交印证材料约 2400 份。推动专项整治与正风肃纪反腐综合治理协同贯通，将专项整治成果转化为制度成果，建立完善贵阳海关—隶属关—科级层面制度机制 18 个，实现综合治理、标本兼治。

六是抓好事业单位管理。积极助力事业单位良性发展，3 个事业单位全部完成岗位聘任，调整 8 名事业人员返回事业岗，进一步充实事业单位人力资源，3 名干部取得副高级职称，为历年之最。推动数据分中心首次实现实体化运作。贵阳海关综合技术中心（保健中心）实验室顺利通过 CNAS 认可扩项现场评审和 CMA 线上评审，获认可检测能力突破 3000 项；"贵州国际旅行卫生保健中心"名称首次被纳入医疗机构执业许可范围。稳妥做好事业单位所属企业脱钩，依法依规开展脱钩企业清理，妥善安置企业职工，平稳完成注销工作。

七是抓好职工关心关爱。全力做好封闭管理人员支持和保障，聘请专业心理咨询机构提供线上心理疏导，先后慰问 2 批次解除封闭管理人员。落实基层联系点制度，关党委委员分别联系 2 个执法一线科室，赴基层蹲点调研、与科长谈心谈话，共同促进基层发展。加大表彰奖励力度，推荐 2 名执法一线科长参评海关总署"百名优秀执法一线科长"，全年获各类表彰嘉奖的执法一线科长占比达 43.5%。

上述成绩的取得，得益于海关总署党委的坚强领导，离不开贵州省委、省政府和社会各界的理解帮助，更凝聚着关区全体干部职工的心血和汗水。在此，向一直以来关心支持贵阳海关工作的社会各界人士，向关区全体干部职工、离退休干部和家属，表示衷心的感谢！

在看到成绩的同时，我们也要清醒地认识到，关区工作还存在一些不足：

一是基础工作、基层队伍还较为薄弱，仍需固本强基、练好内功，在抓基础工作时，有的还不够迅速、不够仔细、不够彻底，业务、政务等方面都还存在不同程度的薄弱环节；在抓基层建设上用劲不足，人力配置、人员素质、绩效考核、日常管理等方面都还需继续加强。同时，在统筹做好"强化基础"和"全面提升"上思考得还不深、谋划得还不多、行动得还不够，没有处理好强基、提质的双重压力，仍需在巩固基础、创先争优上下功夫、创成效。二是还不能充分胜任贵州省大开放的机遇和挑战，政策储备、能力储备、人才储备都还需进一步加强，距离完成"一达到、三翻番"的任务目标还需加大工作力度。三是在干事创业上，办法还不多、眼界还不广、思想还不够解放，工作的钻劲、韧劲、狠劲不足，一些工作开局良好、结果不佳，未能实现良好预期。四是形式主义、官僚主义的问题仍有表现，工作简单应付、做表面文章等现象依然存在，面对工作中存在的问题，有的同志直面应对的勇气还不足，还存在畏难、推诿、绕着问题走的现象。有的同志在统筹带队伍、抓纪律方面有欠缺，有的对请示汇报的重视不够，不善于以小见大、正确引导，作风上的顽瘴痼疾还不同程度的存在。

同时，在"现场监管与外勤执法权力寻租"专项整治和巡察、审计等工作中，也发现了一些不良倾向和隐患苗头，更是值得我们高度警惕，这些都需要我们在今后工作中，认真总结，审慎对待，采取措施，力求改进。

二、准确把握形势，理清工作思路

倪岳峰署长指出，当前我国口岸面临的输入性风险挑战不断增大，在外贸发展提质增效、在高基数上实现进一步增长面临较大难度，海关维护国门安全和促进外贸稳增长的形势更加严峻、任务更加艰巨。全关上下必须把思想和认识统一到海关总署党委对当前形势的分析判断上来，深入领会党中央战略意图，严格执行海关总署党委工作部署，增强大局意识、强化历史担当、全面履职尽责，在推动贵州开放发展中展现新作为。

站在新的历史起点，关党委结合关区实际，广泛征求建议，深入调研思考，在总结2021年思路、方法、经验的基础上，提出2022年要聚焦"创新提升"这个主题，以"两个齿轮""三个导向"为方法、"三个创新"为路径的基本思路，并在具体工作中系统把握以下要求：

（一）把握"一个主题"

2022年，关党委决定聚焦"政治引领、创新驱动、全面提升"，将2022年定为"创新提升年"。全关上下要紧紧围绕这个主题，拿出更加斗志昂扬的精气神，高标准谋划推进各项工作，形成创新活力竞相迸发、创新成果不断涌现、创新优势显著提升的生动局面，努力把贵阳海关建设成为"坚定忠诚核心、坚毅能力品格、坚守发展安全、坚持开放创新"的红色黔关。

（二）找准"两个齿轮""三个导向"

要始终发挥好海关总署和地方目标考核"指挥棒"作用，推动"两个齿轮"啮合共转。要主动把各项工作放到全国海关改革发展的"大棋盘"、贵州开放发展的"大战略"中去谋篇布局，树立"实干就是能力、落实才是水平"的鲜明导向，让"干成事"作为检验工作成效的唯一标准，靠作风吃饭、用数据说话、凭实绩交卷。必须坚持问题导向、目标导向、结果导向，完整、准确、全面地把新发展理念贯彻到贵阳海关发展全过程和各领域。

（三）做好"三个创新"

2022年1月26日，国务院正式印发《国务院关于支持贵州在新时代西部大开发上闯新路的意见》（国发〔2022〕2号），这个文件是国务院专门为一个省份"量身定做"的发展方案，是贵州发展中的一件大事。我们身处贵州，既要感到骄傲自豪，又要有强烈的使命感和责任感，要抢抓机遇、认真研究、逐条分析、主动作为，将文件中涉及贵阳海关的工作任务落到实处、取得实效。全省开放大会"一达到、三翻番"的奋斗目标，对于我们来说既是机遇更是挑战。我们不能局限于"内陆小关"的僵化思维、"甘于人后"的惰性观念，必须抢抓机遇、主动作为，在新一轮贵州开放发展的浪潮中做好"三个创新"。首先，要创新思路。要有自我革新的勇气和胸怀，冲破"一亩三分地"束缚，跳出"条条框框"限制，多问多看多想，敢破敢立、敢闯敢试，只要突破思维定式，就能啃掉"硬骨头"，蹚过"急险滩"。其次，要创新举措。要着眼大局大势，拿出的方案措施要跟地方外贸经济发展的实际情况相衔接，重点抓好可行性研究和效果论证，该试点的要试点，该总结的要总结，该评估的要评估。最后，要创新监管。一些重点工作领域和关键监管措施"牵一发而动全身"，关系到改革发展整体成效，是我们抓好工作的有力支点。要将海关有效监管同资源配置、整

合优化、流程再造三项举措以及疫情防控、安全生产、廉政风险三条底线作为有机整体、统一推进，实现高质量管住，高效率管好，高标准管严。此外，下一步，全省开放型经济工作力度将会加大，我们一定要在工作中保持清醒头脑，牢固树立底线思维、系统观念，抓好自身能力建设，推动贵州在新时代西部大开发上闯新路，助力实现更高质量、更有效率、更加公平、更可持续、更为安全的发展。

2022年将召开党的二十大，这是党和国家政治生活中的一件大事，需要保持平稳健康的经济环境、国泰民安的社会环境、风清气正的政治环境，做好2022年工作意义重大。面对新形势新任务，2022年工作的总体要求是：以习近平新时代中国特色社会主义思想为指导，全面贯彻落实党的十九大和十九届历次全会精神，弘扬伟大建党精神，深入学习领会"两个确立"的决定性意义，坚持党对海关工作的绝对领导，按照海关总署党委工作安排，继续做好"六稳""六保"工作，更好统筹发展和安全，强化监管优化服务，巩固拓展口岸疫情防控和促进外贸稳增长成效，聚焦"五关"建设，完整、准确、全面贯彻新发展理念，加快融入新发展格局，把握"一个主题"、找准"两个齿轮""三个导向"、做好"三个创新"，锚定目标、勇毅前行，为推动贵州开放发展全面贡献海关力量，以优异成绩迎接党的二十大胜利召开。

三、全力以赴做好2022年全年工作

（一）忠诚捍卫"两个确立"、坚决做到"两个维护"，推进政治机关建设迈出新步伐

更加坚定自觉地学懂弄通做实习近平新时

代中国特色社会主义思想，不折不扣落实习近平总书记重要讲话和重要指示批示精神，扎实开展捍卫"两个确立"、做到"两个维护"、强化政治机关建设专项教育活动，牢固树立"没有离开政治的业务，也没有离开业务的政治"观念，实现政治效果与业务效果相统一。把党对海关工作的绝对领导贯彻落实到各方面、全过程。全面落实"第一议题"制度，完善落实效果评估、督查检查机制，确保对习近平总书记重要指示批示精神的贯彻落实坚定坚决、迅速见效。推进党史学习教育常态化、长效化，抓好党的十九届六中全会精神学习，做好迎接党的二十大宣传引导和党的二十大精神学习贯彻。完善党委理论学习中心组学习、基层党组织集中学习、干部教育培训、党员潜心自学等制度，组织开展理论学习、交流研讨等活动，推动青年理论学习深入开展。严格执行"三重一大"事项集体决策制度，落实意识形态等领域工作责任制。

（二）坚持总体国家安全观，维护国门安全展现新担当

强化风险整体管控。巩固海关内外部风险联合防控机制，深化风险研判、现场监管、稽核查、打击走私的协同联动，优化重大查发场快速响应机制。加强进出境人员、货物、物品、运输工具一体化管控，推进全领域、全渠道、全过程风险防控。加强对外开放领域各种风险的识别和防控。围绕党的二十大、北京冬奥会等重大时间节点，在传统和非传统风险重点领域开展跨部门风险联合研判、情报交换和协同处置。

筑牢国门检疫防线。精准做好口岸疫情防控，完善口岸突发公共卫生事件应急处置指挥体系，做好口岸疫情防控业务培训和应急演练，抓实抓细各项疫情防控措施，确保规定动作100%落实到位，99%就是不及格。从严就高做好人员安全防护，严格执行一线高风险岗位人员封闭管理。加强口岸联防联控，推动贵阳龙洞堡国际机场T3航站楼国际区域合理规划。坚决维护国门生物安全，建立和完善动植物疫情和外来入侵物种监测评估预警及应急处置机制，强化系统治理和全链条防控，扎实开展"国门绿盾2022"行动，切实加强外来物种入侵口岸防控。加强供港澳农食产品检验检疫监管。严格落实食品安全"四个最严"要求，督促进出口食品企业落实主体责任。严把进出口商品质量安全关，加强进口能源、再生资源等大宗商品以及重点敏感商品检验监管，强化危险货物、危险化学品及其包装、烟花爆竹等重点敏感产品的安全监管。

提升综合治税水平。加强属地纳税人管理，强化税收风险研判，提升税收征管质量，全力以赴完成税收目标。加强重点商品的税政调研，支持贵州省特色优势产业列入享惠政策清单，落实相关减免税政策，加强原产地管理，引导企业用好RCEP优惠政策。

优化口岸监管能力。完善与口岸单位的联防联控，加强监管环节的反恐、防扩散和出口管制等工作，强化重点商品管控，对进出境禁限管制物项实施有效监管。落实安全生产责任制，持续深入推进重点领域安全生产专项整治。增强对侵权线索的发现和识别能力，开展跨关区知识产权风险联合研判，实现对侵权货物的精准打击，以公正监管保障公平竞争。持续做好生态文明贵阳国际论坛、数博会、酒博会等通关保障工作。

创新企业后续监管。推进企业信用管理，落实通关便利措施。积极推进稽查业务改革和属地查检改革，提升稽查工作查发率。推进跨关区稽查作业模式，深化中介机构评估运用，培育稽核查和属地查检专家队伍。推行和落实主动披露制度，促进企业规范经营、守法自律，加大追补税工作力度。

严厉打击走私活动。开展"国门利剑2022"联合专项行动，坚决打击"洋垃圾"和象牙等濒危动植物及其制品走私行为，严厉打击"水客"、重点涉税商品、涉枪涉毒、反宣品等走私。积极推进"智慧缉私"建设，提高办案质量。加强打击走私法治建设，做好反走私宣传、深化反走私综合治理。

具体来说，2022年要力争货运渠道人工布控查获率突破15%。每半年组织开展1次口岸传染病风险评估。办理1~2起知识产权侵权案件。新增1~2家海关高级认证企业。主要打击走私指标保持良好水平。

（三）推动内陆开放型经济试验区建设，引领区域开放取得新发展

推动产业基础实现新发展。继续扶持贵州12大农业特色产业走向国际市场，扶持鲟鱼等生态渔业扩大出口，推动贵州水果种植企业对外推荐注册。大力促进贸易新业态发展，推动跨境电商、飞机融资租赁等业务量质提升。助力先进技术装备、种质资源等进口，维护产业链、供应链安全稳定。稳妥推动地方政府在引外资、促外贸上出新绩，扎实提升全省各地外贸依存度。职能部门和各隶属海关要尽快摸清实际情况、拿出具体方案，要强化统筹协调、分工合作，全面补齐发展短板、提升能力水平，最迟在2023年年底前，有步骤地推动各

隶属海关业务全面开通，条件不成熟的要积极创造条件、能力不适应的要切实提升能力，推动各类业务都迅速开展起来，更好服务全省开放发展大局。

推动开放通道实现新发展。支持贵州用好北上长江、南下珠江的陆水通道，构建"一主两翼多辅"开放通道体系。聚力贵州畅通"黔粤主通道"，完善"南翼"西部陆海新通道，推动"北翼"中欧班列常态化运行，增强集货能力。推动遵义新舟机场正式开放验收和铜仁凤凰机场正式开放的申请工作，配合省政府推进改貌铁路海关监管作业场所正式运营，关注开阳港、望谟港等水运渠道进展情况，积极配合地方政府抓好开发建设，为后续开放工作打下基础。

推动开放平台实现新发展。发挥海关特殊监管区域政策功能优势，积极复制推广自由贸易试验区改革创新经验，带动产业、辐射周边，支持综合保税区高水平开放高质量发展，高标准做好事中事后监督，保障绩效考核排名稳步提升。配合双龙航空港经济区"一局四中心"建设，支持双龙航空港经济区口岸经济发展。配合做好进境肉类、进境水果、进境冰鲜水产品、进境食用水生动物等指定监管场地申建工作。

推动跨境贸易营商环境实现新发展。持续深化国际贸易"单一窗口"推广运用，深入开展2022年度促进跨境贸易便利化专项行动。依法削减进出口环节审批事项、精简进出口环节单证及证明材料。提高通关效率，持续巩固压缩整体通关时间成效。组建海关外贸服务宣讲队伍，对企业和单位进行线上线下培训。

推动"三智"项目实现新发展。持续深化

"智慧航空口岸"建设、加强科技设备应用，推广实施智能审图，提升监管查验效能。积极参与同"一带一路"共建国家（地区）开展检验检测技术法规、标准、合格评定程序等交流合作，提升联防联控水平。积极开展企业AEO认证宣传培训，支持和引导符合条件的企业申请AEO认证。全力配合保障入黔重大外事活动。

推动政策研究能力实现新发展。严格落实数据安全分类分级管理，不断提高科技信息应用水平，挖掘数据价值、增强应用能力。持续做好贵州外贸数据发布、外贸监测预警，服务地方经济社会发展大局。深入开展调查研究及宏观经济分析，深化贸易数据、业务数据以及其他相关数据的综合分析研究，增强辅助决策能力。建立关区分析研究梯队人才资源库。加强对技术性贸易措施规则的研究应用，提升运用规则维护贵州省企业安全和发展利益的能力。

具体来说，2022年要联合贵州省有关部门扎实开展"引导属地报关、促进数据回流"专项行动，力促"黔货黔统"。支持贵州省产品借力乌江水运复航渠道销往海外，历史性实现黔货"借江出海"。支持贵州开行中老铁路货运列车。高质量参与1~2个政研课题。各隶属海关要力争带动1个千万级外贸值的产业发展，关区企业备案数保持10%增长，培育10家有进出口实绩的企业。

（四）持续深化改革，优化关区制度创新和治理能力适应发展新需求

全面深化业务改革。推进全业务领域一体化改革，推动关区业务领域信息和系统互联互通，推广应用H2018新一代通关管理系统3.0版和业务改革问题收集反馈信息化管理系统，优化检查异常处置机制。修订完善关区"双随机、一公开"监管事项清单。深化税收征管改革，认真落实税收政策。

全面推进法治海关建设。落实行政执法公示、执法全过程记录、重大执法决定法制审核等制度。落实对重大业务改革方案、配套制度文件的合法性审查机制。鼓励符合条件人员参加国家统一法律职业资格考试，落实法律顾问和公职律师制度。加强普法宣传力度，全面落实"谁执法谁普法"普法责任制，开展"黔关普法行"普法宣传教育专题活动。

全面提升科技创新应用水平。严格落实网络安全、关键信息基础设施安全等保护要求，加强数据安全技术管控。强化口岸疫情防控科技保障力度，加强实验室检测设备配备和维护管理，推动六盘水重点实验室建设深化。提升实验室在外来物种检测、固体废物鉴定等领域的业务支撑能力。优化完善关区行政办公、财务报销等信息化系统应用。加强进出口商品质量检验检测技术研究，强化大数据、人工智能、智能设备等新技术新设备在海关应用的研究。

具体来说，2022年要增强信息化基础运维保障能力，核心系统平均可用率提升至96%以上，核心网络平均可用率提升至95%以上。

（五）全面加强综合保障，开辟机关运行发展新局面

强化基础基层管理。"基础不牢，地动山摇"，要持之以恒强化"双基"工作。领导干部要带头深入基层察实情、解民忧，解决基层所急所盼的问题。持续改进作风，少开会、开短会、开视频会，少发文、发短文、发管用的文，让基层干部从文山会海中解放出来，心无旁骛做好手上的工作。强化日常管理和绩效考核，优化基层资源配置。

提升"三办"服务水平。狠抓机关效能建设，强化督促检查，将作决策、抓督查、保落实一体部署、一体推进。加强调查研究，心怀"国之大者"，着重提升新闻、信息报送质效。认真做好人大建议政协提案办理、值班应急、机要保密、反间防谍、档案管理、政务公开和信访等工作。

深化财务保障能力。健全海关预算保障机制，实施全链条预算管理。持续落实"过紧日子"长效机制，多渠道争取资金支持，重点保障民生支出。科学管理关区各类资产，积极推进闲置房产整合利用。完善关区政府采购制度和涉案财物管理制度。全力做好后勤保障，创建绿色机关。

提高督察审计效能。做好重大决策部署落实情况跟踪督察，提高督察实效。有序推进各类内部审计，督促落实问题整改，确保问题"见底清仓"。深化内控机制建设，实行内控节点岗位清单制管理模式，推进关区内控标准化建设，深化内控科室"样板间"建设。强化执法评估服务决策作用，推进执法评估专题指标建设。加强 HLS 2017 平台（内部控制与监督平台）推广应用，促进平台应用绩效转化。

推动事业单位发展。加强建章立制，稳步推进事业单位领导干部选拔任用、人员招录等工作，调整完善激励措施，加强聘用人员管理，推动健康发展。稳妥引导 3 个事业单位及 3 个实验室积极对外开展业务、合规创收。

具体来说，2022 年业务职能部门要保证至少有 1 篇综合分析类信息获海关总署相关刊物采用，至少有 1 篇工作信息获贵州省委、省政府领导同志批示。预算执行率不低于 93%。围绕海关重大改革项目和重点高风险领域开展专题执法评估项目至少 3 项。事业单位在确保收支平衡的基础上盈利稳步增长。

（六）深入推进从严治党，准军建设展现新气象

党建业务融合向深度发力。持续深化"强基提质工程""四强"党支部创建活动，推动党支部由"建在科上"向"强在科上"大步迈进。用好"智慧党建"系统，提升党务干部能力。加强思想政治工作，做好封闭管理人员等心理疏导。巩固深化全国文明单位创建成果，开展丰富多样的主题活动和志愿服务活动。加强海关职业道德建设，力戒"辛辛苦苦的形式主义""唯唯诺诺的好人主义""无所事事的躺平思想"。积极发挥工、青、妇等组织凝心聚力、团结队伍的作用，制定关心关爱干部职工的各项措施。精准做好定点帮扶，深入开展"双联双促"，接续推进乡村振兴。

干部队伍建设向实绩倾斜。聚力建设德才兼备、忠诚干净担当的高素质干部队伍，让敢干者有"舞台"，让实干者有"平台"，让快干者有"擂台"，让会干者有"奖台"。全面推进优化干部队伍结构，构建更加科学合理的干部梯队，用好职务职级并行制度，大胆培养使用优秀年轻干部。统筹开展干部岗位交流、推进执法一线科长队伍建设，持续关爱激励艰苦边关干部担当作为。开展"职能下基层，基层到职能"的跟班轮岗作业，坚持"请进来"与"送出去"相结合，多渠道开展岗位练兵，培养干部综合能力。加强对老干部的人文关怀和精准服务。

清廉海关建设向纵深推进。认真贯彻十九届中央纪委六次全会精神，整合监督力量，推动纪律监督、督审监督、干部监督、巡察监督等各类监督有效融合，着力构建"大监督"格局，形成全面覆盖、常态长效的监督合力，不断加强纪检干部队伍建设。坚持"严"的主基调不动摇，推动"两个责任"落实。坚持抓住"关键少数"以上率下，落实对"一把手"和领导班子监督的具体举措。持续紧盯执法领域违法违纪问题，高度重视非执法领域风险，按要求组织开展"海关重点项目和财物管理以权谋私"专项整治工作，紧盯资金密集、资源富集领域的违纪违法行为，严肃查处暗箱操作、权钱交易等问题，推动权力运行全领域全链条治理。锲而不舍纠"四风"树新风，杜绝形式主义、官僚主义，加强典型案例通报的学习，持续引导党员干部严守纪律底线，特别是加强年轻干部的教育监督，扣好廉洁从政的"第一粒扣子"。从严规范领导干部配偶、子女及其配偶从业行为。深化运用"四种形态"，做到宽严相济、精准科学，营造风清气正的政治生态。

具体来说，2022 年要积极争创 2 个"四强"党支部，培育 1 个基层党建"书记项目"。

同志们，岁末年初，国发〔2022〕2 号正式印发，贵州省省长李炳军、常务副省长李再勇、副省长蔡朝林先后到贵阳海关视察调研，为此次关区工作会的召开增添了不寻常的意义，各级领导的关怀指导为我们乘势而上做好 2022 年工作注入了强大的信心和动力，也为我们顺势而为推动贵州开放发展提供了明确的方向和指引。

人间万事出艰辛，担当奋斗见精神。让我们更加紧密团结在以习近平同志为核心的党中央周围，增强"四个意识"、坚定"四个自信"、做到"两个维护"，在海关总署党委的坚强领导下，在贵州省委、省政府的指导帮助下，坚定信心、鼓足干劲，团结向前进、一起向未来，以优异的成绩迎接党的二十大胜利召开！

保持政治定力　扛起政治责任
奋力推进全面从严治党高质量发展

——在 2022 年贵阳海关全面从严治党工作会议上的讲话

贵阳海关党委书记、关长　王松青

（2022 年 1 月 27 日）

这次会议的主要任务是，深入学习贯彻习近平总书记重要讲话和十九届中央纪委六次全会精神，认真落实全国海关全面从严治党工作会议部署，回顾 2021 年贵阳海关全面从严治党、党风廉政建设和反腐败工作，部署 2022 年任务。

一、简要传达十九届中央纪委六次全会精神和全国海关全面从严治党工作会议精神

2022 年 1 月 18 日，中国共产党第十九届中央纪律检查委员会第六次全体会议在北京召开，习近平总书记发表重要讲话。习近平总书记强调，总结运用党的百年奋斗历史经验，坚持党中央集中统一领导，坚持党要管党、全面从严治党，坚持以党的政治建设为统领，坚持严的主基调不动摇，坚持发扬钉钉子精神加强作风建设，坚持以零容忍态度惩治腐败，坚持纠正一切损害群众利益的腐败和不正之风，坚

持抓住"关键少数"以上率下，坚持完善党和国家监督制度，以伟大自我革命引领伟大社会革命，坚持不懈把全面从严治党向纵深推进。

2022 年 1 月 24 日，2022 年全国海关全面从严治党工作会议召开，倪岳峰书记代表海关总署党委，传达习近平总书记在十九届中央纪委六次全会上的重要讲话精神，从 5 个方面回顾 2021 年全面从严治党、党风廉政建设和反腐败工作，以高度的政治自觉，就切实履行主体责任，推动全国海关 2022 年全面从严治党向纵深推进作出 6 个方面具体部署。全关上下要以习近平总书记的重要讲话为根本指引，认真学习领会全国海关全面从严治党会议精神，把握核心要义，深入贯彻落实。

二、2021 年工作回顾

2021 年，全关各级党组织以习近平新时代中国特色社会主义思想为指导，坚决贯彻党中央决策部署，认真落实海关总署党委、贵州省

委工作要求，牢记政治机关属性，把握政治工作要求，深化政治机关和清廉海关建设，全面从严治党、党风廉政建设和反腐败工作取得新成效。

（一）高站位推进党的政治建设，旗帜更加鲜明

一是强化政治机关意识。坚决把习近平总书记重要讲话精神作为一切工作的根本遵循，把绝对忠诚作为推进工作的首要政治原则，把坚持党的领导落实到各领域各方面各环节。贵阳海关党委严格执行"第一议题"制度，第一时间传达学习、第一时间部署落实、第一时间督查问效。深入学习领会习近平总书记重要论述的重大意义和核心要求，学出政治高度、理论深度、实践热度、情感温度，切实增强政治建设的思想自觉和行动自觉，以坚决的行动捍卫"两个确立"、做到"两个维护"。二是抓好政治理论武装。坚持把学懂弄通做实习近平新时代中国特色社会主义思想作为首要政治任务，在学思用贯通、知信行统一上提出更高要求。注重在专题学习、"三会一课"、教育培训中加强政治历练、思想淬炼，完善以党委理论中心组学习为示范引领、党支部学习为基础重点、青年理论学习为特色特点的"三级联动学习体系"，引导广大党员干部做到政治上看齐、思想上认同、行动上紧跟。2021年，关党委开展理论中心组学习11次，各级学习组织开展各类学习活动350余次。三是强化政治责任担当。坚决贯彻习近平总书记关于海关工作重要指示批示精神，关党委发挥"主心骨"作用，赴一线靠前督战50余次，团结带领广大党员干部闻令而动、挺身向前，用忠诚坚守和辛勤奉献，坚决在筑牢国门安全屏障、强化

监管打击走私、服务地方开放发展、实施乡村振兴战略等重大任务中主动担当作为。加强正向激励，制定落实关心关爱抗疫一线人员20条措施，持续提升队伍凝聚力和战斗力。有效发挥党建引领作用，组建党员先锋突击队，成立入境航班监管临时党支部，让党旗始终在口岸抗疫一线高高飘扬。2021年，在与新冠疫情斗争的大战大考中，全关党员干部始终践行伟大抗疫精神，彰显新时代海关人职业精神品格，为人民群众交出了一份"打胜仗、零感染"的优秀答卷。

（二）高标准履行管党治党责任，效能持续提升

一是坚决扛起"两个责任"。以强化党委自身建设为发力点，制定"三重一大"决策制度实施办法，健全"四责协同"机制，推动关区从严管党治党责任贯通联动、一体落实。把加强对关区"一把手"和各级领导班子监督作为重要政治任务抓紧抓实，细化监督清单39项，层层压实责任。坚持带着问题检查、带着目的督导，对各级领导班子全面从严治党制度执行情况开展"大检查"，聚焦责任落实、日常监督等4类13项重点内容，既查基础工作完成情况，也看主责领导如何推动工作，既指出具体问题，也发掘和推广好的经验做法，推动从严治党各项工作落实到位。2021年，贵阳海关推进全面从严治党的相关举措首次被海关总署相关刊物刊发推广。二是从严从实管好干部队伍。严格干部政治监督，将主体责任履行情况作为评价领导班子和领导干部的重要依据，与选拔任用、激励约束、追责问责统筹结合起来，深入治理违规兼职等问题。严格落实领导干部有关事项报告等制度，扎实开展个人有关

事项报告随机抽查及重点查核，加强领导干部配偶子女及其配偶从业行为检查力度，保持不低于10%的核查验证比对。坚持以选优配强为基础、严管厚爱为抓手、学用相长为关键，选拔任用、进一步使用处科级领导干部34名，组织44名处科级干部开展交流任职，统筹机关与基层双向交流干部19名。三是推进巡视巡察上下联动。关党委切实履行主体责任，坚持巡视整改"回头看"与巡察"全覆盖"同向发力、一体推进，纵向监督各责任主体，横向抓实各整改环节，推进有形监督与有效监督相统一。2021年，贵阳海关推选3名处级干部参与海关总署巡视工作，组建4个巡察组，抽调16名党员干部，完成对12个部门单位领导班子的常规巡察，发现问题83个，提出整改意见及相关建议67条，关区巡察"全覆盖"目标进度由年初的31%提升至77%，隶属海关覆盖率实现100%。

（三）高质量推动党的建设工作，成果更加丰硕

一是深化党史学习教育。以学习党的百年奋斗历程为主线，分3个阶段部署推进各项重点任务，将红色讲坛、优秀党课、学习研讨会、专题读书班等"一竿子插到底"覆盖各级党组织，通过领学导学读原文、宣讲阐释悟精髓、集中研讨抓贯彻、主题实践谈体会等有效方式，推动各层面的学习教育向广度拓展、向深度推进。深入推进"我为群众办实事"实践活动，关党委带头"进"地方政府和服务企业，"看"基层一线和作业现场，"听"企业关注和群众需求，"研"解决办法和提升措施，确立的52项重点"实事清单"全部落实到位，

其中跨境电商、鲟鱼出口、粮食进境、党建帮扶等办实事典型举措获各类媒体累计宣传报道百余次，"贵阳海关帮助'老干妈'维权"项目成功入选全国海关"我为群众办实事"百佳项目。二是推动基层党建强基提质。坚持把党建工作作为一项系统性工程予以推进，以海关总署党委设立贵阳海关基层党支部联系点为契机，建立海关总署党委委员、关党委委员、机关党委委员"三级督导机制"，示范带动机关基层党组织上下互促、整体联动，实现全面进步、全面过硬。以"强基"为立足点，建立以强带弱、结对联建工作机制，针对基层党建发展不平衡问题，组织示范观摩、开展经验分享、注重讲评分析，着力补短板、锻长板，持续建强抓实党支部。2021年，关区33个党支部标准化规范化建设全部验收达标，其中1个党支部获评贵州省直机关"示范"党支部。以"提质"为着力点，在推行任务清单化、质量标准化、流程规范化的基础上，深入总结提炼有效做法，形成"十有""六个一""八定"等具有鲜明海关特点的党建方式方法。同时，以党建为引领，按照全面创建、重点培育、持续提升的工作思路抓实精神文明建设，带动工团妇组织全面建设，关区各级组织凝聚力得到明显提升。2021年，3个党支部分获全国海关基层党建示范（培育）品牌称号，2名同志分获"全国优秀共青团干部""全省优秀志愿者"称号，3个单位、7名同志分获省直机关"文明窗口""文明标兵"称号。三是推进党建高质量发展。发挥党建考核"指挥棒"作用，月度紧盯考核要点自查自纠，季度依托党建目标跟踪检查，半年对标责任清单集中督

查，全年组织支部书记述职考核，通过"一月一改"补短板、"一季一评"查不足、"一年一考"晒成绩，进一步传导压力、整顿后进支部，强化指导、提升中间支部，深化拓展、增加先进支部，一体推进基层党建工作由"努力建好"向"全面建强"迈进。2021年，全关上下勠力同心、锐意进取，在省直机关党建目标考核中，得到了满分的优异成绩，实现了推进党建工作高质量发展的跨越式提升。

（四）高效率抓好纪律作风建设，面貌焕然一新

一是抓好准军事化部队建设。强化内务规范管理，常态化开展视频监控检查，通过每日排查、每周连线、每月检查、每季督查等方式，坚持抓在日常、严在经常，着力打造精神振奋的关容关貌，锤炼令行禁止的过硬作风。2021年，聚焦个人防护、作业规范、着装仪容等7个重点方面，开展内务检查18次，实地督查以及联合视频检查23次，通报并整改问题46个。突出业务实训，强化应急演练，抓好岗位练兵，在2021年商检领域"万人争先"线上练兵中，2名同志代表贵阳海关进入全国海关"百强"名单，充分展现出关区广大关警员勤学苦练、奋勇争先的精神风貌，营造"比学赶超"的良好氛围。二是抓好作风纪律养成。持续优化行风政风，用好"12360"服务热线，及时回应社会关切，主动接受群众监督，开辟"我为群众办实事"宣讲专栏，为企业解决问题132个，取消2项行政审批事项，进一步深化"放管服"改革，做好海关所属企业脱钩工作，持续推进政企分开。组织关区特邀监督员开展现场监督，提出的5个方面意见建议全部

落实到位，严格上交礼品礼金登记管理，扎实开展外出执法廉政监督抽查，海关政务服务"好差评"系统主动评价率大幅提升。深入推进节约型机关建设，厉行勤俭节约、反对餐饮浪费的意识深入人心，开展形式主义官僚主义问题专项整治，统筹规范基层报送数据材料，优化督办检查调研方式，保持对精文简会的刚性约束。2021年，同比压缩发文18%，压缩会议11%，机关运行效能持续提升。三是抓好制度贯彻执行。推进源头治理，常态化开展制度"废改立"，全年制修订制度20项。建立健全重点任务落实机制，及时将上级决策部署、工作任务分解到部门、落实到岗位、量化到个人，层层传导抓落实的压力。健全完善工作督办机制，强化跟踪督促检查，不断增强干部职工时限意识，提高工作效能。统筹推进巡察监督、纪律监督、干部监督、派驻监督、审计监督以及巡回指导等贯通衔接，各类监督向"一把手"和领导班子聚焦，向"关键少数"和一线岗位聚焦，向非执法领域和事业单位改革聚焦，逐步形成齐抓共管的监督合力。

（五）高态势抓好正风肃纪反腐，监督更加有效

一是深入推进党风廉政建设。扎实开展警示教育月活动，聚焦领导班子讲责任、"关键少数"讲规矩、党员干部讲"底线"，贵阳海关党委下沉至分管部门、基层一线开展"面对面"廉政宣讲27次，各级党组织开展廉政主题党日活动52次，推动警示教育进机关、进基层、进支部。全覆盖开展政治家访，组织"基层书记谈责任"视频访谈，选取隶属海关党委书记、派驻纪检组组长代表谈管党治关的

思路做法，相关经验做法得到海关总署宣传推广。坚持以案释纪，在关区党风廉政建设工作会议上通报"身边事"，在"廉政警示教育"专栏发布违法违纪典型案例，通过正面引导和反面警示，树立鲜明导向，划定行为底线，在关区营造出见贤思齐、敬畏纪法的良好氛围。二是持续强化风险防控。扎实开展"现场监管与外勤执法权力寻租"专项整治，针对海关总署实地检查、关区自查自纠发现的"3+3"方面问题、47个廉政风险点，建立整改"三个清单"，细化整改措施160条，"挂图作战"逐项落实。通过集中整改，推动直属关、隶属关两级层面建立制度机制18个，着力将整改成果转化为整治成效。深入推进"防控—监管—打私"三位一体风险联合研判，强化风险分析研判和预警管控，切实看牢守住重点地区、重点商品、重点环节走私风险底线。综合运用内控前置审核、HLS 2017（新海廉）处置等手段，建立风险评估清单，调整内控节点457个，补征税款831次，精准推动作业流程更加合理、对外执法更加规范、内部风险更加可控。三是严格监督执纪问责。坚持把惩治作为最好的预防，把严的主基调贯穿始终，以零容忍态度惩治腐败、纠"四风"，持续增强不敢腐的震慑效应。2021年，关党委运用"第一种形态"抓苗头性、倾向性问题开展提醒谈话、诫勉、约谈19人次，处置问题线索3件，针对违规兼职取酬问题立案1起，给予党内警告处分1人，给予诫勉处理1人，对1个单位履行全面从严治党责任不力问题进行通报，切实发挥"查处一案、警示一批、规范一方、促进一片"的积极作用。

在充分肯定成绩的同时，也要清醒地看到问题和不足：个别部门单位政治机关意识不强，在工作中不注重加强党员干部政治能力训练，对新改革举措、新政策措施的风险研判抓得不到位；个别党员领导干部仍以"业务干部"自居，重业务轻党建，缺乏从政治层面审视和思考业务工作的意识和能力；个别部门单位落实"两个责任"不到位不到底，对关党委提出的工作要求层层降标准、打折扣；有的党组织开展党内政治生活质量不高，党员干部之间不敢揭短亮丑，不敢较真碰硬，不敢真刀真枪提批评意见；有的部门单位作风拖沓，研究部署慢、组织推动慢、工作节奏慢，隐形变异的形式主义、官僚主义依然存在。这些问题需要引起高度重视，必须深入思考，认真加以解决。

2021年是中国共产党成立100周年。回望过去一年，一路风雨兼程、一路披荆斩棘，给我们留下了深刻体会：唯有坚持以习近平新时代中国特色社会主义思想为指导，贯通运用党的百年奋斗历史经验，坚定不移把全面从严治党向纵深推进，才能在风雨来袭时处变不惊，才能在机遇与挑战交织激荡中乘势而进，才能在高质量发展道路上行稳致远。我们要以全面从严治党永远在路上的坚定意志和决心，始终保持"赶考"的清醒，淬炼"难不住、压不垮"的精神品格，我们的奋斗目标一定能够实现！

三、2022 年主要任务

2022年贵阳海关全面从严治党工作的总体要求是：以习近平新时代中国特色社会主义思

想为指导，全面贯彻党的十九大和十九届历次全会精神，认真落实十九届中央纪委六次全会部署，全面加强党的领导，增强"四个意识"、坚定"四个自信"、做到"两个维护"，坚持稳中求进工作总基调，立足新发展阶段，完整、准确、全面贯彻新发展理念，加快构建新发展格局，推动高质量发展，自觉运用党的百年奋斗历史经验，弘扬伟大建党精神，永葆自我革命精神，坚持全面从严治党战略方针，坚定不移将党风廉政建设和反腐败斗争进行到底，不敢腐、不能腐、不想腐一体推进，惩治震慑、制度约束、提高觉悟一体发力，持续深化清廉海关建设，深入推进"五关"建设，为建设社会主义现代化海关提供坚强保证，以优异成绩迎接党的二十大胜利召开。重点做好以下 5 方面工作。

（一）加强政治建设，忠诚捍卫"两个确立"，坚决走好"两个维护"第一方阵

"政治不立、一切无依。"深刻认识海关是政治机关，讲政治的要求必须贯穿始终，一刻都不能放松。要牢固树立政治机关意识。自觉将"两个确立""两个维护"作为第一立场、第一原则、第一要求和第一检验，深刻认识海关每一项工作背后的政治考量、体现的政治要求，特别是在当前复杂多变的国际形势下，我们更要善于从政治上思考和把握、认识和推进各项工作，持之以恒锻造政治忠诚度、提升政治敏锐性、增强政治责任感，让忠诚核心成为全关党员干部最鲜明的政治品格，成为全关政治生态最鲜明的政治底色。要扎实开展专项教育。从现在起，到党的二十大召开前，全关上下要集中开展捍卫"两个确立"、做到"两个维护"、强化政治机关建设专项教育活动，建立

组织机构和工作机制，统筹推进学习提高、查找问题、整改落实、巩固提升 4 个阶段任务，细化落实措施，确保全员覆盖、全域查摆、全面整改，切实把讲政治的要求始终体现到业务工作中，实现工作的政治效果、业务效果相统一。要持续抓好政治机关建设。按照讲政治、守纪律、负责任、有效率的总体要求，以"六个过硬"为标准，扎实推进模范机关创建，组织评选模范机关先进单位和标兵单位，加强经验总结，强化典型选树，抓实创建过程，提高创建质量。

（二）强化政治担当，坚决贯彻落实习近平总书记重要讲话和重要指示批示精神

把学习贯彻习近平新时代中国特色社会主义思想作为终身必修课，时刻关注党中央和习近平总书记强调什么、要求什么，持之以恒抓好落实。要继续坚持"第一议题"制度。始终把习近平总书记重要讲话精神作为"第一议题"学习、"第一遵循"贯彻、"第一政治要件"落实，坚持把习近平总书记对海关、对贵州的指示批示精神作为形势分析及工作督查例会的核心内容，以最坚决的态度、最迅速的行动、最有力的举措，一贯到底、落实到位。要对"国之大者"心中有数，始终从政治上观察和处理问题、谋划工作，准确把握党中央重大决策部署战略意图，坚决贯彻海关总署党委、贵州省委工作部署，确保关区工作正确的政治方向。要在学懂弄通做实上下功夫。充分发挥党委理论学习中心组学习、支部"三会一课"示范作用，引导全体党员干部常学常新、常悟常进，不断提高政治判断力、政治领悟力、政治执行力。持续抓好党的十九届六中全会精神集中轮训和网上培训，党委理论学习中心组年

内举办 1 期习近平新时代中国特色社会主义思想读书班，各党支部要组织 1 次党章党规专题学习交流，各级学习组织要把学习贯彻党的二十大精神作为重中之重，认真开展集体学习研讨，迅速掀起学习热潮。要突出围绕中心、服务大局。坚持以政治建设为统领，围绕推进"五关"建设、服务"四新""四化"的总体目标，从全局和战略高度统筹好发展和安全两件大事，在抓好常态化疫情防控、促进外贸稳增长、强化监管优化服务等重大政治任务中，在推动贵州扩大高水平开放、实现高质量发展的具体实践中，履行海关职责、发挥海关作用、作出海关贡献。

（三）坚持党的领导，推进党的建设高质量发展

要压紧压实管党治党责任。各级党组织要扛起主体责任，书记要认真履行第一责任人职责，班子成员要切实履行"一岗双责"。继续加强对"一把手"和领导班子监督，认真抓好党委书记述责述廉述党建、班子成员落实党风廉政责任制、支部书记述职评议考核等工作，各项考核结果要与年度评优、党建推优挂钩。完善党建量化考核体系，按照年度有要点、季度有指引、半年有检查、年底有考核的要求，层层压实责任，强化督促落实。要巩固拓展党史学习教育成果。认真总结在学习研讨、宣传宣讲、分类指导、实践活动等方面的典型做法、工作亮点和特色经验，分析学习教育中存在的问题，提出强弱项、补短板的措施办法，不断深化对开展党内集中教育的规律性认识，确保学习教育善始善终、善作善成。探索健全办实事常态化长效化工作机制，认真总结"我为群众办实事"实践活动的相关经验做法，将

行之有效、可复制可推广的有效举措固化下来、坚持下去。要提升党建工作质效。大力实施"强基提质工程"，深化"四强"党支部建设和"一支部一品牌"培树，按照"抓两头带中间"的思路，促进"中间层"不断向先进靠拢，全面建强抓实党支部。统筹落实好海关总署和地方党建任务，以党建目标考核为抓手，抓实指标分解、季度监测、半年评估、年终考核各项工作。深入推进抓党建促乡村振兴，加强驻村工作队管理，做好"双联双促"工作。坚持融合创新，积极探索党建与业务工作深度融合的项目化品牌化路径，突出问题导向，狠下"绣花"功夫，着力破解党建业务"两张皮"。注重典型带动，坚持试点探路、典型引路、经验开路，推进理念思路、工作内容、方式载体创新，着力总结推广一批具有黔关特色的党建典型案例。

（四）强化标本兼治，提升权力运行制约监督效果

要始终保持高压反腐。突出"关键少数"，紧盯问题反映集中、群众反映强烈的领导干部，紧盯重点业务条线和权力运行关键环节，紧盯执法领域和非执法领域典型问题，严肃查处、严加惩治。对以权谋私、受贿放私、放纵走私等腐败问题，对吃拿卡要、打招呼干扰执法办案等侵害群众利益的问题，发现一起查处一起，绝不手软。深化"制度+科技"运用，开展查验、稽查、缉私案管等领域运行效果分析评估，持续推进现场执法"选、查、处"分离。完善"一案双查"工作机制，强化打私反腐合力，提升线索处置和案件查办的精准度、有效性。要形成监督合力。深入开展政治监督，将专项教育活动开展情况纳入巡察监督重

点，完成对 6 个部门领导班子常规巡察，确保巡察"全覆盖"目标进度达到 100%。发挥审计督察职能作用，扎实开展领导干部经济责任审计，聚焦重大决策部署开展专项督察。加强党委对纪检监察工作的领导，认真落实海关总署关于加强直属机关纪委建设的实施意见，健全工作机制，加大保障力度。完善企事业单位监督机制，进一步加强派驻监督，推进实地检查和定期汇报相结合。要强化重点领域风险防控。巩固专项整治成果，持续加强对财务管理、政府采购、信息化建设、基建工程等重点环节的管控，加大对企事业单位改革、实验室管理等重点领域的监督，深入开展"海关重点项目和财物管理以权谋私"专项整治。积极应用"新海廉"平台开展自查自纠，健全完善内控机制，推动内控措施内嵌于业务规范和操作系统之中，有效促进权力规范运行。加强网络安全建设，定期开展安全检查，加强涉密人员管理监督，确保海关数据安全。

（五）推进源头治理，涵养风清气正良好政治生态

要严格纪律执行。坚持不懈贯彻落实中央八项规定及其实施细则精神，严格落实海关总署制定的 17 条措施，党员领导干部要带头做到"五个一律不准"。坚持"过紧日子"，提高预算执行效率和资金使用效益，厉行勤俭节约。坚决整治形式主义、官僚主义，完善业务问题收集反馈和机关直接服务基层长效机制，进一步清理滥用微信工作群、重复检查考核等，持续为基层松绑减负，推动机关治理效能整体提升。坚持把纪律规矩挺在前面，常态化抓好纪法教育，扎实开展警示教育月活动，从

严抓好纪律作风整顿。高标准落实"16 字"目标要求，持续抓好准军队伍建设，加大对内务督察、视频检查的通报力度。要严格干部队伍管理。坚持党管干部原则，突出实干实绩，注重在重大关头、关键时刻考察识别干部，大力培养选拔优秀年轻干部，树立正确用人导向。突出高素质人才培养，在"选"上下功夫，在"训"上下大力，在"考"上想办法，在"活"上出实招，激活干部队伍"一池活水"。严格执行领导干部个人有关事项集中填报，全面规范领导干部配偶、子女及其配偶经商办企业行为，督促领导干部主动规范、自我规范。要强化压力有效传导。进一步抓好抓实全面从严治党主体责任清单，两级党委要坚持系统观念，坚决扛起主责，深入调查研究、定期听取汇报、专题研究部署、强化跟踪问效，加强对全面从严治党正风反腐各项工作的领导和管理监督。纪检监察机构要切实承担党内监督专责，通过重大事项请示报告、提出意见建议、监督推动上级决策落实等方式，协助党委推进全面从严治党、加强党风廉政建设。各基层党组织要担负起教育管理监督党员的直接责任，"最后一公里"的问题主要发生在执法一线，基层问题要靠基层党组织解决，以提升组织力为重点，充分发挥基层党组织在全面从严治党中的基础地位和重要作用。各机关职能部门要主动承担起职责范围内和所管辖业务领域全面从严治党相关工作，立足岗位梳理每项业务蕴含的政治要求，开展全面排查整治。全关各部门单位要把开展专项教育活动作为 2022 年深入推进全面从严治党的重要内容，坚持领导带头、条块结合、全员覆盖，以扎实的整治

成效，坚决把"没有脱离政治的业务，也没有脱离业务的政治"要求体现到忠诚履职、把好国门的具体实践中。

同志们，全面从严治党意义重大、任务艰巨。在关区全面推进改革创新的关键时期，管党治党一刻也不能放松，我们要始终保持政治定力，以永远在路上的坚定执着高质量推进贵阳海关全面从严治党、党风廉政建设和反腐败斗争，为建设社会主义现代化海关提供坚强政治保证，以优异成绩迎接党的二十大胜利召开！

第二篇

专记

贵阳海关政治机关建设专项教育活动

2022 年，贵阳海关认真贯彻落实党中央关于开展以机关党建推动落实习近平总书记重要指示和党中央经济工作决策部署专项工作有关部署以及海关总署党委关于政治机关建设专项教育活动有关要求，在关区统筹开展"学查改"专项工作和政治机关建设专项教育活动，推动关区持续深化政治机关意识教育。

抓好学习研讨，补足精神之钙。细化学习安排，将"学查改"专项工作和政治机关建设专项教育活动学习教育纳入党建要点、政治理论学习要点和月度政治理论学习重点，下发学习通知，明确学习目标和学习要求；将"学查改"专项工作、政治机关建设专项教育活动开展情况纳入支部党建考核体系，拟定基层党组织考核办法，定期开展监督检查。强化党员教育，依托钉钉 App "全员教育培训"平台，完成署级、关级两个层面的十九届六中全会培训班 2 期，共计参训 433 人次，撰写交流心得体会 116 篇。充分发挥三级联动学习机制，推动党委理论学习中心组集中学习 4 次、专题研讨 3 次、撰写研讨材料 10 人次，各党支部开展学习、研讨 230 余次，青年理论小组开展学习研讨、实践活动 61 次。优化群团学习，充分发挥青年创新主力、建设主体作用，妇女同志

"半边天"作用及执法一线科长在强关建设中的突出地位，组织开展"思想理论学用讲坛"、"讲政治、勇担当、巾帼建新功——强化政治机关建设"机关女职工代表座谈会、"提升政治站位，守好工作岗位"主题征文活动。围绕"喜迎二十大、永远跟党走、奋进新征程"主题教育实践，举办"我把青春献给党"青春故事讲述会初赛、复赛，贵阳海关成功入选贵州省直机关工委决赛，并获三等奖。

抓好问题查摆，补足发展短板。做好组织生活查摆，印发党史学习教育民主生活会工作方案、组织生活会方案，在落实好党中央工作要求的同时，将如何从政治层面强化业务工作作为重点，推动关区 26 个部门、33 个党支部结合岗位职责，召开专题民主生活会和组织生活会，深入查摆问题、剖析根源，彻底解决思想认识上存在的问题。做好全域全员查摆，严格落实海关总署要求，全面梳理评估各业务领域重大风险隐患，共排查 8 个方面、19 项风险隐患。关区 26 个部门、单位结合部门、单位岗位政治要求台账表，对照"四个是否"要求，深入查摆问题，制订部门、单位整改方案。226 名党员干部对照"四个是否"认真检视并撰写个人对照检查材料。做好问题集中整

改，针对"学查改"专项工作、政治机关建设专项教育活动查摆问题有关要求，印发政治机关建设专项教育活动（含"学查改"专项工作）整改方案，建立"三会"制度（碰头会、工作推进会、风险分析会），推动查摆的49个问题、制定的99条整改措施整改落实到位。

抓好改进提高，助力经济发展。坚决推动整改到位，指定专人跟进整改工作，通过建立整改工作台账、发布"一对一"工作提示单，实施落实情况月报送、月汇报制度，推动整改工作见真章、动真格、求实效。建立督导提醒机制，开展整改工作专项督导，督导组以电话抽查、查阅资料等形式对整改工作进行跟踪督办。定期召开整改工作专题推进会，关领导逐一听取整改工作情况汇报，并对整改落实情况

进行点评，进一步凝聚各方合力，推动查摆的49个问题全部完成整改。坚决杜绝风险隐患，针对业务工作中发现的、暴露的风险隐患，召开政治机关建设专项教育活动风险分析会和专题工作会，切实达到发现一个、警醒一片的目的。在关区现有业务操作指引的基础上，结合梳理完善的政治要求台账表，启动《贵阳海关重点业务作业指导书编制清单》编修工作。通过关领导靠前指挥、各部门主动认领、部门负责人亲自把关，推动84项编修任务顺利完成。坚决落实"国之大者"。

▲2022年6月24日，贵阳海关副关长詹水旭组织召开政治机关建设专项教育活动第6次工作推进会（陈健　摄）

▲2022年3月22日，贵阳海关组织召开捍卫"两个确立"、做到"两个维护"、强化政治机关建设专项教育活动风险分析会　（陆晓依　摄）

撰稿人

王晓刚

贵阳海关口岸疫情防控工作

2022 年，贵阳海关贯彻落实习近平总书记"筑牢口岸检疫防线"重要指示批示精神，党中央、国务院重大决策部署，在海关总署党委和贵阳海关党委的领导下，坚持人民至上、生命至上，按照"疫情要防住、经济要稳住、发展要安全"的要求，认真践行海关"三实"文化，切实担负起口岸防控责任，全面推进关区口岸卫生检疫各项工作任务落实。

一、强化检疫监管，严格履行口岸疫情防控职责

坚守"外防输入"主阵地，严格落实"三查三排一转运""7 个 100%"等卫生检疫措施，严格落实终末消毒监督职责及封闭管理措施，毫不放松抓好口岸疫情防控工作。年内检疫出入境航班 8 架次（入境 5 架次、出境 3 架次），出入境人员 798 人次，顺利完成"5·18""6·05"入境航班监管等重要任务。

二、优化防控举措，切实提升科学精准防控水平

认真贯彻落实国务院联防联控机制最新防控方案和最新防控措施，制订、更新关区口岸疫情防控技术方案。先后 3 次更新《贵阳海关新型冠状病毒口岸防控技术方案》，确保关区各项防控措施与海关总署要求保持一致。及时优化调整高风险岗位从业人员封闭管理、居家健康监测等各项措施，推进各项优化措施落实落地。

强化学习培训。制订年度培训方案，建立"天天学、周周讲、月月训、每季考"学习培训考核长效机制，共计组织开展 22 期卫生检疫业务学习培训考核，切实提升口岸疫情防控能力水平。

强化应急处置能力。完善更新关区疫情防控突发事件应急预案，规范防护服破损导致职业暴露等 7 类情形应急处置程序，组织开展疫情防控安全防护、实验室样品洒溢等突发事件应急处置演练 4 次。

三、紧盯关键环节，夯实口岸疫情防控工作基础

强化安全防护及督查。严格落实"每日视频巡查、每月自查、每季现场督查"安全防护监督工作机制。关领导带队开展入境航班监管作业现场视频检查 4 次，关区组织开展疫情防控现场督查 3 次、视频督查 207 次。

强化航空器消毒监督。严格按照风控指令

和《入境客运航空器新冠疫情终末消毒监督作业指南》等文件要求，切实做好入境客运航空器和固液体废弃物处理终末消毒监督，有效防控疫情扩散。

强化封闭管理。坚持做到"四必须""五件套""六个不"，对直接接触入境人员和行李物品查验的一线工作人员严格落实封闭期间健康管理等封闭管理要求。截至 2022 年年底，所有封闭管理人员检测结果均为阴性。

强化疫情监测。扎实开展新冠疫情监测，严格落实海关总署、贵州省政府的相关工作安排，共计向海关总署报送大洋洲新冠疫情防控措施监测情况 334 篇，按时向贵州省联防联控机制报送疫情防控风险隐患监督检查情况 22 篇。

四、聚焦最新政策，扎实做好航班复航准备工作

优化口岸监管流程。组织召开贵阳机场口岸国际航班复航检疫监管工作会，研究解决 T1 航站楼改造及入出境监管流程设置，不断优化入出境航班监管环境。

完善调整工作方案。结合"二十条措施"，优化完善入出境航班监管工作方案，明确航班监管人员配置。

做好航班检疫保障。组织召开高风险岗位从业人员居家健康监测专题会议，研究明确"关长走进口岸封管区"和岗前集中封闭培训等问题，进一步细化健康监测工作要求。

积极争取地方支持。梳理亟须地方支持解决的困难问题，先后 2 次去函协调有关单位请予以解决，地方安排 8 名采样人员支持一线采样工作，累计收到 50 架次航班所需防护物资保障。

五、抓实自查督查，有效防范化解各类风险隐患

严格落实"关长走进口岸封管区"。关长及分管关领导先后深入航班监管一线实地跟班作业，靠前指挥，深入调研，及时发现疫情防控中存在的问题，提出建议，改进工作。

强化常态化督查。制订《贵阳海关常态化疫情防控监督检查工作方案》，围绕卫生检疫作业情况等内容，采取视频巡查、现场督查等方式开展督查，确保常态化疫情防控各项措施落实落细。

做好督查迎检。配合做好海关总署"百名科长百日督查"督查和海关总署疫情防控派驻实地督查，督查发现的问题均已完成整改，督查组对贵阳海关疫情防控工作给予正面肯定。加强"回头看"督查。开展海关总署"百名科长百日督查"督查及海关总署疫情防控督查"回头看"专项督查，对照问题清单，对入境人员卫生检疫等 6 个方面问题逐一检查，举一反三，立行立改，杜绝问题再次发生。

撰稿人

陈　沛

贵阳海关促进外贸稳增长工作

2022 年，贵阳海关认真落实海关总署关于促进外贸保稳提质的十条措施、加力帮扶中小企业纾难解困六条措施，坚持深入贯彻习近平总书记"疫情要防住、经济要稳住、发展要安全"的重要指示精神，助企纾难解困，稳外贸基本盘。

一、加强政策研究，确保海关总署各项政策落地生根

研究出台贵阳海关《关于促进贵州外贸保稳提质十六条措施》和《贵阳海关进一步落实助企纾困若干措施》，并印发十六条措施细化措施分解表、推进贵阳海关知识产权海关保护工作25条及寄递渠道知识产权保护工作7条细化落实措施，明确任务要求，全面组织推进专项行动开展。针对中欧班列研究制定了《贵阳海关进一步支持中欧班列发展十条措施》，将落实国务院《关于支持贵州在新时代西部大开发上闯新路的意见》（国发〔2022〕2号）中涉及海关的工作任务与促外贸保稳提质紧密结合起来一体推进。通过召开新闻发布会、《贵州新闻联播》报道、"贵阳海关发布"微信公众号发布等多渠道开展对外政策宣传，帮助企业广泛了解海关助企政策，树立稳外贸信心。

据海关统计，2022 年贵州省进出口货物贸易实现较快增长，进出口总值793亿元，同比增长21.3%。其中，出口519.8亿元，同比增长6.7%；进口273.2亿元，同比增长63.7%。

二、全方位发力，保稳提质取得阶段性成效

简化免除企业部分手续。对新申请出境新鲜水果（冷冻水果）果园及包装厂注册登记的企业免于提供无污染源证明材料，累计办理出境水果果园注册登记6家。加快出口食品生产企业备案，优化作业办理流程，压缩办理时限，自2022年5月11日至当年年底，共办理出口食品生产企业备案67家，备案作业均在3个工作日内办结。

促进优质产业做大做强。加大对新兴业态和"专精特新"企业的信用培育力度，成立认证培育专班，强化培育成效，建立重点企业培育名录，开展集中政策宣讲、解读等线下培训187家，视频会议等线上培训111家，"一对一"重点辅导17家，新增AEO高级认证企业1家，积极探索对中小企业、"专精特新"企业开展进出口分析，上报贵州省委省政府，服务决策参考。及时掌握企业生产和进出口计

划，提前做好工作安排，在各海关业务现场设立进出口鲜活易腐农食产品查检绿色通道，在职责范围内积极为企业纾难解困。推动跨境电商业务快速发展，实现跨境电商企业对企业出口业务模式全落地，实现跨境电商"9710"模式关区全覆盖，推动跨境电商"9610"出口业务模式落地；对拟开展跨境电商海外仓出口业务的企业持续开展业务指导。2022年为6家贵州跨境电商海外仓出口企业开展备案登记。

充分发挥政策惠企助企。积极推进贵州企业业参与RCEP实施。加强重点行业、重点企业进口享惠和出口原产地政策解读及申报引导，帮助企业解决原产地证书申请中遇到的困难和问题。2022年贵阳海关共签发各类原产地证书6346份，货值14亿美元，同比分别增长0.4%、25.4%，可为企业享受进口方关税减免约7000万美元。其中，签发RCEP原产地证书396份，货值4359万美元，可享受进口国（地区）关税减让1300万元。

加强技术性贸易措施咨询服务。建立完善关区技术性贸易工作机制，制定并印发技术性贸易措施工作组职责和年度工作任务。加强对贵州重点特色产品主要贸易伙伴技术性贸易措施的收集翻译和研究分析，收集并翻译9项酒类、5项茶叶类国外通报技术法规，组织撰写技术性贸易相关信息，在"贵阳海关发布"微信公众号发布4篇，其中2篇被海关总署采用。对贵州省367家外贸企业开展受国外技术性贸易措施影响统计调查，并形成调查分析报告。建立贵阳关区国外技术性贸易壁垒交涉应对重点企业名录库；组织参加海关贸易管制政策与实践线上培训，引导企业积极参与评议工作，提升技术性贸易专业技术水平。迅速落实评议基地整改工作，针对遵义评议基地存在的问题召开专题分析研讨会议，推进基地建设任务落实。

常态化运行中欧班列。主动服务和融入共建"一带一路"高质量发展，研究出台《贵阳海关进一步支持中欧班列发展十条措施》，制订中欧班列监管方案，指导企业采取转关模式办理申报手续，实现班列货物属地查验、口岸直接放行，大幅减少贵州直发中欧班列出口货物在口岸的作业时间，有效降低企业物流成本。统筹规划散货集拼、整箱进出口、中老班列集装箱二次编组等业务，积极支持贵州利用综合保税区首次开展国际中转业务，推动中欧班列与中老班列交会衔接，2022年5月18日，中老铁路衔接中欧班列首批货物货运通关测试成功。支持推进贵阳综合保税区铁路海关监管作业场所建设，向贵州省政府谏言实施"区港联动"战略谋划，2022年6月，贵阳综保型国际陆港海关监管作业场所验收通过，并于7月投入运行。2022年4月，贵州中欧班列被纳入图定班列，2022年共支持班列开行34列，货值达7亿元。

撰稿人

朱　清

贵阳海关打击走私重点专项工作

2022 年，贵阳海关坚决贯彻落实习近平总书记关于打私工作重要指示批示精神，做到闻令而动，听令而行。围绕"洋垃圾"、枪支弹药、濒危动植物、毒品等走私重点开展打击，海关职能部门和隶属海关与缉私局携手作战，多点开花，查获政治类有害出版物 22 本、淫秽书籍（光碟）104 本（张）、毒品 5 单、危险化学品 2 单、精神药品 23 单、象牙制品 1 单（餐具 2 件）、濒危沉香木制品 1 单（手串 2 件）、其他含濒危成分制品 52 单、特殊物品 5 单等，以优异的打私业绩彰显缉私警察"绝对忠诚、绝对纯洁、绝对可靠"的政治品格。"国门利剑 2022"联合专项行动取得新成果。严厉打击精神麻醉药品走私呈现新亮点。依托贵阳海关三位一体风险研判机制，联合地方公安破获特大利用网络走私贩卖 γ-羟基丁酸（毒品）入境案 1 起（该案被公安部批准为部督目标案件）。积极发挥缉私垂直管理优势，首次向海关总署缉私局提请集群作战，推动各局刑事立案 26 起，查处和阻止了多起关联犯罪案件。在海关总署缉私局召开的视频会上，贵阳海关缉私局（贵州省打私办）就精麻毒品案件侦办亮点及经验做法进行了汇报发言，这是贵阳海关缉私局首次在全国缉私视频会议上作案

件经验交流。严厉打击枪爆违法犯罪取得新成绩。认真开展夏季治安打击整治"百日行动"、打击枪爆违法犯罪国门查缉专项行动暨"国门勇士 2022"专项行动，先后联合印江县公安局、织金县公安局开展查缉行动，行政立案 1 起，查获违法嫌疑人及枪支零配件一批。严厉打击淫秽物品走私取得新突破。连续破获走私淫秽物品案件 2 起，查扣淫秽涉税书籍 3800 余册，这是贵阳关区首次刑事立案侦办走私淫秽物品案件，在打击淫秽物品走私犯罪行动中取得了历史最好成绩。严厉打击毒品走私再上新台阶。紧盯国际邮件渠道，加强风险联合研判，与海关风险部门和地方公安紧密协作，查获走私毒品案件 3 起，抓获犯罪嫌疑人 3 人，查获相关毒品 1 批，有效震慑了毒品走私违法犯罪。

推动海关全员打私生成新战力。贵阳海关认真落实 2022 年关区缉私工作会议精神，内外联动，同向发力，提升打私合力。开展全员打私。落实"1+6"机制，细化打私任务分解，跟踪督办，提升业务现场发案率，全员打私合力持续增强，年内关内部门移交贵阳海关缉私局刑事成案 5 起，占刑事案件总数的 55.55%，强化内部协作。深入推进贵阳海关"防控—监

管—打私”三位一体风险研判联合工作机制，提升重点商品、重点渠道的预警研判和分析查发能力，形成专题材料4份，提高打私精准度，实现缉私、风险、统计、监管、稽查职能资源整合，在强化海关监管的同时形成共同打击走私违法犯罪活动的合力。加强合成作战。建立和完善与地方公安禁毒、刑侦、经侦等部门协作机制，借船出海，拓展打击空间。

打击走私综合治理迈上新台阶。贵阳海关缉私局认真落实全国打私办主任会议精神，围绕构建“打、防、管、控”治理体系，努力做到打击有力、防范有方、监管有策、控制有效。强化责任落实，整体推进有力度。及时通报中央和各级领导对打私工作的部署要求及两级缉私工作会议精神，分析辖区反走私情况，推动各级领导提高对反走私综合治理工作的重视程度。强化协调沟通和服务指导，先后派员到黔东南州等4个市州开展专题调研，通报“国门利剑2022”联合行动打击重点，开展打击走私综合治理考核标准解读，联合分析研判，督导各级政府细化打击走私工作措施，共同开展反走私宣传。优化工作模式，全面震慑有强度。在充分发挥缉私主力军作用的同时，积极探索跨关区、跨警种、跨部门联合打击工

作模式，海关与法院、检察院、公安、国安、市场监管、烟草等部门建立联系配合工作机制，强化信息资源共享，开展联合经营查缉。以夏季治安打击整治“百日行动”为抓手，加强与地方公安的协作配合，发挥各自专业手段、信息资源等优势，合成作战。

深化系统治理，基层治理有温度。牢固树立“宣传也是打私”的理念，以反走私“五进”宣传为载体，围绕“世界野生动植物日”“6·26”国际禁毒日等重要节点，牵头推动各地打私办和9个隶属海关开展集中宣传活动，积极营造良好的反走私社会舆论氛围。2022年，“中国反走私”微信公众号采用贵州省打私办（贵阳海关）推送的反走私工作信息30篇，采编稿件数同比大幅增长500%，其中半年贵州省稿件采编量均排名全国前10名内。年内累计推动各地开展反走私宣传活动68场次，宣传群众近4万人次，极大地巩固了贵州省反走私宣传阵地建设。

撰稿人

吕　玥

贵阳海关安全生产专项整治工作

2022年，贵阳海关坚决贯彻落实习近平总书记关于安全生产的重要指示批示精神，按照海关总署党委工作部署，树牢安全发展理念，坚持"三个必须"原则，从严从实从细抓好海关安全生产工作。结合海关安全生产工作特点，完善责任体系，制订实施方案，常态化开展安全风险隐患排查整治，加强与有关成员单位协作配合，扎实推进安全生产专题学习、督查考核、专项整治三年行动等工作，年内未发生安全事故。

一、深入学习贯彻习近平总书记关于安全生产重要论述精神

（一）持续推进专题学习

深入学习贯彻习近平总书记关于安全生产重要论述和重要指示批示精神，关党委先后组织召开4次党委会议、8次党委理论中心组学习会议、12次月度形势分析及工作督查例会和4次专题会议，学习贯彻全国、全省安全生产电视电话会议精神，定期研判关区安全生产形势，在全关区范围内召开3次电视电话会议，部署安排安全生产各项工作任务，切实加强重大安全风险防范化解工作，坚决防范遏制安全生产事故发生。

（二）深入开展学习交流

组织全关各党支部观看学习《生命重于泰山——学习习近平总书记关于安全生产重要论述》专题片，围绕习近平总书记关于安全生产重要论述、国务院安全生产委员会15条措施、贵州省60条具体措施、"打非治违"专项行动等开展交流研讨。组织开展党政"一把手"专题"讲安全"，关领导及各部门主要负责人带头讲安全生产事故典型案例共计10场次，用鲜活事例启发思考，推动学习贯彻习近平总书记重要论述精神走深走实。组织开展2期各级青年理论学习小组"思想理论学用讲台"，引导广大青年干部职工将"两个至上"理念贯穿海关工作始终，切实把学习成果转化为推动安全发展的工作实效。

（三）立体化推进宣传教育

聚焦"安全生产月""6·16"安全宣传咨询日等活动开展集中宣传，在贵阳海关门户网站开设"安全生产"专栏，组织全体关员学习习近平总书记关于安全生产重要论述，参加"测测你的安全力"网络知识竞赛活动，提升关员安全生产责任意识，开展"国门安全进校园"活动3次、安全生产和消防知识培训4场、"6·16"安全宣传咨询日活动26场、应

急演练 10 场、安全生产知识线上竞答 360 余人、官网专栏宣传 5 次、"贵阳海关发布"微信公众号推送图文信息 5 篇。

二、健全完善安全生产工作机制

（一）优化领导小组工作机制

由主要负责同志担任领导小组组长，明确领导小组每半年至少专题研究 1 次安全生产工作，健全两级党委领导小组工作机制，逐级签订安全生产责任书，建立安全生产工作责任清单，明确各级、各岗位安全生产责任，确保每项工作、每个环节都要责任到人、落实到位。

（二）建立安全生产"吹哨人"预警机制

结合关区实际，制定细化 8 个方面具体内容，建立风险预警问题台账，明确预警途径、预警范围、预警信息处置程序及奖励措施等内容，鼓励全关干部职工主动查找身边安全风险隐患，推动形成人人关心安全、人人关注安全的氛围。

（三）完善跨部门协作机制

积极加强与应急管理、交通运输、公安及综合保税区管委会等地方相关部门的联系配合，第一时间向地方主管部门通报海关在安全执法过程中发现的出口烟花爆竹、打火机等不合格情况，配合相关部门完成后续处置。与贵州省政府签订《贵州省二〇二二年度安全生产和消防工作目标任务责任书》，与 3 个综合保税区管委会签订安全生产联系配合相关机制，明确及时将发现的监管货物、作业区域安全隐患问题通报、移送相关主管部门，并配合相关部门开展安全生产检查、应急处理，形成安全监管合力。

三、持续推进安全生产专项整治

（一）统筹推进安全生产督查检查

聚焦海关"7+21"重大、系统性风险，围绕危险品检验、口岸卫生检疫、动植物检疫、食品安全监管、执法作业安全、海关监管作业场所（场地）安全、保税监管场所安全、综合保税区海关业务安全、海关实验室安全、海关涉案财物仓库安全、计算机机房安全、办公场所安全等重点领域，在党的二十大召开期间、春节、国庆等重要时间节点分阶段、有重点地开展安全生产督查检查，通过远程督导、实地检查、重点抽查等方式，重点督查风险隐患排查是否存在盲点，问题和隐患是否及时整改，整改措施是否有针对性、是否落实到位等情况，持续督促完成自查、督查两个阶段排查问题隐患整改清零。各分管关领导带队到各办公及住宿建筑物、实验室、海关监管区、部分隶属海关及重点企业生产一线开展专项督导检查，全面督查已查发问题隐患整改情况，彻底排除重大风险隐患。2022 年，共开展安全生产风险隐患排查督查 9 轮次，整改完成风险隐患问题 112 个，年内无安全事故发生。

（二）扎实开展危险品整治专项行动

成立专项行动工作组，组建专家团队，建立周期监控、定期通报、专题分析 3 项机制，指导解决危险品在通关、查检、处置过程中遇到的各类问题，制修订出口烟花爆竹、打火机点火枪等现场检验作业指导书 6 份，完善 3 类、55 项监管信息清单，涉及危险品近 30 种，指导一线处置危险品申报审单、查验送检，生产企业代码考核、后续监管以及包装性能检验、使用鉴定等各类风险隐患事项 186 条。充分发挥地方危险品整治专班机制作用，定期向相关主管部门了解危险品生产、储存、物流等情况，跟踪掌握"储存待申报、已申报未查检、已放行未到港"3类出口危险品动态，建立分类处置标准化流程。专项行动期间，与地方部门开展联合执法31次，通报风险隐患问题14项，协助完成向地方主管部门移送的2起涉及烟花爆竹、打火机安全隐患问题的督查整改工作。针对产地监管货物分散、作业区域集中等特点，结合生产企业、危险品种类、运输包装等要素，开展危险品全领域、全链条、全环节排查整治。围绕海关总署重点关注的"滞"的隐患和"瞒"的风险，细化15项具体措施，开展专项集中整治8次，分类处置风险信息670余条。专项行动期间，紧盯申报、放行两个节点，使危险品属地检验监管整体时间压缩31%。

撰稿人

曾玲珑

贵阳海关定点帮扶及推动乡村振兴工作

2022 年，贵阳海关党委坚持把定点帮扶工作作为重大政治责任和第一民生工程，深入学习宣传贯彻党的二十大精神，认真落实习近平总书记关于"三农"工作的重要论述和视察贵州重要讲话精神，深入贯彻落实中央经济工作会议、中央农村工作会议精神，严格按照贵州省委和海关总署党委关于驻村帮扶工作的系列部署要求，持续强化组织领导和责任担当，充分发挥海关职能和资源优势，多措并举构建帮扶体系，扎实推进"双联双促"工作，不断巩固拓展贵阳海关脱贫攻坚和乡村振兴工作成果，帮扶村干部群众 2 次向贵阳海关赠送感谢锦旗。

一、强化组织领导聚"合力"

严格落实"四个捆绑"要求，按照"一人驻村、全关帮扶"的工作理念，集全关之力，全方位保障驻村队员开展工作，树立"队员当代表，单位做后盾，领导负总责"的"三位一体"鲜明导向。高度重视，精细部署。将定点帮扶工作列入关区年度重点工作内容，党委书记、关长王松青 2 次面对面听取驻村第一书记工作汇报，带队到 2 个定点帮扶村开展帮扶慰问活动和代表关党委捐助 40 万元帮扶资金；

持续落实驻村书记生活补贴、交通补助、健康体检、意外保险、暖心物资箱、提供心理咨询等关爱保障政策。明确目标，压实责任。关党委定期召开党委会专题研究定点帮扶工作，实行年初制订帮扶方案、季度跟踪问效、月度台账备案机制，将帮扶工作内容纳入机关绩效考核目标，细化帮扶措施，明确责任部门、完成时限，着力推动定点帮扶重点工作、中心工作顺利开展。

二、夯实战斗堡垒强"根基"

加强党组织建设。指导帮助帮扶村以党建工作为核心，以支部标准化规范化建设为着力点，制订"一村一策"帮扶计划，理清工作思路，提升为民服务水平，创新打造"五好五心"支部品牌和创新"党建+N"帮扶模式，抓好落实"三会一课"、主题党日、组织生活会等制度，健全完善党务和村务公开，充分利用广场议事亭、院坝会、群众会等途径深入宣讲党的二十大精神和便民惠民政策。开展"双联双促"工作。制定贵阳海关 2022 年"双联双促"工作安排表，明确党委班子成员"一对一"帮扶 9 名困难群众，采取"实地+线上"的方式推进，紧密围绕开展政策宣讲、建强村党组织、为民办事服务等 6 个方面开展调研帮扶活动，关领导带队到村开展党的二十大精神宣讲、技能培训、走访慰问、免费农产品检测等帮扶活动 14 次，示范带动全关党支部开展帮扶活动 350 余人次，帮助解决问题 23 个。

三、倾力助学扶智断"穷根"

组织开展爱心捐助活动。深化"关爱天使 筑梦远航"助学公益活动，组织爱心党支部、关员连续两年资助 12 名困难中、小学生，以实际行动推动贵州乡村振兴战略深入实施。广泛凝聚爱心党支部、企业、人士等力量，积极开展捐资助学，向帮扶村小学捐助爱心善款、书籍、衣物、体育用品等物资 13 批次。实施助学扶智计划。按照困难程度，依据致困原因制定帮扶措施，科学划分"产业扶持户、引导扶志户、政策保障户、跟踪扶智户"，跟进返贫高风险家庭子女受教育情况，协调帮助家庭困难学生就读职业院校，指导申请助学资金，与受资助学生建立经常性联系机制，让帮扶村的孩子接受到良好的教育，阻断贫困的代际传递。

四、提升造血功能增"收益"

紧扣产业增收这条主线，使帮扶工作由"输血式"向"造血式"转变。抓实帮扶村防灾减灾工作。指导帮扶村加大资金和项目争取力度，及时对损坏的产业基础设施进行修建完善，对受灾的农作物进行仔细核实，主动对接保险公司到场进行核实赔付，积极引导群众对绝收的农作物进行补种，对因灾情严重影响生

活的群众进行慰问帮扶。优化帮扶村产业发展格局。指导帮扶村以"党支部+公司+合作社+农户"发展模式，结合村情实情，助力发展"一村一品"绿色生态农业，种植有机高粱 2100 余亩，食用百合 230 余亩、五指葱 30 余亩，开展高标准农田建设 1393 亩，实现增收达 320 余万元，发动村民种植五倍子 1960 余亩，11.3 万余棵。

五、助力乡村建设新"升级"

持续深入抓好基础设施项目建设，积极协调各方力量，助力美丽乡村再升级。整治环境卫生。新增垃圾箱、移动垃圾桶等 94 个，基本实现垃圾"集中堆放、集中清理、按时清运"处理模式，利用院坝会、"小喇叭"等载体，开展卫生宣传、环境卫生"大比武"活动 20 余次，覆盖干部群众 980 余户，精心培育文明乡风，有效解决乱扔垃圾现象和乡村环境卫生脏乱差问题。完善基础设施。投入专项资金 20 万元，修缮灌溉水渠 7.8 千米，确保 3863 人生产生活用水安全，投入 15 万元资金升级改造村民文化广场，修建和完善议事亭、卫生公厕、篮球场、太阳能灯、座椅、文化墙、新时代村民讲习所等公共设施，这些基础设施被村民亲切地称为海关渠、"金钥匙"广场，为帮扶村推进乡村振兴发展打下坚实基础。

撰稿人

王晓刚

贵阳海关国门生物安全工作

2022年，贵阳海关认真贯彻落实党的二十大、中央经济工作会议、中央农村工作会议精神，全面推进国门生物安全现代化，按照党的二十大提出的"健全生物安全监管预警防控体系"要求，不断完善海关动植物检疫制度体系，提升治理能力，落实"国门生物安全关口海关必把牢"的各项工作。印发了相关文件，修订完善了关区重大动植物疫情应急处置预案等制度，积极参与海关总署进境粮食、烟草、水生动物等动植物检疫相关管理规范、操作指引制修订工作。

2022年，贵阳海关口岸外来入侵物种防控成效明显。制订"国门绿盾2022"专项行动方案，严防动植物疫情疫病传入和外来物种入侵，年内口岸截获植物疫情1批次，非贸渠道截获物种10批次、16种次，其中外来物种6种次；外来入侵物种普查工作按序推进。年内组织踏查和监测调查2次，在机场口岸对78种重点外来物种开展普查，采集物种样本986个，经鉴定有清单内外来入侵物种21种；多渠道开展国门生物安全宣传教育。认真组织开展"4·15"全民国家安全教育日活动，制作科普视频在多个平台发布，营造社会共治氛围。

保障供港澳活猪安全，定期开展动物疫病及农兽药重金属等残留物风险监测。2022年共采集相关样品1030份，开展疫病检测1080项次，残留物检测119项次；通过"远程巡查+实地监管"相结合方式，实施"源头把关、风险研判、过程监控"全链条监管，优化供港澳活猪全链条检疫监管模式，进一步提升监管效能；制定"一企一策"对口帮扶措施，实现精准高效服务。"一站式"助企完善出口资质，开设业务办理"绿色通道"，实行"7×24小时"优先检疫监装、优先出证，全力保障活猪安全、稳定、快速供港澳，2022年新增1家供港澳活猪养殖场，实现贵州活猪首次供应澳门，年内共检疫监管供港澳活猪1200头，同比增长233.33%。

强化动植检治理体系建设，进一步完善动植物检验检疫基础设施。申请项目资金，为各隶属海关购置动植物检疫查验和初筛鉴定设备43台/套；充实动植检岗位资质队伍。开展动植检岗位资质培训及考试，新增动植检高级签证官9人、动植检查验岗位资质人员7人，有效缓解岗位资质人员不足的难题；教学能力提升实现突破，制作学习贯彻习近平新时代中国特色社会主义思想海关特色案例教学类课件

《贯彻落实总体国家安全观 筑牢国门生物安全——打造"全链条"合成监管模式保障境外种猪安全引进》首次获海关全员培训学习平台采用，实现岗位练兵和业务培训工作的统筹推进与有机融合，课件得到海关总署课件评审专家的充分肯定。

跨境电商寄递"异宠"综合治理专项行动开展以来，通过精准布控，从来自西班牙、中国台湾、美国的3个邮包中查发6种次、63只"异宠"，鉴定出麦克里蜓螺等4种海螺，国内无发生报道，属外来物种，"异宠"查获量全国排名第7位。向海关总署报送工作动态19期，被采用12期、15条，"异宠"截获信息、科普文章被"海关发布"微信公众号、《中国国门时报》、《贵州日报》、搜狐网等多家媒体采用并转发。

严防新冠疫情输入，加强非洲猪瘟等重大动物疫病防控。持续做好口岸非洲猪瘟、高致病性禽流感等重大动物疫情防控工作，严格做好供港澳活猪非洲猪瘟疫情防控及监测工作，年内累计采集760份样品开展非洲猪瘟监测，检测结果均为阴性，年内未发生动物卫生安全事件。

贵阳海关指导企业有效应对国外技术性贸易措施，帮助贵州鲟鱼开拓国际市场。2022年7月，越南相关措施致使关区对越出口鲟鱼全面停滞，出口数据归零。强化联合发力，与重庆海关、昆明海关联合提交贸易关注提案，在经过45天多方交涉后，助力关区鲟鱼恢复对越出口；强化精准服务，组建工作专班深入9家龙头企业调研，收集企业需求28条，定制"一对一"培训服务方案，帮助企业扩展老挝市场，实现全国首次向老挝出口鲟鱼4批次、38吨；强化通关保障，采集48个样品开展监测疫病、药残41个项目、759项次，压缩现场检验和签证时间超80%，实现现场查验"即验即签即放"。年内累计保障出口鲟鱼861.52吨，同比增长175.86%，货值2302.98万元，同比增长140.34%，贸易量约占全国出口总量的35%，位居第一，助力贵州成为全国鲟鱼养殖大省和重要出口省份。

撰稿人

金 瑶

第三篇

大事记

2022 年贵阳海关大事记

1 月

4 日 贵安海关签发贵州省首份 RCEP 原产地证书。该单系安顺御茶村茶叶有限责任公司申报出口至日本的杜仲粉，货值 29.9 万元。

6 日 贵阳海关与贵州省商务厅召开协同推进外贸高质量发展联席调度会。

7 日 贵阳海关缉私局开展"七个一"系列活动庆祝中国人民警察节。

10 日 贵安海关顺利完成稽查改革后首起不通知稽查作业，及时追征相关税款 81.21 万元。

11 日 关长王松青组织召开关区业务领域重大风险隐患排查专题研究会。

贵阳海关与贵州出入境边防检查总站签订党建共建框架协议。

13 日 贵阳海关副关长詹水旭代表关党委赴封闭管理酒店慰问第二批解除封闭管理工作人员。

14 日 贵州省副省长蔡朝林到贵阳海关调研。希望贵阳海关提升通关便利化水平，全力优化营商环境、大力发展外贸新兴业态、做强外贸增量引导数据回流、参与招商引资培育市场体系，共同助力贵州"在新时代西部大开发上闯新路"，谱写贵州开放型经济高质量发展新篇章。贵州省政府副秘书长郭伟谊、贵阳海关关长王松青、省商务厅厅长马雷陪同调研。

贵阳海关副关长孙永泉参加贵州省开放型经济工作专题培训推动会。

17 日 贵阳海关党委召开党史学习教育专题民主生活会。

贵阳海关党委书记王松青参加 2021 年度省直单位机关党委书记抓党建工作述职评议会议，并进行现场述职。贵州省委副书记蓝绍敏、省直机关工委常务副书记管群对贵阳海关党建工作给予了充分肯定并点名表扬。

兴义海关首单跨境电商 B2B 业务成功落地。该单系出口至英国价值为 46 万元的挎包。至此，跨境电商业务在贵州省全面铺开。

18 日 贵州省中欧班列首次实现跨境电商申报出口。该单系兴义海关辖区企业通过跨境电商 B2B 直接出口（"9710"）模式，将申报货值为 401 万元的茶叶依托中欧班列出口至俄罗斯。

20 日 贵阳海关召开 2021 年贵州省外贸数据新闻发布会，副关长孙永泉发布 2021 年贵州省外贸数据及其主要特点，并回答记者提问。

贵阳海关综合二处审核认证通过关区首个 RCEP 经核准出口商，该企业系贵安海关辖区 AEO 高级认证企业富贵康精密电子（贵州）有限公司。

贵阳海关人教处党支部被贵州省直机关工委授予 2021 年度省直机关"标准化规范化建设星级党支部"、省直机关"标准化规范化建设示范党支部"。

21 日 贵阳海关首次在阿里拍卖平台成功拍卖涉案财物。

25 日 贵阳关区首次刑事立案侦办走私淫秽物品案件。

贵阳关区"涉濒危物种"稽查案件实现"零"的突破。

26 日 贵州省委副书记、省长李炳军走访慰问贵阳海关，看望慰问贵阳海关干部职工，感谢贵阳海关长期以来对贵州发展给予的支持和作出的贡献，向大家致以美好的新春祝福。其间，省长李炳军听取贵阳海关关长王松青关于 2022 年全国海关工作会议精神和贵阳海关下一步工作思路的简要汇报。

贵阳海关组织开展 2021 年领导班子及署管干部年度考核、贵阳海关干部选拔任用工作"一报告两评议"工作会，并组织相关人员完成民主评议及网上测评。

28 日 贵阳海关缉私局局长郭洁出席贵阳海关缉私局教育整顿总结大会。

30 日 贵州省副省长、公安厅厅长郭瑞民到缉私局开展节前走访慰问活动，代表省公安厅党委向全体缉私民警、辅警致以新春祝福和亲切问候。贵阳海关关长王松青、缉私局局长郭洁等领导同志参加慰问。

2 月

8 日 贵阳海关关长、省打击走私综合治理领导小组副组长兼常务副主任王松青，贵州省政府副秘书长、省打击走私综合治理领导小组副组长兼省打私办主任郭伟谊，贵阳海关缉私局局长、贵州省打击走私综合治理领导小组成员、副主任郭洁参加 2022 年全国海关缉私工作暨全国打私办主任视频会议。

15 日 贵阳海关副关长詹水旭陪同贵州省副省长蔡朝林赴改貌铁路海关监管场所、都拉营国际陆海通物流港开展调研。

16 日 贵阳海关参加"海关重点项目和财物管理以权谋私"专项整治工作动员部署视频会议。

贵阳海关副关长詹水旭参加贵阳海关 2022 年度关区安全生产电视电话会议。

遵义海关张凌被中共海关总署委员会授予"百名优秀执法一线科长"称号。

21 日 贵阳海关关长王松青与贵安综合保税区党工委书记杨志荣一行进行座谈交流。贵阳海关副关长马琨参加。

22 日 贵阳海关关长王松青、副关长马琨参加贵阳海关捍卫"两个确立"、做到"两个维护"、强化政治机关建设专项教育业务分析会。

23 日 贵阳海关关长王松青、副关长孙永泉参加全国海关政策研究和统计工作视频会。

24 日 贵阳龙洞堡机场海关通过行邮税征管应用系统成功汇缴首单行邮税，标志着行邮税征管应用系统在贵阳海关成功落地。

贵阳海关关长王松青主持召开贵阳海关推进 RCEP 政策研究工作研讨会。副关长孙永泉、副关长詹水旭参加。

25 日　贵阳海关党委书记、关长王松青，党委委员、副关长詹水旭参加全国海关政治部主任视频会议。

3 月

1 日　贵阳海关副关长詹水旭陪同贵州省副省长蔡朝林现场调研"一局四中心"项目，并就"一局四中心"项目的指定监管场地建设、卡口及围网设计、信息化建设、未来发展规划四个方面提出了海关的工作建议和需求。

2 日　六盘水市农业科学研究院与国家果蔬检测重点实验室（六盘水）签订《合作框架协议》。

1—3 日　海关总署副署长王令浚一行来黔调研，先后赴贵阳海关所属六盘水海关、毕节海关、遵义海关了解基层党建、疫情防控、维护国门安全、边关建设、服务地方外向型经济发展等工作开展情况，看望慰问基层干部职工，并到有关外贸企业调研。贵阳海关关长王松青、地方有关领导陪同调研。

7 日　贵阳海关党委书记、关长王松青主持召开党委中心组（扩大）学习会。会议传达学习习近平总书记重要讲话和重要指示批示精神，邀请贵州省社会科学院黄勇副院长就学习贯彻国发〔2022〕2 号文件精神作专题辅导。

贵阳海关缉私局开展贵阳关区首次非诉行政案件执行工作，向贵阳市观山湖区人民法院申请强制执行某公司违规案件。

9 日　贵阳海关关长王松青参加贵阳海关2022 年缉私工作会议。

13 日　贵阳海关关长王松青在贵阳参加全省安全稳定警示教育大会。

15 日　筑城海关顺利完成贵阳关区首票进境水果属地申报业务，该单系进境水果指定监管场地实施口岸检验检疫后入关的首票属地申报业务。

17 日　贵阳海关关长王松青参加 2022 年全国海关卫生检疫工作视频会议。

贵阳海关关长王松青带队赴贵州食以黔为天餐饮管理有限公司开展"海关重点项目和财物管理以权谋私"专项整治工作首次调研。

18 日　贵阳海关关长王松青在贵阳参加中央第二生态环境保护督察组督察贵州省情况反馈会。

海关总署关税征管司通报，贵阳海关审价作业规范度连续两年保持 100%，并列全国第 1位。2021 年贵阳海关制发审价作业文书 99 份，同比增长 4 倍。

19 日　贵阳海关关长王松青在贵阳参加全国疫情防控工作电视电话会议。

22 日　贵阳海关关长王松青在贵阳参加国务院安全生产委员会专项督导帮扶组进驻贵州动员会。

24 日　贵阳海关关长王松青、副关长詹水旭参加全国海关持续推进审计问题整改工作视频会议。

贵阳海关关长王松青、副关长马琨参加2022 年全国海关企业管理和稽查工作视频会议。

29 日　中国电子口岸数据中心贵阳分中心完成贵州省首单电子口岸 IC 卡线上办理业务。

4 月

2 日　贵阳海关全体党委班子成员参加海关总署党委理论学习中心组（扩大）视频

学习。

贵阳海关关长王松青赴筑城海关调研指导工作。

8日 贵阳海关关长王松青赴贵安海关调研指导工作。

贵阳海关顺利完成机构改革后所属事业单位首次公开招聘工作，成功招聘3名事业编制人员。

12日 贵阳海关关长王松青在贵阳参加贵州磷化集团专题调研座谈会。

贵阳海关党委书记、关长王松青组织召开贵阳海关乡村振兴专题视频会，听取狮山村、茅家铺村驻村第一书记工作汇报，同驻村书记深入交谈，关心了解工作、生活、家庭情况和困难问题，并代表关党委向驻村书记及家属表达真诚的感谢和祝福。

13日 贵阳海关关长王松青在贵阳参加贵州省副省长蔡朝林主持的专题会议。会议分析了一季度经济形势，听取了贵州省相关部门一季度重点工作任务完成情况及下步工作打算。

贵阳海关关长王松青带队赴中国农业银行贵州省分行、贵州省拍卖有限公司开展"海关重点项目和财物管理以权谋私"专项整治工作第二批次调研。

贵阳海关牵头组织召开2022年度全国执法评估指标固化工作启动视频会。

14日 贵阳海关关长王松青、副关长詹水旭参加2022年全国海关口岸监管工作会议。

贵阳海关关长王松青组织召开贵阳海关捍卫"两个确立"、做到"两个维护"、强化政治机关建设专项教育活动专题工作会。

贵阳海关副关长詹水旭与贵州省工商联副主席陈广臣一行进行座谈。

15日 贵阳海关关长王松青、副关长詹水旭参加海关总署安全生产工作领导小组会议暨全国海关安全生产电视电话会议。

20日 贵阳海关副关长詹水旭参加贵阳海关妇委会组织召开的机关女职工代表座谈会。

22日 贵阳海关关长王松青陪同贵州省省长李炳军赴贵阳西南国际商贸城开展专题调研。

25日 贵阳海关全体党委班子成员参加海关总署组织的署管干部学习贯彻党的十九届六中全会精神线上集中培训班开班式和专题讲座。

26日 贵阳海关副关长马琨组织召开贵阳海关"百名科长百日督查"工作反馈会。

贵阳海关与贵州省疾控中心联合举办"全国疟疾日"多部门协作座谈会。

29日 贵阳海关组织关区干部职工集中收听收看贵州省十三次党代会开幕式。

贵州省政府新闻办组织召开《2021年贵州省知识产权保护与发展状况》白皮书新闻发布会，白皮书中对贵阳海关深入开展"龙腾2021""蓝网2021"专项行动取得的积极成效进行了详细介绍。

贵阳海关完成2022年首个5000万元限上内资鼓励项目减免税确认。

5月

6日 贵阳海关副关长孙永泉组织召开国家果蔬检测重点实验室（六盘水）验收推进暨验收工作专班成立会。

9日 贵阳海关关长王松青在贵州省政府参加全国促进外资外贸平稳发展电视电话会议。

10 日 贵州省人大常委会党组书记、副主任慕德贵一行赴贵阳海关和"一局四中心"项目现场开展调研。

13 日 贵阳海关党委书记、关长王松青出席贵阳海关"喜迎二十大、永远跟党走、奋进新征程"青年干部主题实践活动并发表讲话。

18 日 筑城海关保障贵州省首批中老铁路衔接中欧班列过境货物通关测试成功，系贵州省利用综合保税区首次开展国际中转业务。

19 日 贵阳海关关长王松青深入一线指挥"5·18"外事包机任务。副关长马琨全程参与航班监管和封闭管理工作。

20 日 海关总署税收征管局采纳贵阳海关报送的 2022 年度税政调整建议，并将其纳入生物医药、动力电池等 4 个重点行业进行调研。

贵阳海关缉私局侦查处获中共贵州省委平安贵州建设领导小组办公室、贵州省人力资源和社会保障厅授予的"2017—2020 年度平安贵州建设先进集体"。

25 日 贵阳海关关长王松青在贵州省委参加全国稳住经济大盘电视电话会议。

海关总署广东分署巡视中长期整改监督检查工作组通过视频连线检查贵阳海关巡视中长期整改落实情况。贵阳海关副关长詹水旭汇报贵阳海关中长期整改落实情况。

26 日 印发《贵阳海关关于印发促进贵州外贸保稳提质十六条措施的通知》（黔关业〔2022〕76 号）。

27 日 贵阳海关关长王松青参加贵阳海关 2022 年综合治税工作会议。

26 日 贵阳海关关长王松青听取机构改革"三定"执行情况评估专题工作汇报。

31 日 贵阳海关关长王松青出席《贵阳海关重点业务作业指导书》修编工作中期评估会。

6月

1 日 贵阳综合保税区贵阳综保型国际陆港海关监管作业场所顺利通过贵阳海关验收。

13 日 《贵阳海关综合保税区业务运行状况专题评估报告》被评为"2021 年直属海关优秀自选专题评估报告"。

14 日 贵阳海关获"2021 年度省级国家安全人民防线建设先进集体"称号，副关长詹水旭代表先进集体在相关工作会议上作主题发言。

贵阳海关召开促进外贸保稳提质措施发布新闻发布会，副关长詹水旭介绍并发布了《贵阳海关促进贵州外贸保稳提质十六条措施》《贵阳海关支持中欧班列发展十条措施》。

5—19 日 贵阳海关关长王松青全程参与"6·05"临时进境外事包机监管和封闭管理工作，针对封闭管理工作提出意见建议 3 条。

21 日 海关总署第十督导检查组与贵阳海关召开专项整治工作视频督导检查见面沟通会。贵阳海关党委书记、关长王松青向督导检查组汇报贵阳海关专项整治工作开展情况。

24 日 贵阳海关关长王松青主持召开业务专题研讨会，就"大调研"中企业反映的问题和困难进行"清单式"研究。副关长孙永泉、詹水旭、马琨参加。

26 日 贵阳海关组织开展"6·26"禁毒宣传系列活动。

28 日 贵阳海关关长王松青带队赴中国烟草贵州进出口有限责任公司走访调研。

7 月

2 日 贵阳海关与贵州省商务厅召开协同推进外贸高质量发展联席调度会。

5 日 贵阳海关关长王松青陪同贵州省副省长蔡朝林赴海关总署对接工作。其间，拜会海关总署副署长孙玉宁。

7 日 贵阳海关召开庆祝中国共产党成立101 周年暨"七一"表彰大会。党委书记王松青同志以"把牢党史学习着力点　坚决走好第一方阵　以优异成绩迎接党的二十大胜利召开"为题为全体干部职工讲授专题党课。

8 日 贵阳海关关长王松青带队赴贵阳龙洞堡机场海关调研。

11 日 贵阳海关党委书记、关长王松青主持召开2022 年第 19 次关党委会议。传达学习署长俞建华在听取贵阳海关主要负责同志工作汇报时作出的指示要求，再次传达学习署长俞建华在全国海关年中工作会上的讲话精神，结合关区实际研究贯彻落实意见。

12 日 贵阳海关关长王松青带队赴贵州磷化（集团）有限责任公司调研。

13 日 贵阳海关关长王松青会见遵义市副市长曹鸣凤一行。副关长詹水旭参加。

15 日 贵阳海关关长王松青会见贵州双龙航空港经济区党工委副书记、管委会主任李伟一行。

18 日 贵阳海关召开2022 年巡察工作动员部署暨巡视整改和巡察工作汇报会，副关长詹水旭代表贵阳海关向海关总署巡视办督导组汇报了关区巡视整改完成情况和巡察工作开展情况。

20 日 贵阳海关党委书记王松青与海关总署巡察工作督导调研组组长王玉民一行进行座谈交流。

贵阳海关关长王松青、副关长詹水旭参加贵阳海关"口岸危险品综合治理"百日专项行动部署动员会，迅速传达学习海关总署"口岸危险品综合治理"百日专项行动部署动员会精神，部署专项行动工作。

全国缉私部门夏季治安打击整治"百日行动"推进视频会顺利召开，贵阳海关缉私局首次在会上作案件经验交流发言。

21 日 贵阳海关关长王松青带队赴黔东南州锦屏县重点体育用品装备制造企业调研。

贵阳海关综合技术中心（保健中心）罗吉同志获得国家卫健委、海关总署、国家中医药管理局联合授予的"全国消除疟疾工作先进个人"称号。

22 日 贵州省委常委、遵义市委书记李睿带队到贵阳海关开展工作调研并座谈。贵阳海关关长王松青表示，贵阳海关将强化监管优化服务，继续支持遵义市开放型经济发展。贵阳海关副关长孙永泉、詹水旭、马琨，遵义市相关负责同志参加。

26 日 贵阳海关党委书记、关长王松青带队到绥阳县狮山村、茅家铺村开展乡村振兴"双联双促"帮扶活动。

27 日 贵阳海关关长王松青带队赴贵州华亨麻业有限公司走访调研。

29 日 贵阳海关关长王松青主持召开上半年外贸形势分析会。副关长孙永泉、詹水旭、马琨参加。

贵阳海关党委纪检组组长、关保密工作领导小组组长刘亚宁参加贵阳海关2022 年关区保密工作会。

8 月

1 日 贵阳海关向贵州省农业农村厅移交 10 件 43.22 克红珊瑚制品，实现了贵阳海关执法查没水生野生动物及其制品移交工作的闭环管理。

8 日 贵阳海关副关长詹水旭赴贵州省政府参加省委常委、省政府常务副省长吴强主持的专题会议。会议专题研究修改《贵州建设西部大开发综合改革示范区实施方案》《贵州建设西部大开发综合改革示范区首批申请授权事项清单》事宜。

9 日 贵阳海关副关长詹水旭与中国海关管理干部学院纪委书记蔺婧一行座谈。

8—12 日 贵州省联防联控机制综合组对全省疫情防控情况进行综合督查，贵阳海关是唯一一家风险职业人群核酸检测完成率达 100%的单位。

22 日 贵阳海关参加全国海关加强新时代廉洁文化建设暨警示教育大会。

23 日 贵阳海关副关长詹水旭陪同贵州省副省长蔡朝林赴贵阳综合保税区调研贵阳国际陆港项目。

23 日 贵阳龙洞堡机场海关顺利完成自新冠疫情发生以来首次监管出境客运航班任务，该航班为塞尔维亚至贵阳往返航班，含机组 15 人，出境监管旅客 33 人，行李 108 件。

29 日 海关总署印发《〈海关总署 贵州省人民政府合作备忘录〉及贯彻落实分工方案》（署厅函〔2022〕132 号）。

9 月

2 日 毕节海关助力贵州省苹果首次出口。

该单系贵州贵茂贸易有限公司申报出口至越南的 3 批次、76 吨鲜苹果。

7 日 贵阳海关组织成立"1+11+19"保障机关运转应急工作组妥善应对贵阳市属地疫情。

8 日 印发《贵阳海关贯彻落实〈海关总署 贵州省人民政府合作备忘录〉实施方案》（黔关办发〔2022〕111 号）。

13 日 贵阳海关关长王松青在贵阳市参加贵州省疫情防控工作汇报会议。

23 日 贵阳海关与贵州省工商业联合会签署协作框架协议。

贵阳海关参加海关总署"防风险、保稳定、迎二十大"专题电视电话会议。

27 日 筑城海关完成贵阳关区首票现场即决式布控查验工作，该单系中欧班列出口货物。

贵阳海关关长王松青、副关长马琨参加全国海关技术性贸易措施交涉应对工作视频会议。

10 月

10 日 贵阳海关关长王松青陪同贵州省副省长蔡朝林调研"一局四中心"及贵阳国际陆港建设工作。

贵阳海关关长王松青、副关长孙永泉、詹水旭、马琨参加贵阳海关 2022 年意识形态工作专题会议。

13 日 贵州省人民政府办公厅印发《〈海关总署 贵州省人民政府合作备忘录〉贯彻落实分工方案》（黔府办函〔2022〕97 号）。

14 日 贵阳海关参加海关系统全力以赴做好党的二十大召开期间安全生产相关工作电视

电话会议。

16 日 贵阳海关全体干部职工收听收看了中国共产党第二十次全国代表大会开幕会，认真聆听和学习了习近平总书记代表第十九届中央委员会向大会作的报告。

遵义海关应邀参加湄潭县举行的贵州绿茶 6000 万美元订单出口乌兹别克斯坦首发仪式。

17 日 贵阳海关缉私局党支部作为贵阳海关基层党支部代表参加贵州省直机关工委召开的"省直机关基层党组织组织力提升暨'六硬支部'建设工作推进会"，并以"五个聚焦抓党建，忠诚履职守国门"为题作经验交流发言。

19 日 贵阳海关副关长詹水旭陪同贵州省副省长蔡朝林赴贵州省邮政管理局调研。

20 日 贵州航宇科技发展股份有限公司通过贵阳海关 AEO 企业认证成为高级认证企业，这是《中华人民共和国海关注册登记和备案企业信用管理办法》实施以来贵阳海关通过的第一家 AEO 高级认证企业。

21 日 贵阳海关党委书记、关长王松青参加办公室党支部"学习党的二十大报告 踔厉奋发启新程"主题党日活动。

贵阳海关团委组织关区青年干部开展"思想理论学用讲坛"暨青年理论学习主题实践活动。

24 日 贵阳海关组织参加全国海关学习宣传贯彻党的二十大精神视频会议。全体党委班子成员参加会议。

26 日 贵阳海关与贵州省商务厅在遵义召开协同推进外贸高质量发展联席调度会。

11 月

3 日 贵阳海关关长王松青、副关长詹水旭参加全国海关"口岸危险品综合治理"百日专项行动总结暨常态化工作部署视频会。

5 日 贵阳海关副关长孙永泉陪同贵州省副省长蔡朝林参观第五届进博会"多彩贵州黄金十年"贵州开放成就展。

7 日 贵阳海关关长王松青主持召开专题会议，研究推动"一局四中心"项目相关工作。

8 日 《贵阳海关重点业务作业指导书汇编》正式刊印发布。

凯里海关全力保障贵州省首批自营出口活猪安全供港。

7—8 日 贵阳海关党委纪检组组长刘亚宁在线参加亚欧会议"智慧海关、智能边境、智享联通"国际研讨会。

10—11 日 贵阳海关党委委员、副关长孙永泉在贵阳参加中国共产党贵州省第十三届委员会第二次全体会议。

12 日 贵阳海关副关长詹水旭、马琨参加全国海关疫情防控工作视频会议。

14 日 贵阳海关顺利完成跨境电商公共服务平台二级节点升级改造工作。

16 日 贵州省打私办组织召开成员单位联络员工作会议并同步开展业务培训。

贵阳海关顺利完成侵权物资销毁工作。

18 日 凯里海关助力贵州省鲟鱼首次出口老挝，系全国近五年来鲟鱼首次出口老挝。

22 日 贵阳海关关长王松青参加贵州省委常委、贵阳市委书记、贵安新区党工委书记胡忠雄主持召开的贵阳贵安与省机场集团交流座谈会并作交流发言。

23 日 贵阳海关副关长孙永泉与遵义市副市长李旭共同为"中国 WTO/TBT-SPS 国家通报咨询中心绿茶产品技术性贸易措施研究评议基地""中国 WTO/TBT-SPS 国家通报咨询中心白酒产品技术性贸易措施研究评议基地"挂牌。

24 日 贵阳海关综合技术中心（保健中心）获得"CATL"资质认证，标志着该技术中心成为具备法定检测资格的农产品质量安全检测机构。

25 日 贵阳海关自主开发的"退税报关单查询""云擎"模型首次在全国上线运行。

贵阳龙洞堡机场海关邮递业务现场顺利完成海关总署进境邮件税款信息联网项目试点工作。

30 日 贵阳海关副关长詹水旭主持召开贵阳海关 2022 年离退休干部工作领导小组会议。

12 月

1 日 贵阳海关党委书记、关长王松青围绕学习贯彻党的二十大精神，为全体党员干部上专题党课，并就关区贯彻落实党的二十大精神提出要求。

贵阳海关党委书记、关长王松青与所联系的基层党支部、执法一线科室进行视频连线座谈。

2 日 铜仁海关助力贵州蜂蜜首次出口，该单系铜仁追花族科技有限公司申报出口的 1 批蜂蜜，出口地为澳大利亚。

5 日 贵阳海关举行新提任领导干部宪法

集体宣誓仪式。

8 日 贵阳海关关长王松青与贵州省机场集团有限公司董事长李仕炅一行开展交流座谈。

13 日 贵阳海关副关长马琨主持召开贵阳海关 2022 年度网络安全和信息化领导小组工作会议。

15 日 贵阳海关关长王松青主持召开内部疫情防控专题会议，就贯彻落实国家"新十条"优化措施提出最新工作要求。

20 日 贵阳海关学习贯彻习近平新时代中国特色社会主义思想海关特色案例教学类课件《贯彻落实总体国家安全观 筑牢国门生物安全——打造"全链条"合成监管模式保障境外种猪安全引进》首获海关全员培训学习平台采用。

印发《贵阳海关关于对在服务保障党的二十大、属地疫情防控等工作中表现突出的集体和个人予以奖励的命令》。

22 日 贵州省首单航空器保税融资租赁项目正式落地贵阳综合保税区，标志着贵州省"保税+租赁"航空器融资租赁业务实现"零"的突破。

贵阳海关署级科研项目"纳米酶应用出口茶叶中草甘膦的快速检测研究"顺利通过海关总署验收，共产生 3 项成果。

23 日 贵阳海关党委书记、关长王松青出席关区 2022 年度隶属海关"一把手"述责述廉述党建现场会暨党支部书记抓党建述职评议考核会议。

贵阳海关顺利完成贵州轮胎股份有限公司提交的投资总额 5000 万元及以上内资鼓励项

目产业政策条目确认工作。

26 日 贵阳海关关长王松青在贵阳参加贵州省委经济工作会议。

28 日 贵阳海关关长王松青、党委纪检组组长刘亚宁参加全国海关新冠病毒感染疫情防控工作专题视频会议。

30 日 贵阳海关关长王松青参加全国海关全面加强审计问题整改工作专题视频会议。

贵阳海关办公室宋双秀同志获中共贵州省委办公厅、贵州省人民政府办公厅授予的"党的二十大维稳安保工作先进个人"称号。

第四篇

党的建设

党建工作

【概况】2022年，贵阳海关各级党组织以习近平新时代中国特色社会主义思想为指导，以迎接宣传党的二十大为主题主线，贯彻党中央、国务院重要决策和海关总署党委工作部署，牢固树立"四个意识"，坚定"四个自信"，坚决做到"两个维护"，以政治建设为统领，持续深化政治机关属性，牢牢把握政治工作要求，政治理论武装、机关基层党建、思想文化宣传和党风廉政建设等各项工作取得新成效。

【思想文化宣传】2022年，贵阳海关将全面学习、把握、落实党的二十大精神作为首要政治任务，制订《贵阳海关学习宣传贯彻党的二十大精神实施方案》，明确11方面、20项工作任务，先后主持召开6次党委会、党委理论学习中心组学习会专题学习研讨党的二十大精神，带动两级党委、各党支部、各青年理论学习小组开展学习活动110余次，组织全体党员撰写学习心得体会314份。深入开展"七一"表彰、青年主题实践、志愿服务、助力乡村行等喜迎党的二十大系列活动，开设"学习宣传贯彻党的二十大精神"专栏，邀请贵州省委党校专家教授进行专题宣讲和辅导，两级党委班子成员到基层一线、所在支部和联系点，讲党的二十大精神专题党课89次，积极利用电子显示屏、横幅展板和微信微视频等多种宣传手段，营造浓厚学习氛围。按照海关总署党委提出的"铸忠诚、担使命、守国门、促发展、齐奋斗"十五字工作要求，紧扣贵州"四区一

▲2022年10月26日，贵阳海关顺利举办2022—2023年关区运动会开幕式（陈健 摄）

高地"战略定位，抢抓新时代西部大开发战略机遇，提出了打造"内陆开放型经济新高地一流海关"的奋斗目标，有效促进"两个齿轮"啮合。将党史学习教育作为重要学习内容贯穿全年，组织开展"重温长征精神""察民情访民意"等20项活动，扎实开好专题民主生活会。年内专题学习党史5次，举办读书班2期，高质量完成西南文化协作区线上党史知识竞赛和红色故事汇演活动。全力做好封闭管理人员支持和保障，聘请专业心理咨询机构提供线上心理疏导，先后慰问2批次解除封闭管理人员。落实基层联系点制度，关党委委员分别联系2个执法一线科室，赴基层蹲点调研、与科长谈心谈话，共同促进基层发展。持续巩固全国文明单位创建成果，不断深化爱国主义教育、中国梦宣传教育及公民道德建设，教育引导干部职工履职尽责、担当奉献。把培育选树先进典型作为践行社会主义核心价值观的重要抓手，大力推荐在疫情防控、复工复产、精神文明创建、脱贫攻坚、志愿服务等工作中涌现出的先进典型。将《新时代公民道德建设实施纲要》纳入政治理论学习，定期开展道德讲堂，采取制作道德书签、组织诵唱道德歌曲、学习传统礼仪知识等丰富多彩的文化形式，把思想道德建设的内容项目化、实践化，在潜移默化中不断提升干部职工文明素质。在端午、中秋、重阳等传统节日开展"我们的节日"系列纪念活动。分批分条线开展岗位练兵，搭建文体活动平台，成立篮球、网球、足球、游泳、摄影等12个文体协会。

【基层党组织建设】2022年，贵阳海关坚持围绕中心、建设队伍、服务群众。坚持以党的政治建设为引领，把落实"两个维护"要求贯穿到抓基层党建的各方面、全过程。坚持目标导向，切实发挥党建考核"指挥棒"作用，组织两期党支部书记、党务工作者培训，制定关区2022年党的建设工作要点、基层党组织考核办法和党建辅导员工作办法，细化评分标准70余项，实施支部季度自查、机关党委半年考评、党委全年考核的评价机制。组织政工部门成立辅导员队伍，采取分组结对子和辅导员跟进模式，到机关、基层和执法一线党支部开展互帮互助，推进基层党建由"全面建好"向"全面建强"迈进。持续深化基层党建"强基提质工程"，指导执法一线科室成立

▲2022年4月29日，贵阳海关承办和组织参加贵州省直团青工作第三管理区"我把青春献给党"青春故事讲述会　（陈健　摄）

14个新党支部，基层党建进一步夯实。3个单位、6名同志分获贵州省直机关"文明窗口""文明标兵"称号。3个党支部获评全国海关党建示范品牌、培育品牌，1个党支部获评省直机关"星级""示范"党支部，相关基层党建"双提升"的经验做法获海关总署推广，基层党建进一步夯实。承办和组织参加贵州省直机关工委"我把青春献给党"青春故事讲述会，并荣获三等奖。组织党员干部参与文明城市巩固提升志愿服务活动，52名党员干部在地方疫情防控静态管理期间主动参加志愿服务。扎实开展"双联双促"活动，明确党委班子成员"一对一"帮扶9名困难群众，组织到村开展政策宣传、技能培训、走访慰问、免费农产品检测等帮扶活动14次，示范带动全关党支部开展帮扶活动350余人次；持续投入40万元专项帮扶资金全力支持发展产业、教育、基础设施建设等项目，完成打造"金钥匙"文化广场、修缮7.8千米灌溉水渠等工程项目；组织爱心党支部、关员连续两年资助12名困难中、小学生，以实

际行动推动贵州乡村振兴战略深入实施。制订"我为群众办实事"实践活动方案，细化、合并52项重点任务清单和132条重点民生项目清单，建立工作台账和月报送制度，确保实践活动高质量完成，形成办实事项目经典案例12个。

【全面从严治党工作】2022年，贵阳海关以习近平新时代中国特色社会主义思想为指导，全面贯彻落实党的十九大和十九届历次全会精神，深入落实全国海关工作会议、全国海关全面从严治党工作会议部署，弘扬伟大建党精神，深入学习领会"两个确立"的决定性意义，坚持党对海关工作的绝对领导，按照海关总署党委工作安排，

继续做好"六稳""六保"工作，更好统筹发展和安全，强化监管优化服务，巩固拓展口岸疫情防控和促进外贸稳增长成效，聚焦"五关"建设，完整、准确、全面贯彻新发展理念，加快融入新发展格局，把握"一个主题"、找准"两个齿轮""三个导向"、做好"三个创新"。

【群团工作】2022年，贵阳海关以"三八"妇女节、"五四"青年节等重要节日为抓手，充分调动全体干部职工的积极性、主动性、创造性，发挥群团组织作用，激发队伍活力。妇委会结合"三八"国际妇女节，开展主题为"黔关巾帼展新颜　喜迎党的二十大"的"三八"妇女节系列活动。关领导出席活动

▲2022年1月27日，贵阳海关全面从严治党工作会议顺利召开　（陈健　摄）

▲2022 年 3 月 8 日，贵阳海关举办"三八"妇女节系列活动女职工拔河比赛（段晖 摄）

并向全关妇女同志致以节日问候和祝福，亲切慰问疫情防控一线妇女党员干部。活动现场还开展了爱国歌曲联唱、拔河比赛等一系列联谊活动。

在中国共产主义青年团成立 100 周年之际，贵阳海关团委组织开展"喜迎二十大、永远跟党走、奋进新征程"青年干部主题实践活动。

【准军事化纪律部队建设】2022 年，贵阳海关强化内务规范管理，常态化开展视频监督检查，坚持抓在日常、严在经常，着力打造精神振奋的关容关貌，锤炼令行禁止的过硬作风。在内务督察中，强化海关准军事化纪律部队主体责任，创新内务规范管理方式，注重督察实效，以制度化、信息化促进内务督察常态化、实效化。突出问题导向，加强日常纪律作风、疫情防控及安全监督检查，关领导带队走进部门科室、窗口一线、职工食堂、会议现场、安全隐患区域等，常态化开展视频检查、实地督察、专项抽查，对关容风纪、办公秩序、考勤纪律、落实疫情防控及安全生产等方面进行综合检查。特别是针对窗口单位重点加大督察力度，切实提高广大关警员遵守各项纪律要求、不触碰各项纪律红线的自觉性，推动内务规范外践于行、内化于心。

【作风养成】2022 年，贵阳海关通过内务督察，内务强化月活动，不断强化人员作风养成，印发《深化准军事化海关纪律部队建设实施意见》，强化关领导示范引领，全员学习《海关内务规范手册》、观看《海关内务规范》示范片、开展队列训练等形式，引导全体关员全面掌握、准确把握内务规范标准和要求，切实将学习内务规范作为必修课，引导内务规范要求入脑入心，切实把内务规范要求转化为全体干部职工的行动自觉，有效激发队伍士气，营造"求实、扎实、朴实"的良好工作氛围，切实增强关警员的纪律意识、效能意识和执行力。

年内，贵阳海关严格落实《海关内务规范》，制定《贵阳海关内务督察工作规程（试行）》，着力完善贵阳海关和基层两级内务督察机制，建立贵阳海关和隶属海关两级内务督察队伍，进一步加强领导、明确职责。强化追责问效，对每次内务督察的结果，以督察通报形式在全关区公开发布。按照《贵阳海关内务督察工作规程（试行）》要求，运用《贵阳海关内务规范督察考评表》开

▲2022年5月30日，贵阳海关内务督察组开展关区内务督察工作
（张璐　摄）

展内务督察工作，做到督察标准统一、操作规范，向优秀部门（单位）授予"流动红旗"，对表现突出的个人授予"内务标兵"，对发现的苗头性倾向性问题加大通报力度，对所通报的问题一律做到见人见事、透明公开，对发现的问题不隐瞒、不回避，督察问责直接与单位年度考核挂钩，必要时关领导与相关单位负责人进行约谈。2022年，开展督察36次，内部通报18次，发现问题38个。

【党风廉政工作】2022年，贵阳海关坚决扛起"两个责任"，以强化党委自身建设为发力点，制定"三重一大"决策制度实施办法，健全"四责协同"机制，推动关区从严管党治党责任贯通联动、一体落实。统筹推进"学查改"专项工作、政治机关建设专项教育活动和"海关重点项目和财物管理以权谋私"专项整治工作，围绕"7+21"项重大、系统性风险，细化工作措施38项，建立碰头会、月度工作推进会和风险分析会"三会"制度，编发600余本知识手册，完成2批次、150人的个人剖析材料撰写审核等工作，梳理形成117个项目的重点项目清单，41个项目的问题及廉政风险清单。持续加强对"一把手"和各级领导班子监督，建立党委委员联系青年干部机制，细化10项预防措施，有效做好预防党员干部腐败低龄化工作。严格干部政治监督，深入治理违规兼职等问题。严格落实领导干部有关事项

▲2022年8月30日，贵阳海关所属筑城海关开展警示教育专题系列活动，参观贵州省反腐倡廉警示教育基地　（周霖珊　摄）

报告等制度，扎实开展个人有关事项报告随机抽查及重点查核，加强领导干部配偶子女及其配偶从业行为检查力度。

年内，开展"警示教育月"、贯彻落实中央八项规定精神监督检查、"窗口作风提升行动"等活动，常态化开展纪法教育和廉政教育，各级党组织开展廉政主题党日活动 37 次。用好监督执纪"四种形态"，特别是"第一种形态"，针对日常廉政风险及苗头性问题经常敲响警钟，发现问题及时进行约谈提醒。以严的基调强化正风肃纪，年内，处置信访举报和问题线索 7 件，统筹联动推进惩治震慑、制度约束和提高觉悟一体发力。强化专项整治转作风，深入 9 个隶属海关开展调研，发现 13 个方面具体问题，提出 16 条对策建议。开展"海关重点项目和财物管理以权谋私"专项整治，整改问题 57 个，制定整改措施 157 条，修订完善制度 25 个。强化廉洁文化建设，推动"清风国门"文创活动，3 个作品被海关总署评为二等奖、2 个作品被评为三等奖，5 个作品被海关总署采用展播，2 个艺术创作类作品在中国海关博物馆展出。

撰稿人

王晓刚

巡视巡察

【概况】2022年，贵阳海关党委深入学习贯彻习近平总书记关于巡视工作重要论述和党中央关于巡视巡察工作新精神新部署，紧密结合"学查改"专项工作、政治机关建设专项教育活动，坚持把高质量开展政治巡察工作作为落实全面从严治党主体责任的重要抓手，提高政治站位，围绕"三个聚焦"，加强自身建设，扎实抓好巡察工作，推进巡察监督全覆盖，充分发挥巡察利剑作用。

【巡视整改工作】2022年，贵阳海关迎接广东分署巡视中长期整改监督检查工作暨贵阳海关巡察整改集中清查工作。执行相关方案和措施，各单位、各部门高度重视，深刻理解把握实地检查的重要意义；高度配合，积极主动接受实地检查；高度负责，不折不扣抓好整改落实。年内，贵阳海关对巡视整改集中清查及巡视中长期整改落实情况进行研判。审议了相关报告和情况表。各责任部门要结合会议要求，梳理日常工作亮点，完善自查报告，一把手要严把材料审核关，确保材料真实准确可靠。年内，贵阳海关进行巡视整改集中清查及中长期整改落实，相关部门做到整改工作与日常保持相结合，与制度机制完善相结合，与举一反三，防止出现新问题相结合。年内，广州分署巡视中长期整改监督检查工作组通过视频连线方式，检查贵阳海关巡视中长期整改落实情况。贵阳海关专题汇报了中长期整改落实情况，企管处、财务处、人教处、政工办、监察室现场回答广东分署检查组提出的问题。广东分署检查组对贵阳海关巡视中长期整改落实情况和王松青关长提出的"三个结合"要求给予充分肯定，并要求贵阳海关持续压紧压实整改主体责任，强化整改日常监督工作不放松，结合总署重点工作部署推动整改落实。年内，关党委站在"两个维护"的政治高度，克服疫情影响，严格落实有关要求，对照海关总署巡视办指出的14类46项共性问题，把职责摆进去，把工作摆进去，把自己摆进去，逐类逐条认真查摆，仔细研究，细化责任分工，强化务实举措，扎实开展整改，整改落实工作取得明显成效。

【巡察工作】2022年，贵阳海关全面践行"三实"文化，扎实开展年度巡察。关党委高度重视巡察工作，先后 5 次召开党委会专题研究部署巡视巡察工作，主要负责同志先后 2 次听取巡察工作情况汇报。各巡察组根据被巡察单位具体情况制订有针对性的工作方案，围绕"三个聚焦"，对照巡察工作流程，详细了解被巡察单位实际情况，完成对 6 个部门的常规巡察，巡察覆盖率 100%，顺利完成巡察全覆盖。巡察组共发现问题 40 个，提出反馈意见 19 条。被巡察党组织严格落实 3 个月集中整改要求，围绕反馈问题，制订整改方案 6 个，细化整改措施 80 条，并严格实行对账销号，推动巡察反馈问题改到位、改彻底。

年内，全面贯彻巡察方针，有效推动标本兼治。将巡察工作与专项工作相结合。将政治机关建设专项教育活动、"学查改"专项工作纳入年度巡察工作重点，推动各基层党组织以实际行动捍卫"两个确立"。政治机关建设专项教育活动中，关区深入开展大调研，广泛征集政策建议，推动全面了解外贸企

▲2022 年 7 月 18 日，贵阳海关召开巡视整改和巡察工作汇报会 （陈健 摄）

业需求，针对性解决问题 116 项，切实帮助企业纾难解困。将巡察工作与巡视巡察集中清查相结合。以海关总署开展巡视整改集中清查为契机，结合关区实际，拟定《贵阳海关巡察整改集中清查工作措施》，全面清查党的十九大以来被关党委巡察单位、部门整改落实情况。21 个部门（单位）对照反馈意见和整改方案开展自查，撰写自查报告，并报各巡察组审核。经审核，共发现问题 55 个，提出意见建议 62 条。将巡察工作与党建考核相结合。将巡察工作列入年度党建工作要点，拟定基层党组织考核办法，将巡察工作作为重要指标纳入考核体系，

依托海关总署党委委员、关党委委员、机关党委委员"三级督导机制"，通过支部自查、定期抽查、季度评估、巩固提升的考核评价机制，全面督促各基层党组织落实巡察整改主体责任，全面打造工作闭环。

年内，全面完善巡察机制，切实推动巡察工作高质量开展。以巡察制度建设和能力建设为主线，积极探索把巡察融入"三不腐"一体推进工作格局。根据海关总署党委最新要求，以巡察整改为契机，印发《贵阳海关巡察整改督促机制操作指引》《贵阳海关巡察整改监督检查工作流程》《贵阳海关巡察整改情况公开工作机制》《贵阳

海关巡察整改成效量化评估机制》，持续推动巡察工作规范化，整改责任明晰化。充分发挥人事教育处、监察室、派驻纪检组作用和优势，推动科学统筹力量，有效整合资源，最大限度提升监督效能。各监督部门紧盯任务落实和整改成效，上下联动、一体发力，齐抓共管监督工作格局全面形成。

撰稿人

贾月丽

纪检监察

【概况】2022年，贵阳海关扎实开展"海关重点项目和财物管理以权谋私"专项整治，狠抓疫情防控、安全生产监督，以及"一把手"和领导班子的日常监督，严肃开展节假日期间"四风"纠治，严格监督执纪，不断推进关区党风廉政建设和反腐败工作更上新的台阶。

【监督检查】2022年，贵阳海关抓好疫情防控精准监督。发挥政治引领作用，落实习近平总书记"疫情要防住"批示要求，建立"1＋N"监督模式，以"监察室会同相关职能部门监督检查＋派驻纪检组督促整改落实＋纪检机构不定期'回头看'"的监督闭环，进行"清单式监督"，年内共开展视频监督80次，实地检查202次，个别谈话30人次，发现问题59个并督促整改，下发监督建议书3

份。强化政治监督，开展安全生产责任落实监督检查，贯彻习近平总书记"发展要安全"批示要求，协同职能部门开展办公区域安全生产检查3次，督促派驻纪检组强化驻在单位落实危险化学品监管责任和建筑施工安全等管理责任监督。发挥统筹协调作用，督促各派驻纪检组对作业现场、办公区和涉案财物仓库、进口普货监管仓库、免税商品监管仓库、保税航油"两仓"等重点区域开展排查整治，共排查解决安全隐患28项。开展对"一把手"和领导班子的日常监督，结合专项整治工作，约谈相关部门主要负责人，对部分部门"一把手"开展提醒谈话，提出工作要求；调取领导干部个人事项报告及亲属从业情况共48人次，对其中1名亲属在进出口公

司工作的部门"一把手"进行廉政提醒谈话；对多名新提任的部门"一把手"开展任前廉政提醒谈话，不断推动"关键少数"自觉接受监督。开展节假日期间"四风"纠治，结合专项整治工作，在年节假日、升学、毕业等重要时间节点，通过发布通知、发送工作提醒等形式，责成各单位领导班子及时对在执法一线、重点项目和财务管理重要岗位上的人员进行廉政提醒，对酒驾醉驾等非职务违法犯罪问题勤打"预防针"，强化日常警示教育。同时，督促各单位部门在节假日期间及节后，采取实地调研、电话询问等形式对企业进行调研摸排、明察暗访，全力排查"四风"问题线索，持续巩固关区"四风"治理成效。以监督促进外贸保稳提质，制订调研方

案，组织 3 个调研小组，采取座谈会、个别访谈、实地考察、调查问卷等方式到遵义海关、凯里海关、贵安新区海关下辖企业调研，征求相关意见建议，收集企业需求。以海关总署十条措施和贵阳海关十六条措施为抓手，与凯里海关沟通为企业纾难解困，并督促相关措施落实到位，推动解决企业反映问题。以作风建设为切入点，督促提升监管服务质效，汇总分析 2012 年以来 12360 海关热线投诉情况，针对工作作风问题主动与办公室、政工办进行会商，督促相关单位持续加强作风建设。

【执纪办案】2022 年，贵阳海关用好监督执纪"四种形态"。用好政策策略，坚持严管厚爱结合，在运用"第一种形态"上持续用力，常态化开展约谈提醒，做到预防在前；在案件查处的定性量纪上综合考虑违规违纪违法党员干部所在部门单位党组织意见、本人态度和一贯表现等因素，在贯穿运用、深化运用、精准运用"四种形态"上下功夫，综合发挥惩治震慑、惩戒挽救、教育警醒的功效。规范问题线索处

置，强化与巡察、审计、缉私的联系配合机制，坚持"一案双查"，拓展线索来源；结合以权谋私专项整治工作，全面起底 2012 年以来"海关重点项目和财物管理以权谋私"专项整治工作领域的问题线索，认真梳理排查存在的问题，尊重客观证据，该重新处置的绝不遮盖；严查快处新受理的问题线索；严肃规范推进审查、审理工作，坚决查处腐败案件，强化执纪震慑。做实以案促改警示教育，探索开展运用典型违纪违法案件做实以案促改工作，推动开展"一案一总结""一案一剖析"，督促案发单位用"身边事"教育"身边人"，做到以案示警、举一反三，真正发挥查处一案、警示一片、治理一域的综合效应；推动落实教育回访制度，有针对性地做好受处分人员政治思想教育工作，帮助其认识和改正错误，激励其改过自新，担当作为。

【"海关重点项目和财物管理以权谋私"专项整治工作】2022 年，贵阳海关开展"海关重点项目和财物管理以权谋私"专项整治工作，进行重点企业调研，结合关区疫

情防控形势和工作实际，分时段、分项目、分类别制订第一批 10 家及第二批 9 家重点企业调研计划，由贵阳海关党委书记及党委委员带队开展实地走访调研，广泛听取企业意见建议，向企业现场发放告知书 19 份，发放并收回调查问卷 56 份，收集汇总意见建议 16 条。在开展实地调研的同时，从涉及贵阳海关重点项目和财物管理领域工作的相关企业中筛选出 38 家企业开展电话调研，并通过电子邮箱发送专项整治告知书，通过线上方式了解相关情况、收集反馈信息，做到应调尽调，切实扩大专项整治工作告知面。累计收回调查问卷 35 份，收集意见建议 1 条。开展违规事项申报，进行"二对一"谈话，严格按照海关总署工作提示要求，确定关区第一批 92 人、第二批 63 人共计 155 人作为申报对象；抽调监察室、督审处、政工办、派驻纪检组及协调联络组相关人员共计 15 人组成 7 个谈话组，邀请相关职能部门专家对各相关领域重点项目及财物管理存在的风险问题、需要关注的关键环节进行讲解，纪检

干部围绕谈话方式、谈话准备、谈话纪律等7个方面进行谈话培训，根据个人申报情况和谈话人身份，分类拟定谈话提纲，科学设计谈话内容，高质量开展谈话153人次，共收集汇总相关问题及建议12个。

年内，贵阳海关开展学习宣传教育，推动剖析材料写深写实，将政治教育、纪法教育、警示教育贯穿专项整治全过程，持续释放"自查从宽、被查从严"的强烈信号。选取关区4起违规违纪典型案例，结合海关总署通报的10起违纪违法典型案例，各级党组织通过党委理论学习中心组学习、"三会一课"、廉政党课、主题党日等多种形式，坚持个人自学与集中学习相结合，推动警示教育全员参与，并同步撰写心得体会。拍摄专项整治宣传微视频，组织全员学习收看，以案明纪、警示震慑；运用海关总署下发的300道专项整治学习教育测试题库和贵阳海关拟定的285道知识测试题库，分三批次在关区开展应知应会知识线上测试，做到知识测试全覆盖、全达标；纪检部门和督审部

门组成检查组，不定期对关区干部职工专项整治应知应会知识掌握情况进行抽查，督促关区专项整治学习教育工作落到实处；建立个人剖析材料"层级把关"机制，经逐级把关、签字确认后提交，组建审核组，对收到的150份个人剖析材料进行复核把关，对认识不到位、风险意识不强、查摆问题不实的，坚决退回修改重写。

年内，贵阳海关广泛挖掘问题线索，拓展风险排查深度，全面梳理分析巡视巡察、督察审计问题，对2012年以来关本级及下属单位在接受巡视、巡察、督察审计中被指出的问题进行梳理。筛选出涉及重点项目和财物管理领域的巡视巡察问题16个、督察审计问题148个，开展分析研判，对可能存在廉政风险的问题深入挖掘。开展人员情况排查，调取2012年以来关区专项整治工作领域相关领导干部个人事项报告24人，排查领导干部亲属从业情况24人，排查干部离岗离职后就业情况59人。梳理分析2012年以来12360海关热线和互联网投诉举报等渠道收集到的问题及意见建

议，形成22个问题建议清单，并撰写分析报告。起底排查问题线索，筛查2012年以来关区受理处置的48件信访举报和问题线索，对其中涉及专项整治工作领域的14件问题线索进行排查。开展离退休干部访谈，制订离退休干部访谈工作方案，通过书面调研发放并收回调查问卷106份，关党委书记邀请财务、基建等重点部门4位离退休干部开展"二对一"谈话，2名关党委委员带队实地走访5名老干部，对征求的14条意见建议进行汇总分析。梳理分析汇总形成"三张清单"。根据海关总署工作要求，梳理出工程建设类项目27项、信息化建设类项目14项、实验室建设类项目33项、装备构建类项目15项、疫情防控保障类项目28项，形成117项重点项目清单。建立"项目组自查＋专家组研判"工作模式，以重点项目清单为基础，运用海关总署专项整治工作领导小组综合组下发的6大类、24个模型、81条筛选规则和人工分析指引，以及重点问题参考提纲，深挖背后存在的问题及廉政风险；同时对重点企业调研、

"二对一"谈话、12360海关热线和互联网投诉举报等渠道收集到的问题，以及2012年以来巡视巡察、督察审计中指出的重点项目和财物管理领域问题开展分析研判，形成41项问题及廉政风险清单。召开线索排查会，全面起底2012年以来关区重点项目和财物管理领域问题线索，结合非执法领域以权谋私问题的高发点和利益输送的手法特点，以问题及廉政风险清单为基础，对可能存在廉政风险的问题深入挖掘、深入排查，梳理形成2项问题线索清单。在上述"三张清单"基础上，结合重点项目排查情况，分析研判问题和风险背后可能存在的利益输送和以权谋私行为，确定高风险项目和重点关注人员名单。"一项一组"开展核查，推进项目核查工作。针对海关总署专项整治领导小组综合组向贵阳海关下发的4份核查提醒单，第一时间成立相应核查小组，以"一项一组"工作模式，对涉及的疫情防控、实验室仪器设备采购和基建工程项目等相关问题开展核查，查证相关印证资料，补充相关说明材料，按期完成核查任务。

撰稿人

徐正斌

队伍管理

【概况】2022 年，贵阳海关贯彻落实海关总署党委提出建设堪当新时代重任的高素质干部队伍要求，坚持提标准、建储备、搭平台，树立正确选人用人导向，有效缓解人力资源紧张，优化干部队伍结构，扎实推进关区高素质干部队伍建设。选拔任用及进一步使用处科级领导干部及事业单位领导人员 59 人，晋升职级干部 71 人次，积极配合海关总署人事教育司完成 1 名署管干部晋升一级巡视员工作。表彰奖励 142 人次，办理 2 名副高级专业技术任职资格的申报、直接确认工作，组织开展各类教育培训共计 52 期。

【机构编制管理和人力资源调配】2022 年，贵阳海关设 11 个正处级内设机构、9 个正处级隶属海关，另设 3 个正处级机构，4 个正处级事业单位，下设 57 个行政科级机构及 14 个事业科级机构，贵阳海关党委向隶属海关党委派驻 3 个纪检组。核定行政编制数 283 名，事业编制数 69 名，截至 2022 年 12 月 31 日，贵阳海关实有行政编制 273 人，事业编制 56 人。贵阳海关将党管机构编制作为基本原则，执行机构编制相关规定，坚持集中管理、做好审批把关，确保将相关工作要求落到实处。开展"三定"工作评估，优化干部队伍效能，根据海关总署人事教育司工作部署和关党委指示要求，结合关区实际，组织开展机构改革"三定"执行效能评估工作，深入分析关区人力资源和队伍建设现状，围绕 2 大类、5 个方面的问题，有针对性地提出解决思路和建议，通过合理调整优化筑城、贵安海关内设科室职责和人力资源配置，促进关区稽核查业务集约化改革和减免税业务的规范开展。按照相关要求，对照相关规定，开展事业单位领导职数梳理和对照检查，进一步规范事业单位领导职数管理，推进事业单位改革，理顺事业单位管理体制，发挥专业技术人才作用。

【干部育选管用】2022 年，贵阳海关强化领导干部选拔任用和职级晋升工作，选优配强各级领导班子。先后开展 6 名处级领导干部、16 名副处级领导干部、34 名科级领导干部的选拔任用以及 3 名处级领导干部的进一步使用。落实职务职级并行制度，有序开展干部职级晋升工作，组织完成 71 名干部职级晋升工作（含晋升 4 名二级巡视员）。强化人事档案管理，不断夯实人事管理基础工作，结合关区选拔任用及职级晋升工作，对全关干部人事档案进行审核。派出 4 个外调工作组开展了 25 次涉及 27 人的干部人事档案外调工作，共计补充材料 70 余份，完成 82 人的干部人事档案的专项认定，年内共计接收归档散材料 1100 余份。加大监督力度，坚决守好安全发展底线。年内共组织完成 77 名副处级以上干部的个人事项年度集中申报及 18 名干部首次填报，组织开展了 45 名干部随机抽查、重点查核、专项查核验证工作，查核数较 2021 年增加 87.5%，如实报告率达到 100%。认真细致做好专项整治。加强领导干部报告个人有关事项与规范配偶、子女及其配偶经商办企业行为有效衔接，大力推进违规投资企业及在企业兼职整治工作，通过干部本人"电子营业执照"自查、对接贵州省市场监管局核实等方式，年内组织 2 批次共计 862 人次的在职在编干部及退休干部职工自查，实现自查全覆盖，对涉嫌违规投资企业及在企业兼（任）职情况的个人及部门及时要求整改，指定专人跟进，确保整改到位。

【人才队伍建设】2022 年，贵阳海关落实"总署党委关于进一步加强执法一线科长队伍建设的若干措施"及海关"百日督查"工作要求，突出执法一线科长培养锻炼，提拔 5 名优秀执法一线科长（含 1 名全国海关"百名优秀执法一线科长"）担任副处级领导干部（其中 3 人任隶属海关副关长）、2 名担任隶属海关党委委员，开展 7 名优秀年轻干部提任执法一线科长的选拔任用工作。加强干部交流和源头引进力度，着力推进干部队伍发展壮大。组织开展 59 名干部岗位交流，其中机关、基层双向交流 30 人；顺利完成 25 名贵州籍考生的考试录用公务员录

像面试工作；完成贵阳海关 6 名国家公务员招录、3 名事业单位人员公开招聘工作及 1 名军队转业干部接收安置工作。加强事业单位专业技术岗位聘任，按照《贵阳海关事业单位专业技术岗位设置方案》，梳理贵阳海关事业单位专业技术岗位聘任情况，统筹做好事业单位专业技术岗位晋升工作，最大化用好关区专业技术岗位职数空缺，10 名专业技术人员聘任到更高等级专业技术岗位，营造积极向上的专业技术人才队伍建设氛围。做好事业单位职称评审，按照相关规定，开展贵阳海关中级、初级职称评审（认定），组织参评人员对申报材料进行审核，全

▲2022 年 12 月 5 日，贵阳海关举行新提任领导干部宪法宣誓仪式 （宋双秀摄）

面客观评价履职情况，择优推荐并在本单位范围内对申报职称评审人员一览表、申报职称评审人员业绩摘要表进行公示和上报。年内，举行了新提任领导干部宪法集体宣誓仪式。

【干部教育培训】2022 年，贵阳海关推进强化政治机关建设专项教育活动，结合关区实际制订分级分类培训工作计划，组织 318 名干部参加十九届六中全会精神网上专题培训班及 116 名处级干部参加集中轮训班；68 名干部参加新任职处、科级领导干部脱产培训；23 名干部参加海关执法一线科长网上专题班；

27 名干部参加海关干部教育培训工作者网上脱产培训班。协同业务部门组织 523 人次参加业务专题培训和考试，获得卫检、动植检等岗位资质；组织 1 名事业单位干部获评中级职称，推荐 2 名事业单位干部参加海关总署副高级职称评审。选派 16 名工作人员开展"职能下基层，基层到职能"跟班学习活动；聚焦口岸疫情防控，组织 120 人次监管航班人员安全防护

技能要点及航空器终末消毒监督工作培训并开展实操演练。响应海关总署号召，整合关区资源，在动植物和食品检验检疫处等部门的大力支持下，制作并向海关总署上报学习贯彻习近平新时代中国特色社会主义思想海关特色案例教学类课件，经全国海关教育培训中心组织课件评审获得采用并得到专家肯定点评，取得贵阳海关教培条线相关工作首次突破。

撰稿人

张　羽

离退休干部管理

【概况】2022 年，贵阳海关共有退休人员 144 人，其中退休人员厅局级待遇 22 人（含事业编 2 人），退休干部 112 人，行政工人 10 人。退休干部党支部 2 个，退休干部党员 100 人。贵阳海关离退休干部办公室核定人员编制 4 名，正处级领导职数 1 名，副处级领导职数 1 名。

【离退休干部党建工作】2022 年，贵阳海关全面推进离退休干部职工党支部标准化规范化建设，按照"六好"支部标准，继续加强"'党建驿站'放光彩　夕阳党建别样红"党建品牌创建活动。将离退休干部党建纳入党委书记抓党建述职评议内容、纳入目标考核，将离退休干部党支部书记和支部委员培训纳入组织培训计划，年内参加关区支部书记骨干培训 3 次。在线上开展警示教育 2 次，退休干部党支部书记骨干培训 1 次，在线上开展老干部警示教育 2 次。开展庆祝中国共产党成立 101 周年系列主题活动，做好党龄达到 50 年的老党员纪念章发放和慰问工作。组织贵阳海关老同志开展"建言二十大""我看中国特色社会主义新时代"主题调研访谈等活动。退休老党员狄兆全同志完成关于"老干部助力乡村产业振兴的实践途径研究"课题；其"脚下沾有多少泥土　心中就沉淀多少真情"的扶贫事迹在贵州电视台《百姓关注》栏目进行播出。退休干部在疫情防控期间挺身而出，积极投身疫情防控志愿服务，贡献贵阳海关"银发力量"。

【老同志服务管理】2022 年，贵阳海关依托"智慧银海"平台、"鑫海桑榆"微信公众号，积极探索"互联网+老干部服务"新模式。召开退休干部工作领导小组会议 1 次，召开通报会 2 次，全面落实好退休老同志政治生活待遇和生活待遇。召开退休干部工作领导小组会议 1 次，情况通报会 2 次，组织警示教育活动 2 次，向老同志传达和通报《关于加强新时代离退休干部党的建设工作的意见》和全国海关离退休干部工作会议精神，为实现离退休老干部工作高质量发展提供强有力保障。组织开展"喜迎二十大　奋进新征程"参观华为大数据中心等主题调研活动，开展"走进军博、缅怀先烈、庆祝中国共产党成立 101 周年"主题党日活动及与贵安海关党支部联合开展"传承奋斗基因、筑牢初心使命"主题党日活动。开展退休老同志年度健康体检，加强对独居、久病等特殊情况退休干部的人文关怀和精神慰藉，开展走访慰问15人次。加强退休人员疫情防控宣传教育，建立风险排查机制，做好疫情防控台账，推动退休人员疫苗接种工作，统筹推进退休人员常态化疫情防控工作。

【老年文化教育】2022年，贵阳海关充分发挥老同志文化养老作用，鼓励老同志成为贵阳海关展示单位文化的窗口，为弘扬社会主义文化建设唱响最好声音。积极对接贵州老年大学，为退休老同志办理贵州老年大学运动健身大楼电子活动证。组织老同志完成庆祝党的二十大胜利召开舞蹈节目《领航新时代》的排练录制。组织老同志参加海关总署老年大学民法典、运动健康、重阳节系列讲座等课程培训。组织开展"清风国门"廉洁文化创意活动及"翰墨飘香送春联、虎跃龙腾迎新年"活动。组织老同志参加海关总署和贵州省作品征集活动，朱进同志的摄影作品《加勒比海·蓝色诱惑》入围人民摄影"好摄杯"。组织老同志参加主题征文活动，尹曦涛同志的作品入选海关离退休相关杂志。

撰稿人

李东乾

第五篇

业务建设

法治建设

【概况】2022年，贵阳海关以迎接宣传党的二十大为主题主线，坚决贯彻党中央、国务院重要决策和海关总署党委工作部署，落实"疫情要防住、经济要稳住、发展要安全"重要要求，着力打造关区法治建设"1+2+4"体系，两级党委主要负责人认真履行推进法治建设第一责任人职责，全力推进关区法治建设。

【制度建设】2022年，贵阳海关贯彻海关总署党委"铸忠诚、担使命、守国门、促发展、齐奋斗"的工作要求，落实"12个必"重点工作，不断夯实制度根基，推进实现在法治轨道上同步做好监管和服务的总体目标，主要负责人对此项工作亲自部署、定期督导、严格问效。2022年，贵阳海关制订《2022年度贵阳海关制度立项计划》，

制定修订《贵阳海关经济合同管理办法》《贵阳海关基建项目管理实施细则》《贵阳海关采购管理实施细则》等26项制度，以制度促规范、以流程促优化、以监督堵漏洞、以责任强担当，形成"制度库"更新、"制度链"通畅的工作局面。

【规范执法】2022年，贵阳海关从发现问题、化解矛盾、防范风险三个维度发力，推进依法依规决策，为关区行政执法工作提供坚实保障。着力抓好学习教育，把习近平法治思想作为党委理论学习中心组学习、干部培训、党员学习的重要内容，不断提高认识，增强政治敏锐性，牢固树立"没有脱离政治的业务，也没有脱离业务的政治"观念，提升发现问题、认识问题的能力。结合法治工作开展专项教育活动，根

据法律法规梳理必须经"直属海关关长或者其授权的隶属海关关长批准"的执法事项，指导各隶属海关正确行使重大行政执法权力；开展执法证清理配发工作，进一步规范执法。建立健全关区行政执法人员法律知识考试考核制度，加强习近平新时代中国特色社会主义思想、习近平法治思想、以党章为根本遵循的党内法规体系、与海关工作密切相关的法律法规的学习。进一步密切与司法机关、公安机关的联系配合，与司法机关共同研讨走私犯罪案件，提供海关法律意见研究；回复检察机关关于海关监管法律规定和法律适用的问题；协助公安机关调取刑事案件涉案企业相关数据。组织力量对跨境电子商务新零售业务监管工作、卫生检疫条线"两简"案件

办理、企业进口疑似固体废物、出口食品企业未使用备案种植场原料生产食品出口涉嫌违规、进境粮食调运异常、保税仓库内销葡萄酒等事宜进行专项研究，保障业务工作依法顺利开展。

【法治宣传】2022年，贵阳海关以法治宣传助力营商环境建设进一步呈现出量质齐升、形式多样的特点。从宣传载体上看，制作6期微刊在"贵阳海关发布"公众号"黔关云普法"专栏对外刊发，微刊《"异宠"难闯关》获贵州省委依法治省办微信宣传平台"黔微普法"采用，充分借助网络传播的迅速性和广泛性，增强对外普法效果。从宣传形式看，在"4·15"全民国家安全教育日活动期间，组织开展学法律、读原著、闯关答题等活动；在"4·26"世界知识产权日活动期间，组织开展"全面开启知识产权强国建设新征程"主题系列宣传活动；在5月民法典宣传月期间，以"美好生活·民法典相伴"为主题，开展普法讲师宣讲、线上有奖竞答等系列活动。从密切联系基层看，切实将"谁执法谁普法"普法责任制落到实处，隶属海关充分发挥能动性和创造力，创建"风雨桥·普法路""执钥三线、法耀乌蒙""西关普法·伴法于行"等普法品牌，唱响"执法、普法、宣法、与法同行""普法进边关、学法创心安，边关树标杆、守法保平安""普及民法典、护航新生活""吹响青春号角，执法普法同步"等普法口号，年内开展了贵阳海关举行新提任领导干部宪法集体宣誓仪式，创新普法形式、丰富普法内涵，助力黔关普法工作接地气、出实效。

【法治人才队伍建设】2022年，贵阳海关主动融入全国海关法治建设大格局。深度参与政法司各项重点工作，先后两次派员参加政法司专项工作，派员参加行政审批规章集中修改专班。参与海关第四法治工作协作区工作，参加"海关立法工作实践和思考"线上专题研讨交流活动，联合开展"民法典联讲联学"在线联学活动。加强公职律师培养，通过旁听庭审、模拟法庭展示、立法意见研讨、跟班学习等方式，进一步促进公职律师履职尽责，为法治海关建设提供坚强支撑，年内，贵阳海关1名公职律师被评为海关系统优秀公职律师。

撰稿人

苏文嘉　犹　珩

业务改革与发展

【概况】2022 年，贵阳海关全面深化业务改革，提升通关便利化水平，稳外贸促发展。围绕"拓围、提质、增效"目标，推动重点业务领域协同管理，强化业务结合部协调配合，深化通关便利化改革。加强对日常通关工作的运行监控，不断提升通关信息共享、运行监控等效能，提高通关运行管理效能，保障有效监管和货物通关的平稳运行。开展知识产权海关保护政策宣传，开展重点领域、重点环节、重点渠道知识产权保护工作。

【业务改革协调】2022 年，贵阳海关按照海关总署业务改革步伐，做好查验异常处置系统的授权和推广使用；推广"提前申报""两步申报"便捷通关模式，提高货物通关效率。年内，贵阳海关进、出口货物整体通关时间分别

▲2022 年 5 月 18 日，中欧班列从都拉营国际陆海通物流港驶出 （左耘 摄）

为 6.73 小时、0.42 小时，在全国 42 个直属海关中分别排名第 3 位、第 15 位。研究出台《贵阳海关关于促进贵州外贸保稳提质十六条措施》《贵阳海关进一步落实助企纾困若干措施》《贵阳海关进一步支持中欧班列发展十条措施》，深入开展大调研工作，建立重点进出口企业库 61

家，完善关长联系企业机制，发挥关企服务"直通车"作用，建立关区"问题清零"台账 116 项，实现动态销账，集中解决企业反映突出问题。

【通关运行管理】2022 年，贵阳海关推进关区业务规范化标准化运行，夯实关区业务基础。研究制定进一步加强关区报关单运行监控十条措

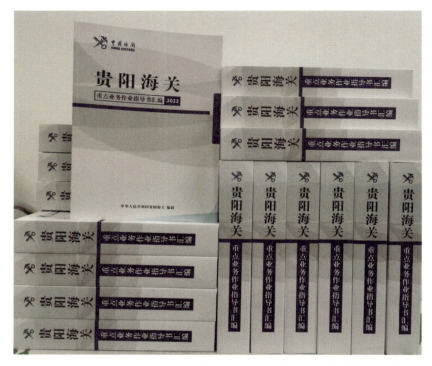

▲2022 年 11 月 8 日，《贵阳海关重点业务作业指导书汇编》成书　（秦海鸥　摄）

施，提升报关单申报运行的规范化水平，夯实关区业务工作基础，提升跨境贸易便利化水平。围绕从政治层面检视业务工作，对照"没有脱离政治的业务，也没有脱离业务的政治"要求，组织所属 9 个隶属海关一线执法科长结合实际自下而上研究撰写、职能部门三上三下审核修改把关，形成了《贵阳海关重点业务作业指导书汇编》，其内容 84 项、935 页，计 45.6 余万字，分为重点业务和重点产品上下两篇。同时，开通在线查阅功能，供一线关员实时查阅使用，实现线上线下双轨运行。

【国际贸易"单一窗口"建设】2022 年，贵阳海关参与贵州国际贸易"单一窗口"

全流程无纸化建设工作专班，配合贵州省口岸办（商务厅）开展"单一窗口"贵州版建设相关工作。推广"单一窗口"应用，开展"单一窗口"相关业务培训，2022 年 8 月，与贵州省商务厅（省口岸办）联合开展国际贸易"单一窗口"相关内容培训，派员对海关贸易便利化相关政策进行宣讲、培训，对企业提出的相关问题进行线上解答，参加本次培训的企业达 160 余家。

【知识产权海关保护】2022 年，贵阳海关结合关区实际提出推进贵阳海关知识产权海关保护工作 25 条及寄递渠道知识产权保护工作 7 条细化落实措施，明确任务要求，

▲2022 年 3 月，贵阳海关所属贵安新区海关查发侵权货物　（熊鲜　摄）

组织推进开展"龙腾行动2022""蓝网行动2022"等专项行动。围绕"4·26"世界知识产权日，组织关区知识产权备案企业参加涉外企业知识产权风险防控实务线上培训，提升贵州涉外企业知识产权风险防控能力。与昆明海关、成都海关、重庆海关、南宁海关及中国外商投资企业协会优质品牌保护委员会共同开展"4·26"知识产权海关保护网络直播培训，提高一线关员知识产权海关保护执法水平。针对重点企业对口培塑，积极引导企业树立知识产权保护意识。2022年，贵阳关区新增4家知识产权备案企业，共有25家企业在海关总署进行知识产权备案。开展联合风险研判，推广应用移动端商标智能识别系统开展执法活动。年内，贵阳海关查获侵犯知识产权货物1020个，货值约4.59万元，实现关区货运渠道侵权案件查发"零"的突破。

撰稿人

朱　清

特殊监管区域管理

【概况】贵阳关区共建设有贵阳、贵安、遵义 3 个综合保税区。2022 年，贵州省 3 个综合保税区进出口总额 290.76 亿元，同比增长 153.53%。其中，贵阳综合保税区进出口总额 143.27 亿元，同比增长 152.4%；贵安综合保税区进出口总额 78.06 亿元，同比增长 147.6%；遵义综合保税区进出口总额 69.42 亿元，同比增长 162.9%。

【自贸试验区制度复制推广】国务院前六批及海关总署两批复制推广制度共 86 项，除去事权已转移的 3 项和非海关总署牵头的 5 项，剩余 78 项复制推广制度。全年在 78 项自贸试验区创新制度中，贵阳海关已有 49 项创新制度相关业务落地实施，29 项制度暂未落地。较有代表性的复制推广制度有分类仓储、保税维修、跨境电商零售进口退货中心仓等。2022 年，贵阳海关新复制推广融资租赁海关监管制度、企业集团加工贸易保税监管模式 2 项创新制度。

【特殊监管区域管理】2022 年 3 月 18 日和 4 月 8 日，贵安综合保税区（二期）和贵阳综合保税区（二期）整改项目获海关总署批复同意。年内，海关总署牵头组织了 2021 年度全国综合保税区发展绩效评估工作。按全国排名分类（137 个综合保税区参加评估），贵阳综合保税区排名 129 位，评定类别 C 类；贵安综合保税区排名 132 位，评定类别 C 类；遵义综合保税区排名 130 位，评定类别 C 类。按中西部地区（含东北三省）排名分类（57 个综合保税区参加评估），贵阳综合保税区排 49 位，评定类别 B 类；贵安综合保税区排名 52 位，评定类别 B 类；遵义综合保税区排名 50 位，评定类别 B 类。

风险管理

【概况】2022年，贵阳海关风险防控部门践行总体国家安全观，立足"小"而"全"的特色，发挥"微"和"精"的优势，通过构建立体贯通的关区全业务领域风险防控机制，精准把握业务特色、找准风控工作抓手，在风险信息情报、打造关警合作样板间、风险管理理念传播方面积极探索，创新小关风控实践，取得积极成效。

【重点领域风险防控】2022年，贵阳海关坚决贯彻落实习近平总书记重要指示批示精神。严管严控枪支爆炸物品入境。围绕北京冬奥会、"七一"、党的二十大、国庆等重要节点，全力保卫政治安全，维护社会安全稳定。建立涉枪重点人员名单库、重点影子商品库"两库"比对模型。在邮递渠道连续布

▲2022年6月21日，贵阳海关所属贵阳龙洞堡机场海关关员根据布控指令查获邮寄渠道精神药品 （王政 摄）

控查发枪支零配件4起。持续开展危险品伪瞒报专项风险防控。组织贸易风险防控专班开展危险品专项伪瞒报风险分析。通过"风控+稽查+现场"的联合研判，联合隶属海关开展涉危险化学品商品风险调查，提炼危险化学品目录列名化学品实施参数式布控，梳理贵州省内企业涉危历史查发，下达高风险企业风险排查移送单，指导

隶属海关对疑似危险化学品开展取样送检4批次。深化打击固体废物、濒危专项风险防控。开展跨境电商含濒危成分化妆品专项风险排查并下达风险预警，梳理涉濒危申报数据上万条。邮递渠道查获含麝香成分的中药30批。查发综合保税区进口固体废物558千克，涉案案值达2000万元。涉毒风险防控一体化。实施"风险+缉私"前

置联合研判，精准分析研判邮递渠道毒品走私等各类风险。年内，查获毒品 21 起，移交涉毒案件线索 11 条。通过情报模式协助 20 个兄弟海关查获 γ 羟基丁酸（公安部部级督办案件）包裹 90 个，刑事立案 26 起。深入打击"异宠"等外来物种专项行动。梳理历史查发记录，针对重点人员、地址、影子物品、渠道建立分析模型以及布控规则，布控查获"异宠"4 批次，其他种子、植株 4 批次。抓好口岸疫情风险防控。对高风险进境航班终末消毒监督开展布控 3 次。推进防疫物资风险管控，查获新冠病毒检测试剂入境 2 批次。

【风险信息监测预警】2022年，贵阳海关紧盯关区多发风险，下发风险预警 30 余篇，其中获全国预警采用 2 个。对危险化学品、低报价格走私洋酒、跨境电商含濒危成分化妆品、不实贸易、离岛免税"套代购"等开展后续监管风险研判，向相关隶属海关发送风险预警 10 份。年内上报海关总署风险信息 60 条，发布关区风险内参专报 6 期。

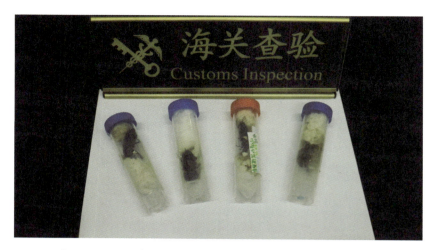

▲2022 年 3 月 14 日，贵阳海关所属贵阳龙洞堡机场海关关员根据风险预警信息查获邮寄渠道境外入侵物种 （王政 摄）

【风险分析处置】2022 年，贵阳海关针对行业性、系统性风险开展分析，加强非贸渠道安全准入风险分析力度，加大对非贸渠道外来物种、危险化学品、毒品、濒危动植物、非正面清单商品的风险研判，设置、调整布控规则 100 条。年内，邮递渠道人工布控查获率 12.8%，查获安全准入情事 95 起，其中含涉毒查获 21 起，剧毒化学品 2 起，反宣查获 4 起等。首次在跨境电商渠道查获并退运 7 批次未纳入正面清单含农药的商品。

【大数据海关应用】2022 年，贵阳海关深化风险信息"情报+大数据"，提升风险防控能力。持续优化完善 50 项关

▲2022 年 7 月 28 日，贵阳海关所属贵阳龙洞堡机场海关关员根据风险情报在邮寄渠道查获子弹 （王政 摄）

区特色大数据监控模型、分析模型，其中情报比对模型查获率在 90% 以上。构建高质量情报体系，强化关区风险信息情报专班力量，挖掘关区具有开源数据搜索、多语种翻译技能的人才组建情报工作室。推进风险情报规范管理，拓展情报来源，与地方公安建立情报互换，持续性输出高质量情报产品，协助 5 个兄弟海关查获色胺类、三唑仑、蓝胖子等新型毒品 7 起。

【口岸风险联合防控】2022年，发挥贵阳海关与国家安全部门签发的贵州省口岸安全风险防控合作备忘录作用，推进口岸安全风险重点领域的联合防控，结合"清邮"与"阻源"专项行动，与国安部门密切开展联合风险研判，形成"风险布控+现场查验+国安调查"的行动闭环。移交国安部门线索 18 条，国安来函致谢贵阳海关风控部门给予的大力支持。

关税征管

【概况】2022 年，贵阳海关以属地纳税人管理为抓手，强化综合治税，全年税收入库 8.19 亿元，同比增长 18.4%，完成全年税收预算安排的 112.2%，创贵阳海关税收入库数 8 年来新高，关税征管工作量、质、效并举。

【税则税政】2022 年，贵阳海关结合疫情防控等要求通过"线上+线下"创新多途径的方式面向关区重点行业、产业广泛开展建议征集，实现关区重点企业覆盖率 100%，向海关总署报送降低镍豆进口暂税、取消头孢曲松钠暂税等 3 条税政建议，贵阳海关 2 项建议被采纳并纳入生物医药、动力电池等 4 个重点行业调研，新增姜制品税则列目被国务院关税税则委员会纳入《2023 年关税调整方案》，2022 年税政调研工作取得可喜成绩；参与 1 项署级课题"RCEP 视角下中国—东盟自贸区 3.0 版建设路径与战略研究"，参与一项司级课题"新时代构建一体推进'三不腐'体制机制，有效防范关税征管执法领域廉政风险的路径研究"，参与关区 RCEP 政策研究工作，形成了《服务新发展格局　高质量实施 RCEP 促进贵州开放型经济发展的关税政策研究》政策研究成果；撰写的《贵州茅台酒出口价格研究及相关管理的思考》、参与撰写的署级课题文章《提升海关治理能力　建立现代海关价格申报制度体系研究》分别被相关刊物刊发。

【估价管理】2022 年，贵阳海关加强估价管理、强化审价作业规范性监控，审核签发 2 份归类预裁定决定书，帮助企业便利通关，针对其他进出口免费、货样广告品等无实际成交价格的贸易方式和已估价但未有估价作业记录等情况进行每周定期监控，确保开展价格磋商、录入估价作业等规范操作。同时加强向税管局的沟通、请示工作，充分发挥与税管局对口联络机制作用，持续加强与税管局的信息互通和协同配合，加强对本关区的风险研判，做到守土担责；结合海关总署下发的价格风险组织开展价格专项核查，共制发审价作业文书 225 份，同比增长 2.7 倍，审价作业规范度 100%。强化非贸税收征管，制订试点方案，强化部门间协同配合，做好舆情监测处置，顺利推动进境邮件税款信息联网项目成功在贵阳海关试点，对提高邮件通关效率、提升用邮人缴税便利和海关监管能力等起到了重要作用。审核签发 2 份归类预裁定决定书，帮助企业便利通关。

【税收征管】2022 年，在综合治税领导小组的领导下，贵阳海关充分发挥综合治税领导小组机制，深入推进属地纳税人管理，通过不断强化综合治税，推进税收征管改革，从稳固已有税源、挖掘新税源等方面下功夫。发挥关税技术优势，做好关税技术支持，将税收征管与疫情防控和稳外贸促增长工作有机结合，对企业涉税主动披露、因疫情导致经营困难等原因产生的税款滞纳金进行减免，全年减免滞纳金 118 万元。

【减免税管理】2022 年，贵阳海关聚焦贯彻落实好新"减免税管理办法"和"十四五"各项税收优惠政策，年内共审批减免税货物总值 9465.4 万美元，同比增长 76.9%，减免税款 6793.7 万元，同比增长 120.5%。审批宝钢制罐、贵州轮胎等企业 5000 万元限上内资鼓励项目减免税确认，预计为企业减免税款 1000 余万元；强化业务基础，加强业务研究，做好减免税风险防控，服务地方经济发展，落实减免税政策，促进

政策红利释放，为贵州胜威福全化工有限公司提供减免税政策咨询，发挥关税技术优势助企纾困，帮助贵州航宇科技发展股份有限公司解决航空锻件归类问题，每年可为企业节约成本千万元，相关工作专报获贵州省领导批示肯定。积极贯彻落实各项税收优惠政策，扎实开展业务培训、政策宣讲，帮助属地企业用好用足政策。

【税收风险防控】2022 年，贵阳海关加强涉税风险分析、强化税收风险防控，税收风险防控取得成效，定期组织对海关总署发布的税收风险提示、预警信息等各类风险信息开展排查，依托内控节点开展风险防控。指导隶属海关做好进境粮食加工饲料的涉税化验，完成 446.9 万元税款的补征；参与审核 7 项关税条线作业指导书，进一步规范现场业务操作；年内共下发综平联系单 75 单、事件管理平台核查单 27 单，对归类、完税价格、原产地等关税领域风险点开展核查，年内各类补税金额合计 2731 万元，同比增长 75.5%，向海关总署上报风险防控建议 19 条；调取 2019 年至 2022

年年底的数据和单证进行自查，对存在的归类、原产地、审价等方面问题下发 15 次处置单进行核查，涉及数据 1000 余条，对需整改事项持续推进整改，向海关总署关税征管司报送贵阳海关关税领域审计自查报告；年内共完成税款计核 8 次，涉及偷逃税款合计 368.81 万元。定期组织对海关总署发布的税收风险提示、预警信息等各类风险信息开展排查，依托内控节点开展风险防控，通过事件管理平台下发监控处置单 50 余单，通过综平系统下发联系单 70 余单开展业务核查。强化税收风险信息提炼，向海关总署上报税收风险防控建议 16 条，海关总署采纳 12 条，上报量和采纳率均实现历史突破。配合开展2021 年专项审计及审计署对海关的专项审计自查工作，开展进出口原产地管理规范率等自查，及时排查风险、做好整改，不断提升税收征管水平。

【原产地管理】2022 年，贵阳海关深入推进原产地改革，助力贵州省企业享惠，推进RCEP 政策在贵州落地生效。加强对协定生效后各时间节

点首单原产地签证业务的指导，发布 4 期 RCEP 原产地业务指南，相关宣传信息获"海关发布"微信公众号、《中国国门时报》、《贵州新闻联播》、《贵州日报》等多家媒体报道。年内，贵阳海关共签发各类原产地证书 6346 份，增长 0.4%，货值 14 亿美元，增长 25.4%，预计可为企业享受进口方关税减免约 7000 万美元。其中，RCEP 原产地证书 396 份，货值 4359 万美元。审核认证关区首个 RCEP 项下"经核准出口商"企业，降低企业通关享惠成本。持续扩大政策宣讲培训、强化与地方主管部门协调配合，确保"十四五"期间政策顺利执行，年内共审批减免税货物总值 9465.4 万美元，同比增长 76.9%，减免税款 6793.7 万元，同比增长 120.5%。

撰稿人

————————

段　　晖　　曾玲珑

卫生检疫

【概况】2022 年，贵阳海关坚决贯彻落实习近平总书记筑牢口岸检疫防线，健全口岸公共卫生体系以及关于做好疫情防控的系列重要指示批示精神，党中央、国务院重大决策部署，在海关总署党委和贵阳海关党委的坚强领导下，切实担负起口岸防控责任，不断强化检疫监管、优化防控举措、强化卫生检疫业务学习培训、强化应急处置能力、优化口岸监管流程、做好航班检疫保障，全面推进关区口岸卫生检疫各项工作任务落实。

【检疫管理】2022 年，贵阳海关强化检疫监管。坚守"外防输入"主阵地，严格落实"三查三排一转运""7 个 100%"等卫生检疫措施，严格落实终末消毒监督职责及封闭管理措施，毫不放松抓好口岸疫情防控工作。年内，贵阳龙洞堡机场口岸共检疫出入境航班 8 架次（入境 5 架次、出境 3 架次），出入境人员 798 人次，顺利完成"5·18""6·05"入境航班监管等重要任务。

年内，贵阳海关优化防控举措。认真贯彻落实国务院联防联控机制最新防控方案和最新防控措施，制订、更新关区口岸疫情防控技术方案，先后 3 次更新《贵阳海关新型冠状病毒口岸防控技术方案》，截至 2022 年年底已修订至第九版（修订版），确保关区各项防控措施与海关总署要求保持一致。及时优化调整高风险岗位从业人员封闭管理、居家健康监测等各项措施，推进各项优化措施落实落地。

年内，贵阳海关强化卫生检疫业务学习培训。制订年度培训方案，建立"天天学、周周讲、月月训、每季考"学习培训考核长效机制，共计组织开展 22 期卫生检疫业务学习培训考核，切实提升口岸疫情防控能力水平。

年内，贵阳海关强化应急处置能力。完善更新关区疫情防控突发事件应急预案，规范防护服破损导致职业暴露等 7 类情形应急处置程序，组织开展疫情防控安全防护、实验室样品洒溢等突发事件应急处置演练 4 次。

年内，贵阳海关优化口岸监管流程。组织召开贵阳机场口岸国际航班复航检疫监管工作会，研究解决 T1 航站楼改造及入出境监管流程设置，不断优化入出境航班监管环境。完善调整工作方案，结合"二十条措施"，优化完善入出境航班监管工作方案，明确航班监管人员配置。

年内，贵阳海关做好航班检疫保障。组织召开高风险岗位从业人员居家健康监测专题会议，研究明确"关长走进口岸封管区"和岗前集中封闭培训等问题，进一步细化健康监测工作要求；积极争取地方支持，梳理亟须地方支持解决的困难问题，先后2次去函协调有关单位请予以解决，地方安排8名采样人员支持一线采样工作，已收到50架次航班所需防护物资保障。

【生物安全管理】2022年，贵阳海关不断优化监管模式，建立"专人联络＋现场指导＋快速审批"监管模式，全程指导企业检疫审批申请规范填报，实现手续"简"、审批"快"、服务"优"。共开展1批次出境人免疫球蛋白、21批次入境抗体检疫审批工作，同比增长22倍，企业实地现场考核2次，顺利完成一批贵州省近年首次出口较高价值特殊物品的检疫审批。严格出入境特殊物品卫生检疫查验，对照监管要求，加强风险评估，切实防范生物安全风险，年内，进出境邮递物品渠道查发5起不合格案例。

▲2022年3月1日，贵阳海关卫生检疫处开展出境特殊物品检疫审批现场审核 （陈沛　摄）

【疾病监测】2022年，贵阳海关联合省市疾控部门、境外务工企业等单位组织开展生物安全、疟疾、艾滋病等主题宣传教育活动，加强国际旅行医学咨询服务与宣传，引导公众提高传染病防范意识。严格预防接种、监测体

▲2022年12月1日，贵阳海关所属贵阳龙洞堡机场海关开展艾滋病防治宣传活动 （王政　摄）

检、生物安全实验室管理，确保工作严谨规范。年内，开展出入境人员传染病监测体检 2453 人次，检出传染病 19 例（其中检出艾滋病 3 例）；严格出入境预防接种管理，完成黄热病、霍乱等各类预防接种 1709 剂次；签发国际旅行健康证 2421 本；贵阳海关罗吉同志获得"全国消除疟疾工作先进个人"称号。

【卫生监督】2022 年，贵阳海关强化口岸卫生监督。制发年度口岸食品安全抽检和国境口岸卫生监督工作方案，坚持以风险管理为核心，实施精准监管。年内，开展出入境航空器卫生监督 4 架次，卫生评定未发现异常；受理并办结国境口岸卫生行政许可申请 92 件；开展国境口岸食品饮用水及公共场所卫生监督 208 次，并按要求开展抽检及快速检测，对食品安全

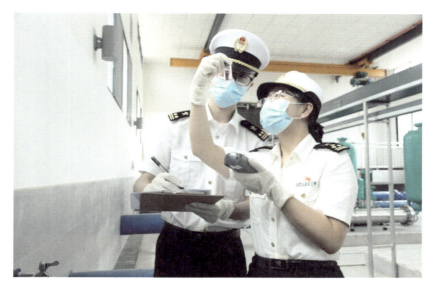

▲2022 年 7 月 12 日，贵阳海关所属贵阳龙洞堡机场海关开展口岸饮用水快速检测　（王政　摄）

抽检及卫生监督抽检中发现的 2 批次不合格问题及时督促整改到位。

年内，贵阳海关扎实开展口岸病媒生物监测。严格航空器卫生监督，未发现输入性病媒生物；制订年度口岸病媒生物监测工作方案，组织开展鼠、蚊及游离蜱等病媒生物监测工作，未发现病媒生物密度超过参考控制标准情况。

撰稿人

陈　沛

动植物检疫

【概况】2022 年，贵阳海关共检验检疫进出境动植物及其产品 3.27 万吨，同比下降 5.51%，货值 7.37 亿元，同比增长 15.66%。具体货物方面，检验检疫出境烟草 2.8 万吨、6.03 亿元，出境植物源性栽培介质 1243.89 吨、4546.83 万元，出境竹木草制品 1439.14 吨、3995.16 万元，居出境货物金额重量前三位。年内办理出境动植物及其产品生产、加工、存放单位注册登记 19 家次，进境粮食加工企业备案 25 家次。

【进出境动物检疫】2022 年，贵阳海关检疫监管出境活动物为活猪、鲟鱼，共 108 批次，监控覆盖 2 家供港澳活猪饲养场（年内新增 1 家），9 家出境水生动物养殖场（年内新增 2 家），对所有注册企业均按计划开展监测工作。形成鲟鱼、食用菌、茶叶等

专项调研报告 3 篇、贸易关注 1 篇。

【进出境植物检疫】贵阳海关加强对出境烟叶、竹木草制品、桐油、水果及进出境货物木质包装检疫监管；组织开展出境烟叶被俄罗斯通报相关情况核查调查；推动 1 家企业获得出口俄罗斯柑橘类水果注册果园和包装厂资质，柚子实现首次出口俄罗斯；在进境货物木质包装中截获植物疫情 1 批次；年内监管调运进境粮食 31.2 万吨。

【外来入侵物种防控】贵阳海关制订《贵阳海关进出境重大动物疫情应急处置预案（2022 年修订版）》《贵阳海关进出境重大植物疫情应急处置预案（2022 年修订版）》《贵阳海关动植物疫情和外来入侵物种监测评估预警及应急处置实施方案》《贵阳海关 2022 年国门生物安全

监测方案（动检部分）》《贵阳海关 2022 年进出境植物疫情和外来入侵物种监测工作实施方案》《贵阳海关主要入境口岸外来入侵物种普查工作实施方案》《贵阳海关严防动植物疫情疫病传入和外来物种入侵"国门绿盾 2022"行动方案》《贵阳海关"跨境电商寄递'异宠'综合治理"专项行动实施方案》，加强对外来入侵物种的防控。

2022 年，贵阳海关投入项目资金 107 万元，为口岸购置动植物检疫查验和初筛鉴定设备 43 台/套，新增动植检高级签证官 9 人、动植检查验岗位资质人员 18 人。年内，共采集 720 头份供港澳活猪样本开展非洲猪瘟、口蹄疫、布鲁氏菌病、猪瘟、猪水泡病、伪狂犬、甲型 H1N1 流感病毒等风险监测，采集 40 头份供港澳活牛样本对口

蹄疫、布鲁氏菌病、牛结节性皮肤病、牛结核病、牛副结核病、蓝舌病等开展监测，均无阳性检出。组织外来入侵物种普查踏查和监测调查2次，在贵阳龙洞堡机场口岸对78种重点外来物种开展普查，采集物种样本986个，经鉴定属清单内外来入侵物种21个；非贸渠道截获活体动植物10批、16次，其中外来物种6种次，"异宠"63只。

【服务农产品进出口】 2022年，贵阳海关出台政策措施，强化制度保障。先后制定《贵阳海关关于印发进一步促进贵州茶叶扩大出口工作方案的通知》《贵阳海关促进贵州外贸保稳提质保障进出口农食产品有效供给实施方案》，明确多项便利化措施，推动相关产品进出口环节"无障碍、快放行"。设立进出口鲜活易腐农食产品查验绿色通道，对符合条件的商品实施"优先查检"和"5+2"预约查检。调研摸底，切实解决实际问题，关领导组织专家团队深入企业调研摸底，对出口鲟鱼、食用菌等11家农产品企业实地走访，

收集、整理纳入"贵阳海关促外贸保稳提质大调研问题清零台账"的出口需求共15条，全力支持农产品企业扩大出口。积极应对国外技术性贸易措施取实效，2022年7月，越南相关措施致使我国对越出口鲟鱼全面停滞，出口数据归零。贵阳海关持续跟踪鲟鱼出口贸易，与重庆、昆明等海关联合编写贸易关注报送海关总署国际司，获得海关总署相关部门肯定。通过世界贸易组织（WTO）多边会议、RCEP沟通渠道开展磋商，多方面解决鲟鱼出口受阻问题，推动贵州省鲟鱼恢复出口越南。强化监管，压实企业主体责任，组织开展腌渍蔬菜及相关下游出口食品企业排查，督促企业落实主体责任，要求生产加工过程符合我国及出口目的国或地区的法规标准，组织完成黑木耳、油辣椒等出口产

品通报调查3批次，保障贵州省农产品安全顺畅出口。组织开展监督抽检和风险监测计划，制订2022年度进出口食品、食用农产品、化妆品安全监督抽检和风险监测计划，年内完成包括酒类、茶叶、调味品等在内的37个样品的监督抽检和风险监测工作，进一步完善贵州省出口农产品底账数据。

【制度建设】 2022年，贵阳海关修订《贵阳海关出境鲟鱼检验检疫监管作业操作指引》《旅客携带出境、入境宠物（犬、猫）检疫作业指导书》《贵阳海关出境中药材（药用）检验检疫监管作业指导书》《贵阳海关出境竹木草制品检验检疫监督管理作业指导书》《贵阳海关供港澳活猪检疫监管作业指导书》《贵阳海关进境粮食后续监管作业指导书》《口岸截留物处置作业指导书》。

撰稿人

金 瑶

进出口食品安全监管

【概况】2022 年，贵阳海关严格落实食品安全"四个最严"要求，在食品检验检疫、食品安全宣传、监督抽检和风险监测、国门守护行动、进口冷链食品口岸疫情防控及基础保障等方面持续提升进出口食品安全治理体系和治理能力，着力防范和化解进出口食品安全风险。

【食品检验检疫】2022 年，贵阳海关支持地方外贸高质量发展成效明显，出台便利化工作措施，对出口企业开展业务知识培训，加大出口食品农产品技术性贸易措施研究、评议、应用，指导帮助贵州省出口企业走出国门，促进和扩大贵州食品农产品出口。年内，贵州进出口食品 69.4 亿元，同比增长 32.3%，其中出口食品 48.1 亿元，同比增长 6.2%；进口食品 21.3 亿元，同比增长 197.1%。

【食品安全宣传】贵阳海关采取"线上+线下"结合的形式组织开展"食品安全"进社区、进企业、进口岸、进校园等宣传活动共计 9 场次，营造食品安全共治共享的良好氛围。其中，《海关监管发现出口中式成药伪瞒报成分问题突出》《贵州多举措阻力特色优势农食产品出口》《"关助"发展 出口"甜蜜"——铜仁海关助力贵州蜂蜜首次出口澳大利亚》《一文读懂农食产品出口》以及制作的助贸系列等获海关总署相关刊物、海关总署门户网站、12360 海关热线、新华网、《贵州新闻联播》、《贵州日报》等采用。

【监督抽检和风险监测】2022 年，贵阳海关印发《贵阳海关 2022 年度进出口食品、食用农产品、化妆品安全监督抽检及风险监测计划实施方案》，年内共完成进出口食品安全监督抽检和风险监测样品数 47 个，获得检测结果 2972 项次。

【国门守护行动】2022 年，贵阳海关坚决落实未获准入不得进口要求，通过 H2018 系统对关区进口食品申报材料进行随机抽查，确保进口产品均来自已准入的国家（地区）。年内，关区进口涉及准入产品 2 批次，均为原产于印度尼西亚的珠芽弥勒魔芋干片；组织开展"国门利剑 2022"联合专项行动，开展反走私综合治理普法宣传活动和严厉打击食品农副产品走私情报收集及分析，持续跟进案件办理，侦办的走私进境泰国鲜龙眼案件，法院进行依法判决；严厉查处进口环节含金银箔粉食品。通过 H2018 系统排查 500 多份报关单，未发现相关情况。同时加大宣传力度，督促进口商落实主体责任，积极营造良好的消费环境。

【进口冷链食品口岸疫情防控】2022年，贵阳海关强化组织领导。将关区进口商品风险监测工作组优化调整为进口冷链食品组，承担严防新冠疫情通过进口冷链食品传入相关工作；严格规范操作程序。根据海关总署最新要求和变化，及时调整梳理各环节操作要求，确保规定动作100%执行到位；组织演练开展调研，组织开展安全防护、采样送样和预防性消毒监督等理论培训和实操演练3次。对全过程各环节开展专项调研，撰写《贵阳海关进口冷链食品、高风险非冷链食品集装箱货物监管措施落实情况专项审计调研报告》。

【基础保障】2022年，贵阳海关进一步强化实验室能力建设，贵阳海关综合技术中心（保健中心）年内实验室认可能力扩项180项；参加权威机构组织的能力验证项目24项，申报海关总署科研项目3项，检测服务水平得到进一步提升，为保障贵州进出口食品安全奠定良好基础。组织开展加工食品签证官资质培训及考试，增加加工食品签证官资质人员10名，动植检高级签证官9名，不断提升一线监管人员业务能力和水平。

撰稿人

金　瑶

商品检验

【概况】2022年，贵阳海关落实国家宏观调控政策，按照海关总署统一部署，强化重点敏感商品及新增出口法检商品监管，严把进出口商品质量安全关，强化商品检验制度和指令的执行刚性，加强日常业务指导和监督检查，适时组织开展全面检查，及时、全面、准确掌握商品检验指令执行、"13+6"类重点敏感商品检验监管、检出不合格等信息数据，确保商品检验工作统一规范、令行禁止。加强检验监管执法队伍建设，开展危险货物及其包装检验监管岗位资质培训考核，组织开展商品检验领域岗位练兵与技能比武，定期开展职能部门组训集训、业务带头人示范领训、现场专业实操演练，切实提升履职能力和水平，营造出"比学赶超"良好氛围。

【进口商品检验】2022年，贵阳海关积极运用境外装运前检验、固体废物属性鉴别等方式加强监管，防范"洋垃圾"伪瞒报、以废充旧入境，持续防范固体废物借道再制造入境，进一步夯实事前、事中、事后监管链条，聚焦"安全卫生健康环保"要求，加强进口家用电器、婴童用品、食品接触产品等重点敏感工业品的风险监测和质量安全检验监管，持续关注邮递渠道入境货物，持续开展"清风行动"，严厉打击进出口电池、灯具、服装箱包、儿童玩具、体育用品等商品假冒伪劣和贸易欺诈行为。开展3批次跨境电商进口食品接触产品风险监测工作，商品类别均为婴儿奶瓶，经抽查检测，结果均符合国家标准相关要求，未发现不合格情况。服务地方经济发展，

发挥商品检验技术执法优势，支持硫黄、铁矿等大宗商品以及航空发动机等先进设备、关键零部件进口，密切跟踪海关总署对进口危险化学品检验模式调整情况，加强业务指导、监督检查、技能培训，及时研究解决执行中存在的困难和问题，不断优化检验监管模式和指令要求。年内，经检验退运的进口商品1批、货值约2172.86万元；无经检验销毁情况。

【出口商品检验】2022年，贵阳海关贯彻落实党中央、国务院关于安全生产的工作要求和海关总署的工作部署，加强出口危险品及其包装安全监管，进一步提高思想认识、厘清责任边界、夯实工作责任、细化工作措施。成立以贵阳海关关长为组长的"贵阳海关进出口危险品检验监管工作领导小组"，将进出

口危险品检验监管纳入关区安全生产工作重点内容。严格管控化肥出口，严格执行国家调控政策，建立"职能审批+现场检验+实验室检测"三级联动管控机制，加强方案内、外放行日常监测，化肥出口得到有效控制。年内，完成法定检验出口磷肥106.6万吨、货值约51亿元，同比分别下降147%、21%。推进"指令+作业指导书"模式，制修订出口烟花爆竹、打火机等属地检验作业指导书6份，查发打火机渗漏试验不合格、烟花爆竹企业登记代码混用、一氧化二氮包装密封性检查不合格、危险货物包装单件重量超标等出口不合格典型案例5个，向地方通报危险品监管风险隐患问题14项，协助完成移送的3起涉及烟花爆竹、打火机安全问题进行督查整改。年内，共检出不合格出口危险品27批，参加海关总署组织的危险品检验岗位资质培训考核3期、共74人次，整体通过率为90.5%。支持优势特色产品扩大出口。促进磷化工、锂电池新材料等特色优势商品扩大出口，保障重要产业链供应链安全。年内，综合运用多种合格评定方式，助力食品级磷酸出口16.5万吨、货值16.7亿元，其中货值增长63.2%。进一步完善商品检验工作过程监控、结果反馈，实现全链条闭环管理，做到情况明、数字准、责任清、工作实。年内经检验禁止出口的商品26批，货值约1325.8万元。

撰稿人

曾玲珑

口岸开放与监管

【概况】贵阳关区共有 2 个航空口岸，分别是贵阳龙洞堡机场和遵义新舟机场。其中贵阳龙洞堡机场于 2005 年 12 月获批正式对外开放；遵义新舟机场于 2015 年 6 月获批临时对外开放，并连续获批延期开放，于 2019 年 12 月获批正式对外开放（已通过贵州省级层面预验收，暂未经国家口岸管理办公室正式验收）。

【货物监管】2022 年，贵阳海关监管进出口货物 321.56 万吨，同比增长 12.6%。其中，进口货物 313.50 万吨，同比增长 11.2%；出口货物 8.06 万吨，同比增长 114.0%。

【运输工具监管】受新冠疫情影响，2022 年仅贵阳龙洞堡机场口岸有运输工具监管业务。共监管进出境运输工具（飞机）6 架次，同比减少 84.21%。

【快件邮件监管】贵阳龙洞堡机场海关开展进境 B 类快件监管业务，无其他进境 A 类或 C 类快件及出口快件监管业务。2022 年，共监管国际邮件 16.83 万票，货值 2836 万元，同比分别减少 0.7%、0.4%。

【助力跨境电商业务落地】2022 年 1 月 17 日，贵阳海关所属兴义海关助力辖区企业通过跨境电商 B2B 直接出口（"9710" 业务模式），将一批货值 46 万元的拼包出口至英国，标志着兴义海关首单跨境电商业务成功落地，贵阳海关 9 个隶属海关均已开通跨境电商业务，跨境电商业务在贵州省全面铺开。2022 年 4 月 1 日，中国邮政集团贵州省分公司跨境电商一般出口（"9610" 业务模式）业务依托贵阳龙洞堡机场国际货运跨境电商监管作业场所成功落地。

【行李物品监管】2022 年贵阳关区仅龙洞堡机场口岸有人员进出境。共对 735 位进出境人员、649 位进出境旅客行李物品实施监管，同比分别增长 23.5%、119.3%。

【场所场地监管】2022 年 6 月 17 日，依贵州陆港通物流有限公司申请对贵阳综保型国际陆港海关监管作业场所予以注册登记，出具注册登记证书。

撰稿人

曾玲珑

统计分析及政策研究

【概况】2022 年，贵阳海关统计部门按照"首报、首发、首用"的要求，不断"加强、加密、加深"统计分析，提升统计分析及政策研究能力水平。深入开展调查研究及宏观经济分析，深化贸易数据、业务数据以及其他相关数据的综合分析研究；积极参与政策研究和重大课题研究，为国家和地方宏观经济发展提供高质量决策建议。同时，积极发挥海关统计监督职能作用，强化报关单数据质量管控，通过多系统、多平台，采取多种形式规范报关单填报、强化不实贸易监督核查，助力外贸高质量发展。在确保安全的前提下，不断提高科技信息应用水平，发掘数据价值、增强应用能力，努力优化统计服务；持续做好贵州外贸数据发布和解读，更好支持服务地方经济社会发展大局。

【政策研究】2022 年，贵阳海关积极开展政策研究工作，联合组建贵阳海关政研组，多次组织参与海关总署、贵州省委、贵阳关区重大课题研究，参与完成"RCEP 视角下中国—东盟自贸区 3.0 版建设路径与战略研究""精准高效开展常态化疫情防控专题研究报告——常态化疫情防控视域下空港口岸卫生检疫监管探讨""贵州中欧班列物流体系建设发展研究""抢抓 RCEP 政策机遇加快构建贵州特色农食产品'双循环'高质量发展新格局研究""高质量实施 RCEP 促进贵州外向经济发展的关税政策研究" 5 项重大课题研究。

【数据分析】2022 年，贵阳海关发挥海关统计数据优势，紧盯宏观经济热点，对重点

▲2022 年 7 月 29 日，贵阳海关召开外贸形势分析会　（宋双秀　摄）

进出口商品加强统计分析研判，及时向海关总署及贵州省委、省政府报送统计分析报告，年内完成专题分析报告44篇，获海关总署相关刊物采用6篇，获省领导批示6篇次。组织开展为期3个月的贵州外贸数据回流调研工作，牵头各隶属海关与地方商务部门共同深入企业开展调研帮扶，主动作为，拉动"数据回流"，调研报告获贵州省政府信息采用，得到省长李炳军、副省长蔡朝林双批示。每月组织开好贵阳海关外贸形势分析会，聚焦重点产品、重点产业和产业链，对贵州省外贸情况进行深入分析，为贵阳海关党委工作开展建言献策。

【贸易统计】2022年，贵阳海关每月实时对关区贸易统计数据进行检控审核，对检控问题数据及时提交各业务现场核查修改。每月按时完成关区贸易统计更正及月度数据上报、海关总署反馈数据及统计汇率维护参数接收等工作。不定期完成海关总署下发问题数据核查和年审、半年审核查反馈及报告撰写

工作。

【统计监督和数据质量管控】2022年，贵阳海关积极发挥海关统计监督职能，强化报关单数据质量管控，多形式开展不实贸易监督核查。建立"系统内+系统外"数据质量监督体系，形成监督合力，加强统计与监管、关税、风险、缉私等部门协调配合，共享情报线索；完善跨部门合作机制，与地方公安、商务、税务、市场监管等部门加强信息互通、工作配合，实现对外贸数据真实性的全链条监督。利用大数据通过多系统对关区报关单数据进行多维度交叉检控，对贸易异动商品进行重点跟踪分析，发现问题及时进行数据核查，形成多篇专题统计分析报告，积极向海关总署、贵阳海关党委及地方政府反映数据异动，共同防范不实贸易风险，优化贵州省外贸发展环境。

【统计调查】2022年，贵阳海关开展统计调查，服务经济运行。每月定期组织相关企业完成中国外贸出口先导指数和中国海关贸易景气指数

统计调查系统填报，每半年组织相关企业完成跨境电商统计调查。根据海关总署安排，及时完成参与调查样本企业的调整工作。

【统计服务】2022年，贵阳海关在统计数据下发后，第一时间开展数据汇总整理，在保障数据安全的前提下，提高数据公开的及时性，第一时间在官方渠道发布贵州省相关外贸数据；为地方政府、贵阳海关各部门提供统计咨询服务，接受社会公众海关统计服务申请查询。

【业务统计】2022年，贵阳海关每月督促指导各隶属海关完成隶属关区业务统计数据收集、整理、审核、上报，在海关业务统计子系统完成贵阳关区业务统计数据的汇总审核上报工作。不定期完成海关总署下发问题数据核查和年审、半年审核查反馈及报告撰写工作。

【统计数据新闻发布】2022年，贵阳海关统计部门在关区召开的新闻发布会上，对贵州省外贸数据进行发布和解读。

▲2022年6月14日，贵阳海关召开新闻发布会，对贵州省外贸数据进行发布和解读　（陆晓依　摄）

【统计数据运用和管理】2022年，贵阳海关强化建章立制工作，规范完善数据发布、提供、使用渠道及审批流程。按照海关总署关于海关数据分类分级标准规范的要求，牵头对贵阳海关数据进行分类分级。同时，积极派员参与海关总署数据分类分级工作专班，2022年年底已完成两轮海关总署层级的数据分类分级工作。

撰稿人

张弋夫

企业管理和稽查

【概况】2022年，贵阳海关贯彻党中央决策部署，认真落实海关总署党委、贵阳海关党委工作要求，大力推进加工贸易、信用管理、稽核查等业务领域改革，多措并举提升业务规范化管理力度，牵头制定企业管理、稽核查及加工贸易保税监管领域作业指导书，发挥职能管理作用，强监管，优服务，促进企业管理和稽查工作高质量发展，各项工作取得新成效。

【资质管理】2022年，贵阳海关认真执行海关报关单位备案管理规定，加强与市场监管部门的联系沟通，持续落实"多证合一"、报关企业"许可改备案"、报关单位"全程网办"等改革举措，支持贵州特色产业发展，强化出口食品生产企业备案管理，提高备案时效。年内，关区办理出口食品生产企业备案115家，同比增长8.5%；通过"多证合一"办理报关单位备案106家，同比增长53.6%；年内，关区进出口企业总数6988家，新增备案企业974家，同比增长51%。

【信用管理】2022年，贵阳海关加大企业信用培育力度，制定海关AEO高级认证企业政策解读，及时向企业推送政策措施，提供政策、业务咨询，为企业提供更专业、更具针对性的服务。通过"线上+线下"多种形式主动做好政策宣讲与业务指导，覆盖企业300余家。加强精准培育，聚焦新技术、新业态、新模式，紧密围绕战略性新兴产业挖掘培育重点，建立关区"重点企业培育库"，对重点的进出口企业开展"一对一"信用培育，年内共组织对关区重点企业开展"一对一"信用培育17家次，新增3家AEO高级认证企业。强化动态管理，优化完善部门间信息共享机制，依法依规运用好处罚信息，强化企业信用等级调整工作，年内对企业信用等级上调3家，下调4家。推动便利化措施落实，拓展企业协调员制度覆盖范围，对AEO高级认证企业开展跨关区协调服务，帮助企业安排优先查验，协助办理通关手续，切实提升企业获得感。

【区外加工贸易】2022年，贵阳海关不断强化加工贸易保税监管领域政策宣讲和业务培训，参与海关总署轮胎加工贸易单耗管理模式改革推广工作专班，推动贵州轮胎股份有限公司落实轮胎单耗管理改革，设立实行加工贸易单耗行业定额参数管理的账册；建立跨关区联系配合机制，助推企业集团加工贸易监管模式落地；开展贵州省加工贸易情况调研、加工贸易提档升级专题调研，组织对关区重点加工贸易企业进行座谈，进一步掌握贵州省加工贸易现状、发展优势以及企业面临的实际困难，并转化为调研结果支持企业发展。年内，贵州省区外加工贸易进出口总值 55.15 亿元，同比增长 21.51%。

【保税监管场所及海关特殊监管区域保税监管】2022 年，贵阳海关根据企业管理和稽查司关于开展保税监管场所、海关特殊监管区域保税业务专项检查的通知要求，组织开展对关区 6 个保税监管仓库的行政审批事项程序、货物实际入出仓情况、存储期限及延期情况、账货相符情况进行自查整改，对 3 个综合保税区的保税物流账册设立及运行情况、保税业务核查作业情况、保税货物存储期限及延期、保税货物账货相符情况进行自查整改，并配合完成海关总署交叉检查组的检查评估；规范综合保税区入区项目风险防控审查工作，制定《贵阳海关综合保税区入区项目风险防控审查实施细则（试行）》，对入区项目开展风险评估和分类管理，年内牵头评估入区项目风险审查 5 次；组织综合保税区主管海关对区内失联企业、固体废物、非保业务等高风险业务开展摸底排查；开展区内保税加工风险排查，对区内部分加工增值率低、进出口值增幅较大的企业开展风险排查；多举措促进综合保税区内保税维修等新业态发展，持续推动电子产品、粮食等进口商品保税仓储和加工业务发展。综合保税区进出口总值 112.18 亿元，同比增长 59.75%。

【开展跨境电商"1210"业务】2022 年，贵阳海关推动贵州省商务部门出台《贵阳市进一步规范开展跨境电子商务 1210 业务的有关措施》《贵阳跨境电商综合试验区开展跨境电商 1210 新零售业务实施方案》《跨境电商行业自律承诺书》等，在贵阳跨境电商综合试验区范围内先行先试，探索开展"跨境电商＋保税展示"新模式，支持 CW 澳洲大药房项目落地贵阳综合保税区，进一步促进跨境电商零售进口加快发展。年内，贵阳海关监管跨境电商网购保税进口清单 21909 份，货值共计 1157 万元，征收税款 125.27 万元。

【稽查业务】2022 年，贵阳海关落实全面禁止进口固体废物的政策，保持打击"洋垃圾"入境的高压态势，组织关区稽核查部门，摸排企业走私"洋垃圾"、固体废物情况，开展打击濒危物种及其制品走私工作，办结 4 起相关企业稽核查作业，查发 2 家企业存在未按规定保管出口单证等资料，查发 1 家企业逃避濒危物种允许出口证明书管理的违法违规行为；落实习近平总书记总体国家安全观，加强出口危险品案件办理指导，打击出口危险品中的违法违规行为，参与对跨境电商寄递"异宠"综合治理专项行动、外来物种入侵口岸防控工作的督导检查。进一步实施稽查集约化改革，优化稽查人员和机构，参与稽查协作区制度改革，加强与协作区内兄弟海关联系配合，提升关区稽查工作效能。组织各隶属海关开展自主分析和实地走访摸排，搜集企业违法违规线索，加强与风险部门的联系配合，通过数据分析和风险联合研判，引导帮助重点企业建立自查自纠内控机制向海关主动披露，全面提升关区稽查作业成效，贯彻落实署领导对稽查查发"一击即中"的要求。年内，贵阳海关共办结稽查作业 18 起，查发率 72.23%，其中 4 起涉嫌违反海关监管规定，移交缉私部门处理，案值 1648.98 万元。

【核查业务】2022 年，贵阳海关认真落实全国海关企业管理和核查工作会议精神，稳步推进核查分类改革，扎实开展核查业务。对风险类和管理类两种不同性质的核查指令，实施差异化流转方式和作业流程，注重压紧压实企业规范经营主体责任，综合运用实地、互联网+、采信第三方报告等多种方式开展核查，提升核查作业效能。年内，办结核查作业 214 起，查发问题 178 起，查发率 83.18%；移交相关部门行政刑事处理 4 起，涉案货值 125.4 万元；自主办理"简快案件" 3 起，行政处罚 3.6 万元。

【属地查检】2022 年，贵阳海关着力推进属地查检作业规范执法。抽调关区属地查检业务专家对各隶属海关属地查检领域安全风险隐患排查情况进行督导检查；加强指令管理，组织对关区长期未执行进口目的地指令进行清理，对超长期未执行指令建立属地查检工作台账，对未及时实施开箱查检原因进行了备注说明并定期跟踪；细化关区进出口鲜活易腐农食产品属地查检绿色通道制度措施，在各隶属海关业务现场设立进出口鲜活易腐农食产品属地查检业务领域绿色通道，对出境活动物和冰鲜肉制品、水产品，进出境蔬菜、水果实行"优先查检"和预约查检。

【优化口岸营商环境】2022 年，贵阳海关加强《贵州省优化营商环境条例》宣传培训，对全关区开展全员学习，提升工作责任感。参与贵州国际贸易"单一窗口"全流程无纸化建设工作专班，配合做好相关工作。不断优化通关作业流程，推进业务规范化、标准化，针对关区重点业务、重点产品编制贵阳海关重点业务作业指导书，有效提升服务企业能力水平。建立问题解决常态机制，组建关区外贸政策宣讲队伍，赴企业开展问题调研和政策宣讲，集中解决企业存在的问题，切实助企纾难解困，增加企业的获得感和满意度。组织开展技术性贸易措施影响调查，加强技术性贸易措施宣传，指导企业重点关注和应对，推进贸易便利化发展。加强宣传调研，大力推广"提前申报""两步申报"等便捷通关模式，持续巩固压缩货物整体时间成效。

【审核监督】2022 年 4 月，海关总署上线了企业管理和稽查司业务运行可视化监控平台 3.0 版，贵阳海关运用"制度+科技"加强对现场监管和执法行为的日常监控，利用系统对全关范围企业管理、保税监管和稽核查业务共 229 个指标进行线上执法监督，对业务中存在的风险抓早抓小，年内共制发预警单、监控单 10 份。年内，成立贵阳海关检验检疫行政处罚业务职能交接工作领导小组，组织职能部门及各隶属海关相关人员参加海关总署涉检行政处罚案件处置系统培训，完成关区涉检行政处罚办案人员梳理，并对授权情况进行调整，对系统中增设的快办案件办理流程完成系统环节配置，制发《贵阳海关涉检行政处罚操作指引》规范关区涉检行政案件办理流程和处置。年内关区共办结9起涉检行政处罚案件，案值170.87万元，罚款金额3.7万元。

撰稿人

李　蕾

查缉走私

【概况】2022年，贵阳海关坚决贯彻落实习近平总书记关于打私工作的重要指示批示精神，做到闻令而动、听令而行。紧紧围绕"洋垃圾"、枪支弹药、濒危动植物、毒品等重点开展打击，海关职能部门和隶属海关与缉私局携手作战，多点开花，查获政治类有害出版物22本、淫秽书籍（光碟）104本（张）、毒品5单、危险化学品2单、精神药品23单、象牙制品1单（餐具2件）、濒危沉香木制品1单（手串2件）、其他含濒危成分制品52单、特殊物品5单等。

【打击走私工作】2022年，贵阳海关保持打击走私高压态势，围绕关区打私重点，尽锐出战，精准打击，推动"国门利剑2022"联合专项行动。年内共立案39起，案值5639.23万元，涉税329.53万元，其中行政立案30起，案值5498.63万元；刑事立案9起，同比上升12.5%，案值140.6万元。查获大麻、麦角酸二乙基酰胺、含苯丙胺成分"巧克力"、气动力枪、制弹模具、铅弹、枪支零配件、服装等走私货物。

【执法合作】2022年，贵阳海关落实关区缉私工作会议精神，内外联动，同向发力，提升合力。开展全员打私，落实"1+6"机制，细化打私任务分解，对有关部门和各隶属海关分别下达查发案件数指标，跟踪督办，提升业务现场发案率，全员打私合力持续增强，年内关内部门移交缉私局刑事成案5起，占缉私局刑事案件总数的

▲2022年11月，贵阳海关与贵阳市公安局禁毒支队就联合打击精神麻醉药品犯罪召开座谈会　（张琦悦　摄）

55.55%。强化内部协作，深入推进贵阳海关"防控—监管—打私"三位一体风险研判联合工作机制，提升重点商品、重点渠道的预警研判和分析查发能力，形成专题材料4份，提高打私精准度，实现缉私、风险、统计、监管、稽查职能资源整合，在强化海关监管的同时形成共同打击走私违法犯罪活动的合力。加强合成作战，建立与完善与地方公安禁毒、刑侦、经侦等部门协作机制，与贵州省公安厅刑侦总队制定《贵州省公安刑侦部门贵阳海关缉私部门打击枪爆违法犯罪联系配合办法》，参与"网盾行动"暨野生动植物违法犯罪打击整治行动等，通过联合经营线索、联合行动查缉、联合案件侦办等，全链条、多维度打击枪弹走私、精神麻醉药品走私、出口骗退税等违法犯罪。积极开展协查协办，出动警力127人次，行程2万余千米，协助昆明、南京、广州等17个兄弟海关缉私局办理协查任务75起，协助抓捕犯罪嫌疑人5名，调取证据材料8858份，为兄弟海关缉私局疫情防控新常态下加快推进案件

▲2022年12月，贵阳海关参与"网盾行动"暨野生动植物违法犯罪打击整治行动 （黄哲 摄）

办理提供了有力支撑。

【法制建设】 2022年，贵阳海关执法办案质量更好、更精，案件审查做到"一严格、三坚持"。严格落实"双统一"机制，把法制部门的监督和保障作用前伸后移，事前严把案件提捕、移诉审核关，事后严守法院、检察院、法院协助执行事项时限关，共提前介入审查刑事案件8起，完成庭前逮捕、协助执行入

▲2022年6月，贵阳海关缉私局在贵州财经大学开展反走私禁毒宣传进校园活动 （熊冰晶 摄）

库等工作，挽回国家损失88万元，走好庭前"最后一公里"，坚决把好案件审查出口关。坚持以"审判为中心"、以诉讼为导向，积极适应刑事诉讼制度改革；坚持"两手抓"，发挥海关行政执法在打私工作中积极作用。坚持"以人民为中心"，让人民群众在每一起海关缉私执法案件的办理中真正感受到公平正义。法制监督更严、更细，做到全流程、可追溯。进一步发挥缉私案管中心作用，突出案管中心监督效能，系统反馈执法问题17个，通过执法质量指标分析，以"前期准备好、中期实施好、后期总结好"为目标，认真组织专项学习，熟悉新考评标准，梳理案件，有序组织开展2022年度案件质量考评工作。法制建设更全、更实，做到全面提升"法治"观念的能力水平，强化执法办案场所的规范化建设。积极帮助各隶属海关掌握案件办理流程、熟悉相关法律法规，快速完成现场执法案件办理工作。通过开展宪法宣传周、送法进校园等活动，营造良好的执法环境和执法氛围。年内，贵阳海关缉私局再次

参与全国缉私系统执法核查工作，组织完成对天津海关缉私局刑事案件核查、对满洲里海关缉私局行政案件核查并总结上报，展现贵阳海关缉私局执法水平和良好形象。

【反走私综合治理】 2022年，贵阳海关缉私局配合贵州省打私办认真落实全国打私办主任会议精神，围绕构建"打、防、管、控"治理体系，努力做到打击有力、防范有方、监管有策、控制有效。强化责任落实，整体推进有力度，走访省、市、州政府，联合召开反走私座谈会和联络员会议，及时通报中央和各级领导对打私工作的部署要求及两级缉私工作

会议精神，分析辖区反走私情况，推动各级领导提高对反走私综合治理工作的重视程度，为统筹推进辖区反走私工作提供组织保障。强化协调沟通和服务指导，先后派员到黔东南州等4个市州开展专题调研，通报"国门利剑2022"联合专项行动打击重点，开展打击走私综合治理考核标准解读，联合分析研判走私风险，督导各级政府细化打击走私工作措施，共同开展反走私宣传。优化工作模式，全面震慑有强度，在发挥缉私主力军作用的同时，积极探索跨关区、跨警种、跨部门联合打击工作模式，海关与法院、检察院、公安、国安、市场监管、烟

▲2022年11月16日，贵阳海关召开贵州省打击走私综合治理领导小组部分成员单位联络员会议　（杜锋锋　摄）

草等部门建立联系配合工作机制，强化信息资源共享，开展联合经营查缉。以夏季治安打击整治"百日行动"为抓手，加强与地方公安的协作配合，发挥各自专业手段、信息资源等优势，合成作战。深化系统治理，基层治理有温度，牢固树立"宣传也是打私"的理念，以反走私"五进"宣传为载体，围绕"世界野生动植物日"、"6·26"国际禁毒日等重要节点，牵头推动各地打私办和9个隶属海关开展集中宣传活动，积极营造良好的反走私社会舆论氛围。年内"中国反走私"微信公众号采用贵州省打私办（贵阳海关）推送的反走私工作信息30篇，采编稿件数同比增长500%，其中半年贵州省稿件采编量均排在全国前10名。年内累计推动各地开展反走私宣传活动68场次，向群众宣传近4万人次，巩固了贵州省反走私宣传阵地建设。

【"国门利剑2022"联合专项行动】2022年，贵阳海关扎实开展"国门利剑2022"联合专项行动。严厉打击精神麻醉药品走私呈现新亮点，依托贵阳海关三位一体风险

▲2022年1月，贵阳海关缉私局开展打击走私淫秽物品行动 （熊冰晶 摄）

研判机制，对进境精神麻醉药品进行风险分析并布控重点线索查验，联合地方公安破获特大利用网络走私贩卖γ-羟基丁酸入境案1起（该案被公安部批准为部督目标案件）。积极发挥缉私垂直管理优势，首次向海关总署缉私局提请集群作战，对贵阳海关缉私局在办γ-羟基丁酸走私案件国内买家进行全面收网，推动全国兄弟海关缉私局刑事立案26起，查处和阻止了多起关联犯罪案件。在海关总署缉私局召开的视频会上，贵阳海关缉私局就精麻毒品案件侦办亮点及经验做法进行了汇报发言，这是贵阳海关缉私局首次在全国缉私视频会议上作案件经验交流。在贵阳关区办理的

走私γ-羟基丁酸案件3轮集中收网影响下，全国缉私部门对自马来西亚进境伪报为"精油""护发素"的入境邮包开展重点查缉，陆续查办多起案件。严厉打击枪爆违法犯罪取得新成绩，认真开展"百日行动"、打击整治枪爆违法犯罪国门查缉专项行动暨"国门勇士2022"专项行动，贵阳海关缉私局党组高度重视，成立专项行动领导小组，制订专项工作方案。贵阳海关缉私局领导带队到贵阳龙洞堡机场海关进行调研并对专项行动部署，开展线索经营和排查，先后联合印江县公安局、织金县公安局开展查缉行动，行政立案1起，查获违法嫌疑人1名，缴获气动力枪支1支，制作

制弹模具 2 个、铅弹 171 发及枪支零配件一批。严厉打击淫秽物品走私取得新突破，在打击淫秽物品走私犯罪行动中取得了历史最好成绩，2022 年 1 月 25 日，全国海关工作会议结束次日，贵阳海关缉私局连续破获走私淫秽物品案件两起，查扣淫秽涉税书籍 3800 余册，该两起案件是贵阳关区首次刑事立案侦办走私淫秽物品案件。严

厉打击毒品走私再上新台阶。紧盯国际邮件渠道，加强风险联合研判，与关风险部门和地方公安紧密协作，查获走私毒品案件 3 起，抓获犯罪嫌疑人 3 人，查获麦角酸

二乙基酰胺 4 枚，含苯丙胺成分"巧克力" 30 粒、187.65 克，大麻共 760 余克，有效震慑了毒品走私违法犯罪。

撰稿人

吕　玥

国际合作

【概况】2022 年，贵阳海关高度重视外事工作，与贵州省外事办就贵州拟打造外交旅行商务专区开展会商；顺利完成指挥"5·18"外事海关监管任务。持续做好外事工作业务骨干动态管理工作，关区共有管理类外事人才 6 人，业务类外事人才 4 人，翻译类外事人才 2 人。

【外事工作】根据《风险司关于商请派员参加世界海关组织第 18 届全球信息情报战略项目组远程会议的函》，2022 年 9 月 15 日—11 月 9 日，贵阳海关派员全程参与第 18 届全球信息情报战略（GIIS）项目组会议，负责跟进选举第 18 届 GIIS 主席、《海关风险管理纲要》修订进展、电子犯罪、MAA 互助协议等议题，并向海关总署风险管理司报送会议报告。

【技术性贸易措施研究】2022 年，贵阳海关加强技术性贸易措施研究，提升精准服务水平。加强技术性贸易措施咨询服务，建立完善关区技术性贸易工作机制，加强对贵州重点特色产品主要贸易伙伴技术性贸易措施的收集翻译和研究分析，收集并翻译 9 项酒类、5 项茶叶类国外通报技术法规，组织撰写技术性贸易相关信息，在"贵阳海关发布"微信公众号发布 4 篇，其中 2 篇被海关总署"12360 服务订阅号"微信公众号采用。对贵州省 367 家外贸企业开展受国外技术性贸易措施影响统计调查，并形成调查分析报告。根据调查反映，贵阳关区有 44 家企业遭受国外技术性贸易措施的影响，占调查企业总数的 12.19%，较 2021 年下降

▲2022 年 11 月 23 日，遵义绿茶、白酒产品技术性贸易措施研究评议基地挂牌（周凯旋　摄）

13.21 个百分点。落实关长王松青批示要求，推动遵义绿茶、白酒产品技术性贸易措施研究评议基地建设，组织召开专题分析研讨会，研究存在的问题，提出解决方案。协调遵义市政府重新调整明确基地承建方为遵义市检验检疫服务中心，调配了 2 名专职人员参与基地建设，落实办公场所，协调落实专项工作经费 40 万元。2022 年 11 月 23 日，遵义白酒、绿茶产品技术性贸易措施研究评议基地正式挂牌，实现了评议基地建设理论研究虚拟平台的实体化运作。

撰稿人

秦海鸥

第六篇

综合保障

政务管理

【概况】2022年，贵阳海关严格按照习近平总书记"五个坚持"的重要指示要求，扎实履职尽责、奋力攻坚克难，大力推动学习宣传贯彻党的二十大精神，加大对习近平总书记重要指示批示精神，党中央、国务院重大决策部署，以及海关总署党委工作部署的督查督办力度，推动关区重点工作任务落地见效，讲好贵阳海关故事、展示贵阳海关形象、畅通上下沟通，服务构建"响应、呼应、反应"运行机制，提高"三办三服务"水平，强化内部疫情防控，有效保障机关高效有序安全运转，有力助推关区工作迈上新台阶。

【应急值守】2022年，贵阳海关修订《贵阳海关值班工作规范》，开展规范解读、培训、检查工作。强化值班环境改造，持续优化完善总值班室环境布局和软硬件设施维护，为值班员提供便捷舒适的值班环境。持续加强监督检查力度，在春节、国庆、党的二十大等重要节点持续开展全覆盖值班检查共计5轮次，覆盖值班员200余人。强化信息报送，坚持随到随编，随编随报，聚焦疫情防控等突发事件，持续优化报送流程，规范信息报送要素，上报紧急排查等信息60余条，信息报送质效持续提升。

【政务信息】2022年，贵阳海关坚持立意高、内容实、文风新，做好外部信息收集和研判，形成相关资料供领导审阅参考，充分发挥智囊作用。紧盯"两个齿轮"，在"细化""深化"上下足功夫，

▲2023年1月22日，贵阳海关关长王松青慰问所属贵安新区海关值班关员（李永良 摄）

高质量做好关区信息报送工作，进一步提高信息报送的数量和质量，为领导做好信息参谋。年内获得海关总署相关刊物采用 30 篇次。

【会议管理】2022 年，贵阳海关加强会议管理，年初制订会议计划，严格控制数量及参会人员范围。启用会议管理系统严格会议审批，精简一般性事务会议，提倡合并开会、套开会议。创新会议形式，充分利用视频会议、监控指挥中心、"海关易服务"（eSpace）等平台或系统召开会议，年内关区召开会议压减 12.5%。

【公文处理】2022 年，贵阳海关印发《贵阳海关公文处理工作办法》；严格请示报告管理要求，明确隶属海关上行文办理规则和流转程序，划定办公平台相关应用的使用范围，有效维护关区公文工作的秩序性和严肃性。落实精文要求，年初制订发文调度计划，每月统计对比发文数量并进行动态监测，充分发挥联络机制作用，对月度办文重点事项进行及时提醒。年内共处理各类收文 8372 件，同比增长 4.3%；全关普发下行文数量同比下降 7.1%，非

正式发文数量下降 12.1%。强化办文质效，优化"公文错情月度通报"工作机制，突出公文质效评估的侧重点和指向性，分析办文中的典型共性问题，及时提出改进措施；开展公文知识培训，激发部门审核环节发挥实际作用，提高行文准确性和办文时效性。

【督查督办】2022 年，贵阳海关印发《贵阳海关督查工作管理办法》；以关区督查工作会为载体，严格落实"第一议题"制度，组织学习习近平总书记重要指示批示、各级重要会议精神 95 次，结合关区实际开展重点任务月度督办。紧盯系统主要领导批示件开展点对点督办，编发为领导参阅 10 期；组织开展关区年中重点工作任务督查 1 次，全局性重点工作"回头看"工作 1 次。向贵州省政府相关职能部门反馈关区重点工作任务完成情况 75 次。紧盯重大决策部署，将国发〔2022〕2 号文件，贵州省政府工作报告重点任务，省长李炳军在贵阳海关调研、正安吉他产业园提出的工作要求，副省长蔡朝林在贵阳海关调研时提出的工作要求，

2022 年贵阳海关重点工作任务列入关区目标工作进行季度督办跟进。用好督查系统，推动构建"督办—反馈—落实"的管理闭环。

【建议提案办理】2022 年，贵阳海关完善工作机制，重点建议提案专人督办、普通建议提案定期督办，认真做好提案核对签收，建立办理情况台账，明确提案办理责任部门和责任人，并纳入督查督办和关区目标考核指标，定期对账、按期结账。年内，全关提案建议按时办结率和代表委员满意率均为 100%。总结关区建议提案办理的成功做法和创新经验，丰富办理形式、优化工作机制，做好建议提案办理工作交流培训与宣传推广，不断提升建议提案办理的能力和水平。

【保密管理】2022 年，贵阳海关严格落实保密责任制，明确保密管理主体责任，传达学习全国保密工作要点，将保密法律法规纳入党委理论中心组学习内容，将"党管保密责任制落实"纳入党委年度巡察工作计划。召开年度保密工作会议，对做好党的二十大相关保密工作、重要敏感信息输入管控、强化

疫情防控保密管理、加强保密法律法规学习等提出要求，就进一步做好关区保密工作、落实保密责任进行安排；组织定密责任人、涉密人员等集中观看保密警示教育片。夯实"三大管理"根基，从严做好定密管理、涉密人员动态管理以及设备载体管理。提升综合防范水平，开展年度自查自评、疫情防控保密情况全员排查、社交媒体管理保密自查等各类保密检查，全力做好党的二十大及贵州省第十三次党代会相关保密工作，一名同志获得贵州省党的二十大维稳安保工作先进个人。加大宣传教育力度，组织兼职保密员赴省教育实训平台现场学习；开展保密宣传月系列活动，在"贵阳海关发布"微信公众号上开设"黔关保密教育在线"专栏，相继推出 10 期主题推文，在管理网终端设置保密提醒弹窗，每日定时弹出保密警示提示语。在全省"保密故事大家讲"活动中，选报作品获得省级奖项。

【档案管理】2022 年，贵阳海关印发《贵阳海关档案工作管理办法》，并重新明确关区档案三级管理网络，为关区档案管理工作责任明确、分级管理、齐抓共管提供有力制度保障。提升业务规范化水平，按时完成 2021 年度共 1264 件文书档案的归档整理，文件资料收集齐全完整、保管期限界定准确。开展档案业务线上专题培训，讲解专项档案知识，提升兼职档案员业务水平。抓牢安全体系建设，年内共开展 5 次安全专项检查，编制发放 300 余份档案宣传手册；发布国际档案日主题推文、举办档案专题展览，展出文书、实物、照片等能展现关区历史的档案近 200 件。服务地方志编纂和海关史研究，梳理 2010—2020 年间关区推动落实重点工作涉及的档案资料，有效发挥海关档案存史资政作用；制订并印发《贵阳海关加强海关史研究工作实施方案》，建立关史研究工作机制，广泛挖掘、整理、采集口述史料、海关文献史料和实物史料，使海关档案的利用价值得到充分体现。

【政务公开】2022 年，贵阳海关发布各类政策解读 18 条，并与"贵阳海关发布"微信公众号内容关联，政策解读的力度和深度双提升。向贵阳海关网站上传动态信息及重点工作、会议、活动等相关图文信息共计 260 余条，为群众更加方便、快捷地了解贵阳关区工作动态和办事流程提供了便利。年内，贵阳海关收到 15 条以邮件（信件）形式依申请公开事项，并在法定期限内办结该申请事项，答复率 100%。

【信访工作】2022 年，贵阳海关修订《贵阳海关信访分类诉求处理清单》，明确各方责任主体，加强统筹协调，保护信访人合法权益。畅通信访渠道，主动公布电话、信箱等信访渠道，每月定期开展"关长接待日"活动。设立 24 小时投诉受理电话，党委书记带头接访，干部职工通过日常业务接触、专题信访活动，主动解决企业群众"急难愁盼"问题。常态化开展 12360 海关热线工作人员业务培训，围绕行邮监管、RCEP 政策咨询等热线高频问题组织培训 7 次。完善处置机制，把防范化解重大信访矛盾风险放在更加突出的位置，完善突发情况应急处置机制，加强关区舆情收集研判、信息调度，提高预判预警预防能力。优化督促办理，做好跟踪回访，涉及企业、群众合法权益的急事和业务咨询类问题，加急从速办理。妥善处理年内1起企业信访事件，贵阳海关高度重视，多次回访确保问题切实解决，赢得企业好评。

【新闻宣传】2022年，贵阳海关制发《贵阳海关关于进一步加强新闻安全的通知》，梳理规范关区新闻报送流程，着力提高信息宣传工作效率，有效掌控关区对外宣传口径，年内新闻宣传做到零错漏、零舆情。以宣传贯彻党的二十大精神为指引，突出为企纾难解困、助外贸保稳提质，围绕海关总署促进外贸保稳提质十条措施、贵阳海关促进外贸保稳提质十六条措施内容，深挖关区助企纾难解困案例，提炼关区保稳提质工作亮点经验。2022年在海关总署统计的计分平台中发稿120篇次。

【疫情内部防控】2022年，贵阳海关坚持日调度、日分析、日研判，有效应对9月贵阳市属地疫情，12次调整内部防疫措施，组建保障机关运转应急工作组。9月全关累计开展核酸检测17673人次，结果均为阴性。扎实开展常态化疫情防控，顺利通过海关总署两次实地督查组实地检查。高效做好党的二十大前后各项安全稳定工作。根据新冠病毒感染疫情监测方案等文件部署，认真落实属地要求，根据疫情发展形势积极开展风险研判，动态优化调整防控措施，科学精准做好机关疫情内部防控工作。加大宣传教育，持续推进第二剂次加强针接种工作，督促干部职工落实"健康第一责任人"要求，做好个人安全防护。

撰稿人

罗榕睿

财务管理

【概况】2022年，贵阳海关以习近平新时代中国特色社会主义思想为指导，全面学习宣传贯彻党的二十大精神，围绕海关总署党委、关党委决策部署，落实"三保"要求，逐步完善制度机制11项，有效推动财务管理和保障工作提质增效，为贵阳海关事业发展提供强有力的财物保障。

【税费财务管理】2022年，贵阳海关用足用好各项政策，集中有限财力优先保障广大关警员的民生需求。统筹各项资金，保障关警员基本工资、津补贴发放需求。关心关爱退休干部职工，先行调剂资金，逐步解决退休人员一次性补助的历史问题。

【预决算管理】2022年，贵阳海关完成2021年部门决算、住房改革决算、项目绩效自评、2021年政府财务报告及编制工作总结报送。按照财政部决算批复要求，批复各三级预算单位2021年部门决算，并做好决算公开工作。

【企事业财务管理】2022年，贵阳海关按照《贵阳海关事业单位集中转让脱钩企业产权工作实施方案》，推动后勤管理中心（以下简称"后管中心"）持有的中国检验认证集团贵州有限公司49%的产权在北京产权交易所完成挂牌交易工作；配合财政部委托的第三方中介机构核实贵阳海关评审中心清产核资情况；按照海关总署国企改革相关要求，推动事业单位指导所属企业完成制度建设、国企改革任务。

【固定资产管理】2022年，贵阳海关全面开展资产清查，摸清"家底"当好"管家"。新增资产610台（件）；内部分配、回收和调剂部门使用资产1224台（件）。年末，依托海关总署"关务保障平台"，将资产逐级分配到人，统一粘贴资产标签，实现资产管理责任落实到部门、到人。

【疫情防控保障】2022年，贵阳海关统筹资金，优先用于疫情防控工作，统筹资金保障关警员核酸检测试剂耗材，统筹资金增配新冠疫情检测设备。向关区各单位（部门）发放医用外科口罩17.6万个，医用防护口罩1.6万个，医用外科手套1.7万副，鞋、靴套1.2万双，新冠病毒抗原试剂2890个，防护服5969套，以及防护眼镜、防护面罩、医用酒精等防疫物资共1.4万个（件），全力保障682名干部职工防疫物资需求。

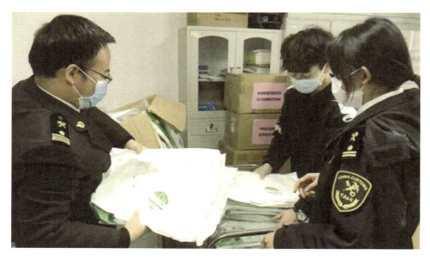

▲2022 年 1 月 7 日，贵阳海关保障关区防疫物资需求 （蒋虹 摄）

瓶企业放弃货物（红葡萄酒）的入库。

【节能管理】2022 年，贵阳海关以创建节约型机关为契机，开展"生活垃圾分类我会分"在线知识竞答、"低碳生活绿建未来"、"绿色出行日"、"能源紧缺日"、"节能宣传周"、"节水宣传周"、"绿色出行宣传月和公交出行宣传周"等活动。通过了贵阳市水量平衡测试及节水型机关建设验收，获得"贵州省节水型单位"称号和"贵阳市节水单位先进奖"奖金。10 月 25 日，贵阳海关及 9 个隶属关获得"节约型机关"称号。

【涉案财物管理】2022 年，贵阳海关强化缉私办案部门、仓储企业、后管中心等单位的联系配合，推进涉案财物及时、规范、高效处置。次尝试在阿里拍卖平台拍卖涉案财物，处置涉案财物系 iPad 标识平板电脑 153 台及苹果标识手机（iPhone12）8 台，成交价 49 万元，溢价率高达 131%；年内统一销毁侵权物资 2575 件；完成 10072

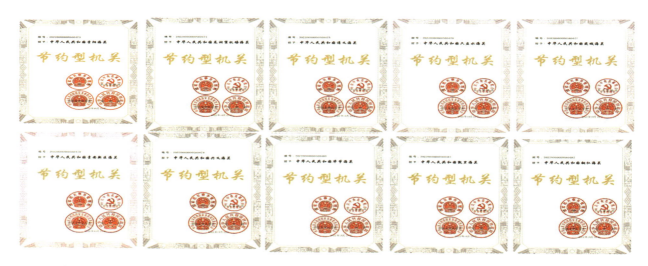

▲2022 年 10 月 25 日，贵阳海关及 9 个隶属关获得"节约型机关"称号 （樊清荣 摄）

撰稿人

李　菁

科技发展

【概况】2022年，贵阳海关坚持以习近平新时代中国特色社会主义思想为指导，全面落实海关总署工作会议精神和科技工作会议精神，着力发挥科技引领和支撑作用，提升管理效能，为筑牢国门安全防线、服务外贸高质量发展提供海关科技动能。

【信息化建设】2022年，贵阳海关落实贵州省政府"放管服"改革和优化完善营商环境工作部署，实现了贵阳综合保税区报关单出口转关运抵报告HMFT001报文向H2018通关系统的转发；参与完成贵州首个综保型国际陆港海关监管作业场所的建设验收，完成遵义路办公区信息化改造，综合技术中心（保健中心）系统迁移，铜仁海关办公楼信息化工程项目的信息化规划、立项、建设任务；参与"一局四中心"、改貌铁路口岸、跨境电商平台等省级重点信息化项目的建设工作。

年内，贵阳海关加强信息系统运行管理。完成署级H4A管理系统授权管理分布式子系统、智慧财务系统新功能开发、关区业务作业指导书系统上线工作；协助缉私局完成新执法办案系统署级项目启用，完成100%的信息系统用户、门户整合，年内更新升级署级系统直属海关端、关级系统38次，加强应用系统准入管理，完成运行的34个署级分布式、关级应用系统配置项信息核对更新和应用特征码赋码。持续优化口岸一线疫情防控信息化保障，优化健康申报移动端和健康码应用，推动智慧卫生检疫系统整合升级，增强监控指挥中心系统联动功能和运维工作，助力关区监控指挥中心在海关总署年度考核中取得优秀成绩。

年内，贵阳海关提升信息化基础设施能力。完成贵阳海关机房和部分隶属海关动力环境监控系统升级改造，更新维护机房核心配置项数据，数据完整率达100%；加强信息系统运行管理平台日常监控，实现运行管理平台监控告警大屏展示和邮件自动提醒，保证海关总署快速通报回复率100%；优化故障管理、服务请求等运维工作流程，畅通一线技术服务渠道，年内核心系统平均可用率和核心网络平均可用率均为100%。

【实验室管理】2022年，贵阳海关启动实验室顶层设计工作，加大实验室能力建设监督指导，科学谋划关区实验室发展规划，确保实验室能力建设方向不偏离。配优配强实验室仪器设备，强化调研论证，推进实验室仪器设备绩效考核不断深入，促进执法监管的技术支撑能力逐步增强。综合技术中心（保健中心）实验室顺利通过 CNAS（中国合格评定国家认可委员会）、CMA（中国计量认证/认可）"二合一"评审，获认可检测能力新增 180 项，国家果蔬重点实验室（六盘水）基本达到申验条件。开展新冠病毒检测实验室生物安全每日巡查，尤其在安全生产专项工作和党的二十大等关键时间节点，全面排查风险隐患，督导实验室严格落实安全生产主体责任，确保实验室安全生产无事故发生。

【科研管理】2022 年，贵阳海关严把科研课题导向关、科研价值立项关、科研材料申报关，组织申报 3 个署级科研项目，完成 1 项署级科研项目验收。不断完善科技管理制度，制定印发《贵阳海关自立科研项目管理办法》，加强检测方法的研究，年内获得发明专利、实用新型专利 6 项。

【智慧航空口岸】2022 年，贵阳海关持续推进智慧航空口岸建设，完成相关网络安全设备的搭建和替换，完成智慧航空口岸 T3 航站楼和大数据项目

▲2022 年 6 月 22 日，贵阳海关副关长马琨主持召开网络安全关长专题办公会（王欢　摄）

的信息化初验工作。开通贵阳海关贵州省数据共享平台账号并成功获取外部数据资源 36 项，实现自 2019 年以来旅客通关、舱单子系统海关总署历史数据下发入库，完成数据平台应用的数据对接并发布数据资源 137 项。

【网络安全】2022 年，贵阳海关制订敏感重大活动期间关区网络安全保障方案，开展关区网络安全保障自查评估，部署网络安全设备 26 台（套），加固安全设备系统 52 台（次），更新操作系统补丁 27 次，在国产化终端上全部安装安全管理系统；开展 2 次网络渗透测试，完成网络

安全 16 个大项、44 个小项内容的评估及整改工作，确保关区顺利通过海关总署网络安全督导评估。采取多种形式开展网络安全风险防范宣贯活动，定期通报关区网络安全情况。发挥信息化联络员"吹哨人"作用，不断增强关区网络安全意识，进一步强化隶属海关网络安全主体责任，有效降低关区计算机病毒感染率，实现关区业务网病毒零感染。关键时期实施"7×24 小时"在岗值守，确保关区网络连续 4 年未被攻破，党的二十大期间贵阳海关网络安全与信息系统安全稳定运行。

撰稿人

王　丽

督察内审

【概况】2022年，贵阳海关紧紧围绕党中央、国务院和海关总署党委重大决策部署，以及关党委安排部署，聚焦贯彻落实情况，年内开展督察审计项目覆盖关区工作的各方面，切实发挥督审服务保障作用。

【督察监督】2022年，贵阳海关紧扣上级重大决策部署，服务关区工作大局，全面做好署级、关级督察。对口岸检查作业规范、口岸疫情防控、"国门绿盾2022"专项行动、监管作业场所及监管设备、企业管理和后续监管等重大政策措施落实情况持续开展跟踪督察；开展支持外贸保稳提质贵阳关区落实情况问卷调查，深入分析形成调查问卷分析报告，所提建议得到督察内审司的肯定。持续实行督察项目"四单"管理，紧盯问题整改确保督察实效，年内共开展督察项目6个，督察任务完成率100%，发现问题23个，提出建议18条，进一步规范执法监管，有力促进重大决策部署在关区落地、落细、见实效。

【审计监督】2022年，贵阳海关突出问题导向、结果导向和目标导向，持续推进审计监督全覆盖。高质量开展专项审计调研。按照海关总署统一安排部署，先后对大金额差错报关单、贸易管制措施等6个领域开展专项审计调研，共查出问题6个，发现风险点10个，提出建议24条。落实"凡离必审"要求，完成5个隶属海关离任经济责任审计，累计查发问题47个，提出意见建议15条。同时，紧盯关键节点和重点内容，持续做好事业单位所属企业脱钩和转让产权跟踪审计，每季度开展书面及实地检查，确保企业脱钩和转让产权工作不变形、不走样；落实"过紧日子"的要求，严格把好工程结算审核关，年内结算审核项目共8个，涉及金额约1024万元。持续加强问题整改长效机制建设，制发相关办法，分类细化整改要求，扎实开展审计整改"回头看"督促检查，推进审计整改举一反三"治未病"，确保审计发现问题真改实改见成效。

【内控建设】2022年，贵阳海关持续加强内控前置审核强化源头防控，累计开展内控前置审核23项，其中署级项目5项，提出意见建议14条。编撰《贵阳海关内部控制实务手册》，全书12余万字，采用"问答+图文"的形式，指导各单位部门深入开展内控工作，有效防控执法风险、管理风险和廉政风险。加强 HLS2017 内控平台应用，处置异常数据有效率 83.47%。发挥示范科室典型引领、辐射带动作用，首次评选 4 个基层科室为"贵阳海关内控示范科室"，激发基层运用内控措施主动性，推荐凯里海关办公室、贵安新区海关综合业务科参评全国海关"内控示范科室"。

【执法评估】2022 年，贵阳海关探索"数据分析＋调查研究"工作模式，研究"云擎"系统功能，拓宽数据来源，累计开展署级执法评估课题 2 项、关级执法评估课题 3 项。作为"全国海关执法评估指标体系建设项目"单位，利用"云擎"系统孵化相关模型近 50 个，辅助各级海关科学决策、防范风险、提升执法和服务效能，推动全国海关评估指标体系建设。落实党的二十大关于"完善风险监测预警体系"的部署要求，利用"云擎"系统对出口退税领域开展监控分析，构建"退税报关单查询"模型，经海关总署评估后全国推广运行，此为贵阳海关首个官方认证的"云擎"平台级模型。

撰稿人

丁　颖

第七篇

隶属海关

贵阳龙洞堡机场海关

【概况】2022年，贵阳龙洞堡机场海关内设7个科室，业务管辖范围为贵阳龙洞堡国际机场空港口岸和双龙临空经济试验区范围内海关各类管理工作，承担关区征税、监管、缉私、出入境检验检疫、统计等工作职责。截至2022年年底，实有行政人员32名、事业人员6名。贵阳龙洞堡机场海关设第一、第二、第三党支部，有正式党员30人，支部品牌名称分别为"筑梦蓝""黔堡先锋""黔关哨兵"，其中"筑梦蓝"为2022年海关总署复核认定的全国海关党建示范品牌。

年内，贵阳龙洞堡机场海关在贵阳海关党委的坚强领导下，坚持以习近平新时代中国特色社会主义思想为指导，深入贯彻党的二十大、党的十九大精神，坚决贯彻"疫情要防住、经济要稳住、

发展要安全"的重要要求，深入落实2022年全国海关（年中）工作会议、贵阳海关工作会议精神，全面推动各项重点工作有序开展，圆满完成"5·18""6·05""6·10"包机和"12·24""12·25"复航航班监管，贵阳海关关长王松青、副关长马琨落实"关长走进口岸封管区"要求，带头参加一线航班监管和封闭管理；依托贵阳海关"三位一体"风险研判机制，保持打击走私高压态势，按规定移交案件线索、办理快办案件；连续查获邮寄渠道"异宠"；顺利完成2022年度口岸核心能力考核工作；贵阳龙洞堡机场海关及李辰辉同志荣获2022年贵州知识产权保护先进集体和先进个人。为迎接党的二十大胜利召开，确保各项工作平稳有序、不出差错，贵阳龙洞堡

机场海关自7月起开展"百日攻坚"行动，确保党的二十大期间关区各项工作平稳有序进行。

【党的建设】2022年，贵阳龙洞堡机场海关以党的政治建设为统领，贯彻落实习近平总书记重要指示批示精神，深刻认识"两个确立"的决定性意义，增强"四个意识"、坚定"四个自信"、做到"两个维护"，牢记"国之大者"。贵阳龙洞堡机场海关党委把学习贯彻习近平新时代中国特色社会主义思想和党的二十大、党的十九大精神贯穿政治理论学习主线，严格落实强化政治机关建设"第一议题"制度，组织召开党委会28次，党委理论学习中心组学习会10次，不折不扣贯彻落实习近平总书记重要指示批示精神。

年内，贵阳龙洞堡机场

海关深入学习贯彻党的二十大精神。党的二十大召开后，贵阳龙洞堡机场海关党委把学习宣传贯彻党的二十大精神作为首要政治任务，以多层次、多形式开展学习宣传贯彻，组织干部职工认真收听观看党的二十大开幕会，参加全国海关学习宣传贯彻党的二十大精神视频会议、贵阳海关党委关于学习贯彻党的二十大精神的专题会议、3期总署专题培训班、贵阳海关宣讲1次，多次召开党委扩大会议和党委理论学习中心组会议进行专题学习研讨，制作宣传展板10块，原原本本学习领会党的二十大报告精神，组织干部职工撰写心得体会31份；印发《机场海关学习宣传贯彻党的二十大精神的实施方案》，以制度确保持续掀起学习贯彻党的二十大精神热潮。

年内，贵阳龙洞堡机场海关强化政治机关建设。扎实开展捍卫"两个确立"、做到"两个维护"、强化政治机关建设专项教育活动和"学查改"专项工作、"海关重点项目和财物管理以权谋私"专项整治工作。持续加强党风廉政建设，开展专题学习

及工作部署会26次、专题研讨12次，宣讲会10次，组织关区全体干部职工撰写心得体会68份、专项教育活动个人对照检查材料34份，梳理岗位政治职责45个，撰写活动简报10篇，其中1篇获海关总署政工办采用。

年内，贵阳龙洞堡机场海关推进基层党建提质增效。党委把抓党支部建设作为认真履行管党治党责任、推进全面从严治党的基本任务。以支部标准化规范化建设为抓手，组织各党支部认真准备年内历次党建工作指标考核及相关迎检工作，第一党支部党建品牌"筑梦蓝"顺利通过全国海关党建示范品牌复核，并充分发挥示范带动作用，第二、第三党支部积极行动，不断深化"黔堡先锋、一路同行"和"黔关哨兵，心筑国门"党建品牌创建工作，不断深化海关基层党组织在加强口岸监管把关、促进外贸保稳提质、切实维护国门安全和社会稳定等重点工作中的堡垒作用。3次组建临时党支部，圆满完成"5·18""6·05""6·10"包机入境航班监管及封闭管理工作，有效落实属地9

月静态管理期间防疫要求并保障基本业务正常开展，充分发挥好基层党组织战斗堡垒作用和党员先锋模范作用。封闭管理期间，临时党支部通过视频连线方式，积极开展"封闭大课堂""我为封闭管理建言献策"等活动，并同贵州边防总站党支部开展"国门党建圈"理论研讨支部共建，充分发挥"国门党建圈"政治理论联学、优势资源联享、实践活动联办、党员队伍联建、中心工作联促、优化环境联抓、严密口岸联创特点。

【喜迎党的二十大】为迎接党的二十大胜利召开，贵阳龙洞堡机场海关新一届党委班子自2022年7月1日起至党的二十大闭幕期间，组织开展以"大调研、大服务、大把关、大安全、大整顿"和"机动巡查队"6项工作为内容的百日攻坚行动，其间关区工作做到零差错、零失误。

在"大调研"行动中，提炼了21项问题，研究解决对策，进行任务分解，明确责任科室、责任人，细化具体解决措施、解决时限，各项工作任务全部按时完成。

在"大服务"行动中，

大力拓展跨境电商出口业务，建立24小时轮流值守工作机制，协调解决监管场地网络、线路、分拣线等软硬件及信息化系统问题，提供通关服务保障，优化监管作业流程，提高通关效率，推动"9610"跨境电商出口业务量持续走高；面向贵州本土企业"贵阳南明老干妈风味食品有限公司"送政策、送建议，积极推进本土商品出口；聚焦重点平台建设，与贵州省商务厅（贵州省人民政府口岸办公室）、贵州双龙航空港经济区管理委员等单位召开座谈磋商会，找症结、积共识；联合贵阳海关职能部门、地方单位（双龙空港经济区投资促进局等），面向双龙经济区44家典型企业的68位代表举办以"激活通道物流、带动临空经济"为主题的"关企论坛"，受到贵州省市相关单位和企业一致好评。

在"大把关"行动中，严格业务现场查验作业规范，落实业务风险立体防控机制，组织好、推动好"清邮"专项行动、"异宠"综合治理专项行动等，针对各类发现异常的邮件开展联合研判，加强口岸查验力度，严厉打击违法违规行为，坚决守牢国门关口。

在"大安全"行动中，深入开展"口岸危险品综合治理"百日专项行动，对进口普货监管仓库、跨境电商出口监管仓库、免税商品监管仓库进行专项检查；全面清理涉案财物仓库2个，并对相关物品登记造册，建立可溯源机制，规范管理程序，向贵阳海关财务处移交侵权物资1555件。加强对贵阳机场控制区通行证的管理，组织回收各部门持有证件35张，纳入统一动态管理60张，切实保障党的二十大召开前夕贵阳口岸航空安全。加强关区内部安全排查，完成危房拆除、围网建设工作，组织开展倒班宿舍检查，完成执法执勤电瓶车保险购买，确保用房、用车安全，防范安全生产风险。常态化疫情防控期间严格内部疫情防控，严格执行属地和贵阳海关疫情防控各项管理规定，严密织牢内部疫情防控防线。

在"大整顿"行动中，全面统筹关区人力资源，组建3个航班监管工作梯队和1个后备队，顺利完成2架次国际航班往返监管任务。落实关心关爱工作，建立干部职工生日台账、健康状况及紧急联系人登记表、突发疾病应急处置预案，设立医疗救护工作角等，开展生日贺卡等形式的生日慰问，住院职工慰问等，党委书记与常住关区宿舍干部职工、各科室全体干部职工进行谈心谈话72人次。加强正向激励和表彰奖励，按照"疫情要防住、经济要稳住、发展要安全"重要指示，评选疫情防护、保稳提质、国门安全之星44人次，制作"光荣榜"上墙，并与年度考核推优挂钩，形成导向鲜明的激励机制。为解决长期身处一线干部职工工作压力大以及身体出现的亚健康问题，以党支部为单位开展准军事化队列训练60次，举行篮球赛8场，不断提升干部职工良好准军风采和精神面貌。

在"机动巡查队"工作中，组织2次防护服穿脱培训，通过随机派单完成快件监管场所巡查2次、邮件监管场所巡查1次，同时强化对一线人员防护服穿戴、脱卸监督，均未发现异常。

【检验检疫】2022年，贵阳龙洞堡机场海关抓好口岸疫情防控。强化口岸卫生检疫监管，持续完善"境外、口岸、境内"三道防线，坚持"人、物、环境"同防、多病同防，年内检疫监管出入境航班 8 架次、798 人次，严格监督实施入境客运航空器终末消毒，顺利完成"5·18"等入境航班检疫监管任务。"5·18""6·05"航班监管及封闭管理期间，贵阳海关关长王松青、副关长马琨带头参加一线航班监管并进入封闭管理，有序开展"关长走进口岸封管区"活动。严格入境人员检疫和口岸一线卫生检疫人员封闭管理，贵阳龙洞堡机场海关组织 37 人次参加 2 轮次封闭管理，累计封闭管理时长 35 天，严格落实关心关爱举措，全体封闭管理人员保持"零感染"。

准备贵阳口岸首班复航航班监管工作。2022 年 12 月中下旬，贵阳龙洞堡机场海关建立 13 人进出境航班监管小组，先后组织开展集中培训、现场演示、实操考核和线上巩固培训，圆满完成"12·24"和"12·25"国际航班监管任务。

织牢国门生物安全防线。年内，贵阳龙洞堡机场海关

持续推进"国门绿盾 2022""跨境电商寄递'异宠'综合治理"专项行动，在寄递渠道检出有害生物 16 种次，查发进境"异宠"6 种、63 只，形成了打击寄递"异宠"和外来物种入侵的高压态势。

强化口岸公共卫生监督。年内，贵阳龙洞堡机场海关对贵阳机场范围内取得口岸卫生许可的 54 家食品经营单位、49 家公共场所等按计划进行卫生监督和抽样送检。对口岸食品生产经营单位开展日常卫生监督 122 次，签发卫生监督意见书 1 份，发现问题 2 起并督促企业按时完成整改；开展口岸食品抽检 188 次，食品快速检测 221 次。对公共场所开展日常卫生监督 60 次，抽取公共用品用具 59 份送检，发现问题 1 起，已责令企业及时整改；开展微小气候及空气质量检测 40 次，未发现相关问题；抽取机场集中空调通风系统以及冷凝水样品 281 份，未发现相关问题。对临时垃圾中转站及临时污水处理站进行现场监督 4 次，并函告机场集团严格做好设施设备拆除过渡时期的入境航空器固液体废弃物处理工作和新垃圾

站、污水站的设计规划工作。对 1 个二次供水站和 1 个航空器供水站开展日常性卫生监督 4 次，饮用水抽检 27 次。开展口岸病媒生物监测 24 次，完成相关的病原体微生物检测项目，结果均为阴性。有效做好"5·18""6·05""6·10"包机及"12·25"复航航班食品安全保障工作，通过"一机一案"，制订专门保障方案；安排"专人抽检"，全面深入抽检航食配餐；开展"专项核查"，确保配餐食谱无违禁品或高危食品；实施"精准检验"，确保各项指标正常。

【监管业务】2022 年，贵阳龙洞堡机场海关着力加强口岸监管把关，促进外贸保稳提质，切实维护国门安全和社会稳定。

年内，贵阳龙洞堡机场海关严格落实综合治税。征收税款 1.33 亿元。严格依法征管，确保税收安全，完成 19 期至 29 期全国海关税收风险预警信息核查工作，共对 170 条商品风险信息进行核查，涉及货物、邮递物品报关单合计 1920 票，为企业提供规范申报建议及归类建议 16 条。

年内，贵阳龙洞堡机场海关推动"9610"出口业务快速发展。年初，贵阳龙洞堡机场海关帮助协调电商、物流企业取得备案资质，协调解决监管场地网络、线路、分拣线等方面的软硬件及系统问题，主动对接广州海关协调解决转关核销等问题，加强向中国邮政速递物流股份有限公司贵州省分公司、双龙航空港经济发展贸易局、双龙航空港供应链管理有限公司等企业宣讲海关通关便利政策，切实保障"9610"出口业务有序开展。年内，累计查验跨境电商"9610"模式出口商品共90.23万单，货值546.64万美元，大力促进跨境电商新业态发展，完成国发〔2022〕2号文件促进贸易投资自由便利的重点工作任务目标之一。

年内，贵阳龙洞堡机场海关强化进出境邮件监管。监管进出境邮件16.9万件，查验邮件1.66万件，先后查获政治类等有害出版物、毒品、危险化学品、精神药品、象牙制品、濒危动植物制品、特殊物品等，重点打击邮递渠道精神麻醉药品走私，与缉私部门、风险部门协调配合，高效办理相关案件，有力维护国门安全和人民利益，为高水平开放高质量发展保驾护航。

年内，贵阳龙洞堡机场海关加强保税航油"两仓"监管。根据作业指导书对保税航油"两仓"所存货物的进出转存建立了有效监管制度，定期开展日常巡查，按月收取报表及相关资料，年

内监管保税航油加注38.43吨。赴中航油贵州分公司进行保税航油业务培训及政策宣讲，就油气系统监管、航司水空系统申报、单证规范性等问题向中航油贵州分公司、多家航空公司及报关公司开展培训座谈。

年内，贵阳龙洞堡机场海关持续优化口岸营商环境。通过压力传导，采用每天每票每个流程紧抠通关时间的做法，实时与报关员、国际货运部联系配合，提高"提前申报""两步申报"率，将业务做精做细，压缩整体通关时间，贵阳龙洞堡机场海关进出口通关时间在贵阳海关关区名列前茅。大力推行"放管服"改革，精简单证，简化业务流程，全面使用智慧卫检系统，让数据多跑路，让群众少跑腿，实现行政审批全流程电子化。年内，贵阳龙洞堡机场海关受理国境口岸卫生许可92起，办结92起，平均办结时效为4.5日，获得口岸企业的高度认可。

【重点平台建设】2022年，贵阳龙洞堡机场海关增强对外平台通道能级。成立贵阳龙洞堡机场海关推进重点项目工作专班，加快推进"一局

▲2022年11月24日，贵阳海关隶属贵阳龙洞堡机场海关关员现场开箱查验寄递邮件　（王政　摄）

四中心"项目、智慧航空口岸等重点平台建设。多次与物流公司、双龙商促局、口岸公司就"一局四中心"项目研讨建设方案，提出修改意见。督促指定监管场地和保税物流中心（B型）于5月中旬完成材料申报，自海关总署7月批复同意在贵阳龙洞堡国际机场设立进境水果、冰鲜水产品、食用水生动物指定监管场地后，连同进境肉类、植物种苗5个指定监管场地按照"同步建设，分步验收"的指示要求，做好指定监管场地建设的技术指导和工作推进，推动"一局四中心"建设。持续推动航空口岸建设，持续深化贵阳龙洞堡国际机场口岸核心能力建设，通过贵阳海关组织的2022年口岸核心能力复核。

【查缉走私】2022年，贵阳龙洞堡机场海关保持打私高压态势。深入开展"国门利剑2022""清邮"等专项行动，严厉打击象牙等濒危动植物及其制品走私，查获象牙制品、濒危沉香木手串等濒危动植物及其制品，在进境邮件中查获活体幼虫；严厉打击涉枪涉毒、重点涉税商品、

▲2022年11月24日，贵阳海关所属贵阳龙洞堡机场海关在进境邮件中查获活体幼虫 （王政 摄）

农产品等走私，查获精神类药品、枪支零部件、疑似大麻种子等，推动走私案件办理。重点打击邮递渠道精神麻醉药品走私，与缉私部门、风险部门协调配合，高效办理相关案件。

【内部疫情防控】2022年，贵阳龙洞堡机场海关落实高风险岗位工作人员安全防护的各项要求。建立专兼职安全防护监督员队伍，严格执行"岗前检查、工作巡查、全程督查"和"双人作业、相互监督"的安全防护监督制度；对口岸一线检疫查验人员加强理论实践培训考核，确保严格做好个人安全防护。

年内，贵阳龙洞堡机场海关认真落实"四早"要求，建立防疫应急预案，定期开

展实操演练；坚持实行健康监测"日报告、零报告"制度，建立台账实时全面掌握职工及其家属健康状况；紧盯高风险岗位人员核酸检测和健康监测管理，组织7506人次完成应检尽检核酸检测；坚决克服困难，严格落实贵阳海关关于内部自行开展核酸检测的要求，有效避免工作人员外出核酸采样时发生交叉感染的风险。

年内，贵阳龙洞堡机场海关强化"人、物、环境"同防，严格落实属地出差出行审批管理规定，严格执行外来人员出入机场关区扫场所码、测温等要求，严格消毒快递等外来物资。

年内，贵阳龙洞堡机场海关有效应对属地疫情。9月

属地疫情防控期间，贵阳龙洞堡机场海关党委第一时间激活防疫应急指挥体系，在关区74人居家、12人留守的情况下，迅速成立疫情防控临时党支部，全面发挥支部战斗堡垒作用，连续28天落实"疫情要防住"主基调，加强人员管理，严格落实属地防疫要求，保障关区基本业务正常开展。贵阳龙洞堡机场海关党委积极协调职能处室，妥善解决留守人员生活物资，协勤人员工资发放等困难。各党支部持续加强对全体职工的关心关爱，通过在线联系等方式开展关心慰问，收集静态居家人员存在的困难，建立问题清单逐项销号解决。

【安全生产】2022年，贵阳龙洞堡机场海关坚决贯彻落实习近平总书记关于安全生产的系列重要论述，坚持统筹好发展和安全两件大事，扎实推进安全生产专项整治三年行动计划，落实主体责任。切实按照《贵阳海关2022年安全生产工作要点》《贵阳海关2022年安全生产大督查工作方案》等文件要求，结合贵阳龙洞堡机场海关实际，及时更新安全生产领导小组

名单，层层压实安全生产责任，坚持"党政同责、一岗双责、齐抓共管"的安全生产责任体系。以开展百日攻坚专项行动为抓手，深入开展安全问题隐患排查及整治，完成危房拆除、围网建设工作，完成执法执勤电瓶车保险购买，确保用房、用车安全，防范安全生产风险。扎实推进安全生产专项整治三年行动，邀请机场消防救护部协助开展年度消防应急演练，年内持续加强办公场所、监管现场、网络安全、口岸疫情防控等重点领域的巡查检查，建立安全生产风险隐患"吹哨人"预警机制，关区安全形势整体良好，各办公场所、监管业务现场均未发生安全事故。

【队伍建设】2022年，贵阳龙洞堡机场海关深入开展精神文明创建，大力培树先进典型，因在知识产权保护、航班监管、属地疫情防控、业务技能提升和助人为乐等方面的突出表现，贵阳龙洞堡机场海关及李辰辉同志荣获2022年贵州知识产权保护先进集体和先进个人，贵阳龙洞堡机场海关直接参与"6·05"临时进境航班一线检疫

监管的5个工作组和周峰等16名同志获贵阳海关通报表扬，许卓、王君、范梦龙、向阳、刘煜等同志获贵阳海关政治部通报表扬，进一步树正气、易俗气、遏邪气，塑造"求实、扎实、朴实"的海关文化。先后有5名同志被提拔为处科级领导干部、8名同志晋升职级，关区担当作为、干事创业的氛围进一步增强。

年内，贵阳龙洞堡机场海关加强业务技能培训。按照贵阳海关统一部署，贵阳龙洞堡机场海关组织业务骨干牵头起草（修订）16份贵阳海关重点业务作业指导书，不断提升关区业务工作质效。定期组织现场一线工作人员开展疫情防控、个人防护等培训20次，参加人数200余人次；按期开展新冠疫情防控桌面推演8次，分别通过线上、线下方式开展疫情防控应急处置演练2次；开展个人防护技能考核15次，确保所有疫情防控梯队工作人员100%考核合格后上岗；2名同志参加并通过进出口危险货物及其包装检验监管人员培训考试。

年内，贵阳龙洞堡机场

海关强化制度规范建设。对标贵阳海关制度体系，在加强重点业务作业指导书学习力度的基础上，重点查找贵阳龙洞堡机场海关制度的缺项、漏项和盲区，通过"废改立"，进行制度完善和优化，累计对党委工作、公文处理、行政管理、疫情防控、安全生产、业务工作6方面、53项制度进行了制定、修订，进一步实现用制度管人、用流程管事，形成人人有事做、事事有人管的良好工作局面。

撰稿人

姜　醒

筑城海关

【概况】2022年8月，筑城海关内设机构调整后，设办公室（党委组织宣传部）、综合业务一科和综合业务二科。按照一正两副配备关领导班子成员3人。筑城海关受贵阳海关直接领导，按授权负责指定口岸和区域范围内海关各类管理工作的执行机构，是贵阳海关所属属地综合型隶属海关，负责贵阳市、贵阳综合保税区和贵阳高新技术产业开发区范围内海关各类管理工作的执行机构，主要负责党的基层组织建设和干部队伍建设；办理具体海关业务，反馈执法作业结果。截至2022年年底，实有干部职工共计45人，其中在编公务员17人。设第一、第二党支部2个支部，共有党员16人，创建"心火聚力 匠心筑梦""聚力筑城"等支部品牌。

筑城海关是贵阳海关业务种类最齐、业务量最大的隶属海关，业务主要包括：通关监管、加工贸易监管及保税监管场所日常监管、综合保税区管理、企业资质管理（包括通用资质和特殊资质）、企业注册备案、原产地证书签发、进出口动植食产品、进出口轻纺工业品检验检疫及监管、进出口矿产品、危险化学品及其包装、机电产品检验及目的地监管、知识产权海关保护等。承担贵阳市辖区所有进出口企业及黔东南州和铜仁市辖区的稽核查工作，以及对业务管辖区内企业实施后续"多查合一"；承担除遵义、六盘水关区外，全省减免税审核工作；承担全省留学回国人员申请购买免税国产车审批；是全关区唯一开展跨境电商监管业务的隶属海关。

2022年，筑城海关坚持以习近平新时代中国特色社会主义思想为指导，认真落实全国海关工作会议和全面从严治党工作会议部署，统筹做好口岸疫情防控和促进外贸稳增长工作，深入开展捍卫"两个确立"、做到"两个维护"、强化政治机关建设专项教育活动，围绕"创新提升"主题，聚焦"两个齿轮""三个导向""三个创新"，强化监管优化服务，积极服务地方开放型经济发展，为助力地方高水平开放高质量发展努力作出贡献，各项工作呈现良好发展态势。

【内设机构调整】2022年8月，经贵阳海关党委会议研究决定，根据《贵阳海关关于调整筑城海关、贵安新区海关内设机构的通知》（黔关人〔2022〕108号）文件要求，对筑城海关内设机构进行了调整。核定筑城海关人员编制 15 名，正处级领导职数 1 名，副处级领导职数 2 名，正科级领导职数 3 名，副科级领导职数 3 名。撤销筑城海关综合业务科、筑城海关稽（核）查科，内设 3 个科室，分别为办公室（党委组织宣传部）、综合业务一科、综合业务二科，原筑城海关稽（核）查科承担的稽核查业务工作转至贵安新区海关稽（核）查科办理。

【强化党建引领】2022 年，筑城海关持续深入学习贯彻习近平新时代中国特色社会主义思想。常态化坚持"第一议题"制度，健全完善党委会议及时学、党委理论学习中心组系统学、形势分析及工作督查例会结合实际学的学习贯彻机制，及时传达学习习近平总书记重要讲话和重要指示批示精神。强化政治机关意识，第一时间传达学习党的二十大精神，组织开展党的二十大精神学习研讨、辅导、宣讲，迅速掀起学习贯彻党的二十大精神热潮。

【开展专项教育】2022 年，筑城海关扎实开展捍卫"两个确立"、做到"两个维护"、强化政治机关建设专项教育和"学查改"专项教育、"海关重点项目和财物管理以权谋私"3 个专项活动，第一时间成立领导小组，落实学习传达重要文件精神，建立"领导干部带头学、中心组系统学、对标对表跟进学、网络平台辅导学、感悟心得交流学"的"五学联动"机制。对照"六对照六看六查"和"四个是否"，认真梳理查摆问题，制定整改措施将问题逐一清零。年内，筑城海关共召开党委会 17 次，党委理论学习中心组学习 10 次，召开形势分析会 11 次，党委书记上党课、宣讲 2 次，第一、第二党支部组织政治理论学习 22 次，支部书记上党课 2 次。专项教育工作开展期间，关区共编报简报 7 期，各业务岗位对照"四个是否"，建立问题清单，梳理问题 18 个，制定整改措施 37 条。

【支部建设】2022 年，筑城海关进一步完善基层党组织体系，持续提升基层党组织凝聚力、向心力、战斗力。以支部规范化标准化建设为契机，打造支部品牌，开展实地参观、专题学习等形式多样、内容丰富的主题党日活动，增强支部活力。加强支部阵地建设，提升党建工作质效，本着标准、节俭、实用的原则，充分利用现有办公场所，因地制宜对党员活动室进行升级改造，使党员活动室成为党支部的坚强阵地和温馨的党员之家。坚持好中选优、优中选强，推动党务干部队伍整体优化提升。做细做实基层党支部标准化规范化建设，两个党支部顺利通过验收，向申报"四强"党支部迈出有力一步，推动基层党组织全面进步、全面过硬。积极推先树优，两个支部多名党员干部连年获优秀党务工作者、优秀党员等荣誉称号。坚持正确舆论导向，掌控意识形态主导权。

【清廉海关建设】2022 年，筑城海关开展党的二十大精神及各类专题研讨 3 次，党委书记讲党课 2 次，半年组织召开 1 次关区全面从严治党暨党风廉政建设工作会。

年内，筑城海关认真履行全面从严治党"一岗双责"。进一步压实工作责任，党委书记带头，做到党风廉政建设和反腐败工作经常抓、常态抓，关区两个支部每季度召开党风廉政风险分析会，查找工作中存在的不足和差距，对标开展好党风廉政建设各项工作。党委书记自觉承担第一责任人责任，对党风廉政建设重要工作、重点工作、重大问题、重点环节，做到模范带头、遵守规定、主动汇报，支部进一步严肃党内政治生活，增强党组织的战斗力，全面落实"三会一课"、组织生活会、民主评议党员、谈心谈话等制度，认真召开支部组织生活会，做到准备充分、程序严格、剖析深刻、批评严肃。

年内，筑城海关多形式推动支部全面从严治党和党风廉政建设工作，充分利用好警示教育月，通过讲党课、实地参观警示教育基地等，组织支部党员开展好"以案为鉴"警示教育专题系列活动。邀请党委书记为支部党员讲授廉政党课。运用好监督执纪"四种形态"，对党员领导干部在思想、作风、纪律等方面的苗头性、倾向性问题及时开展提醒谈话。

年内，筑城海关坚持以上率下、以身作则，在履行管党治党责任、严格自律上当标杆、做表率，主动接受监督，带头遵守政治纪律和政治规矩，始终保持共产党人清正廉洁政治本色；坚持严字当头，加强队伍建设，管思想、管工作、管作风、管纪律，召开全面从严治党专题会议2次，上廉政专题党课1次，开展任职谈话5人次，部门人员谈心谈话21人次；注重以人为本，培育清廉价值观，开展谈心谈话38人次，通过政治家访梳理意见建议12条，采取切实有效措施关心关爱干部职工，营造温馨、温暖、和谐的良好工作氛围。

年内，筑城海关加强纪法教育和廉政警示教育，深入开展警示教育月活动，加强新时代海关廉洁文化建设，不断增强党员干部法治意识、党规意识、制度意识、纪律意识，集中收看海关总署警示教育纪录片，不断增强以案促改实效，常态化纠治酒驾醉驾问题，加强基层海关廉政文化建设，营造尊廉崇廉爱廉的浓厚氛围。加强审计、巡察监督的整改和"回头看"工作，锲而不舍落实中央八项规定及其实施细则精神。

【干部队伍建设】2022年，筑城海关强化干部队伍纪律作风，提升关员政治判断力、政治领悟力、政治执行力，锻造海关队伍过硬纪律作风的同时，在协管员队伍开展"强作风 提效能 筑牢国门安全防线"专项活动，聚焦海关协管员能力素质建设、强化服务效能建设、提升纪律作风建设，不断提升协管员队伍履职能力，强化队伍整体素质。以"三实"文化推动准军纪律部作风建设，关心青年干部成长成才，努力培养忠诚可靠、担当奉献的优秀年轻干部队伍，年内组织参加各类业务培训考试40人次。加强协勤人员纪律作风建设，开展"强作风 提效能 筑牢国门安全防线"专项活动；严管厚爱干部职工，引领干部职工心往一处想、劲往一处使，组织职工体检48人次，看望慰问疫情防控志愿者6人次，一对一关心关爱疫情期间封控在家的干部职工，1名关员业务调研报告被中国海关学会成都分会主题征文评选为优秀论文。

年内，筑城海关严格按照贵阳海关"推进源头治理，涵养风清气正良好政治生态"重点工作任务，让铁的纪律成为干部职工的日常习惯和自觉遵循。强化工作作风，将严的要求刻到每个人的心中，落实到每个人的日常工作中。突出抓好准军事化海关纪律部队建设，把"马上就办、真抓实干"作为内在文化，强化日常纪律作风养成。深入开展党的优良传统和作风教育，大力弘扬伟大的建党精神，坚持严管与厚爱相结合，做到严管有力度、厚爱有温度。扎实开展内务规范月和警示教育月活动，严格执行请销假制度、遵守会议纪律、落实值班制度、提高服务水平、强化廉洁自律建设等。加强干部职工八小时外的监督与提醒，节假日通过微信电话等形式提醒严禁酒驾醉驾，严禁在网络社交平台谈论、传播与海关工作相关内容，严禁对外透漏海关工作秘密，共同维护良好工作秩序，展现新海关新形象。

【疫情防控】2022年，筑城海关从严就高做好关区内部防控，建立健全内部防控机制，统筹做好常态化疫情防控和应急处置。严格履行内部防控主体责任，顶格落实"零报告、日报告"、非必要不外出等防控制度，筑牢免疫屏障。结合贵阳综合保税区监管实际，实行"客停货通"措施，最大限度防范疫情传播风险。落实"四方"责任，压实有关方面主体责任，积极配合做好入区车辆消毒，入区人员落实"一扫三查"等防疫工作。严格做好进口冷链食品和进口高风险非冷链集装箱货物抽样检测和预防性消毒应急演练工作，不断完善进口冷链食品疫情防控预案。加强常态化疫情防控培训，举办实操、演练培训4次，参训人员42人次，不断提升现场指挥协调和应急处置能力水平。切实保护关心爱护一线人员和防疫志愿者，注重心理疏导和人文关怀，加强正向激励，始终保持一线人员强大战斗力。关区全体干部职工认真落实防疫"三件套"，全员接种疫苗，确保干部职工"零感染"。积极投身贵阳市疫情期间物资保供及志愿服务，先后有十余名干部职工参与志愿服务，连续多日奋战在保供一线。同时坚持服务先行，特事特办，克服困难为化肥企业办理抽样查检，放行化肥17.59万吨。积极推动"不见面"办理粮食初审、调运、核销，线上为企业办理征税、保证金等业务，办理缴纳税费近千万。全力推动RCEP原产地证书自助打印业务。保障中欧班列稳定开行，确保业务不断档，有效防控疫情传播。

【打击走私综合治理】2022年，筑城海关持续强化全员打私，加强反走私综合治理，围绕"国门利剑2022""2022清风行动"稳步推进打私工作，组织召开贵阳市打私综合治理工作联席会议，与地方管委开展打击走私濒危野生动植物及其制品、冷冻食品、"洋垃圾"联合执法，强化反走私法治教育，在"中国反走私"微信公众号上刊发工作信息两篇次。2022年以来共办理简单案件5起。

【强化综合治税】2022年，筑城海关提高税收征管质量，深化综合治税。从稳固已有税源、挖掘新税源、引导税收回流等方面下功夫，对关区重点企业纳税企业"点对点"做好业务指导工作，不断挖掘经济增长潜力。与贵阳市商务局联合开展"黔货黔统""数据回流"调研摸底工作，全面摸排贵阳市上千家有外贸经营业绩的企业，走访调研重点企业 20 多家，为企业解决属地报关报检问题 22 个，实现贵州省内泽西矿、磷化集团、中伟新材料等多家企业属地报关。2022 年，征收各类税款 3.35 亿元，同比增长 44.99%，税收排名位列关区第一。

【跨境贸易便利化】2022 年，筑城海关深入推进海关改革创新发展，认真落实"放管服"工作部署，不断优化营商环境。2022 年，接受各类报关单申报 7942 单，同比增长 119%，报关单量位居关区第一。受理跨境电商申报清单 1.8 万票，同比增长 302%。关区持续压缩进出口货物整体通关时间分别至 8.22 小时和 0.14 小时。抢发展先机，助力 RCEP 高质量实施，签发原产地证书 4992 份，金额 12.5 万美元，同比增长 26%。其中签发 RCEP 原产地证书 319 份，金额 3101 万美元，预计为企业关税减让 312 万元。强开放主体，外贸发展基础进一步夯实，积极推进贵阳综合保税区"智慧园区"政务服务，不断优化服务水平，提升行政效能，辖区新增外贸企业

备案 326 家，同比增长 56.73%。减税降费，让企业实实在在享受到政策红利。年内，办理减免税业务 576 单，减免税进出口货值 7993.3 万美元，为贵阳市企事业单位减免税款 5400 多万元，同比增长 158%。加大信用培育力度，推动便利措施落地。辖区认证培育 3 家企业成为 AEO 高级认证企业，提升了贵州省内企业品牌含金量和市场竞争力。助推加工贸易转型升级，积极引导和推动辖区企业贵阳海信电子有限公司企业集团加工贸易监管模式落地贵州，复制推广自贸区海关创新监管制度再添成效。

【对外开放平台建设】2022 年，筑城海关实现贵阳综保型国际陆港海关监管场所顺利验收，推动贵阳都拉营国际陆海通物流港和贵阳综合保税区实现"区港联动"发展。开放通道畅通成效初显。加快推进贵阳海关进一步支持中欧班列发展十条措施落实落细，成功保障全国首次、贵州首列中老铁路国际货运列车与中欧班列国际货物测试衔接运行，为图定中欧班列运营做好通关保障。年内，开行中欧班列 34 列，总货值达 1.2 亿美元。创新提升，为综合保税区发展赋予新动能。落实落细海关总署促进外贸保稳提质"十条措施"和贵

▲2022 年 5 月 18 日，贵阳海关所属筑城海关保障贵州首批中老班列衔接中欧班列过境货物通关　（左耘　摄）

阳海关"十六条措施"，推动综合保税区创新发展，加强对区内加工贸易企业的指导，积极拓展海外市场。推动跨境电子商务综合试验区及试点城市优惠政策平稳落地，国际电商品牌 CW 澳洲大药房落地贵阳，保税展示业务及"前店后仓"业务健康有序发展，进口货值突破 1 千万元。

【扩大重点产业进出口】2022年，筑城海关支持重点特色产品、优质产品扩大进出口，为轮胎、化肥、烟草、"老干妈"、茅台酒、茶叶等贵州特色商品制订个性化监管方案，指派专人开展技术指导和业务支持，特色产品出口额大幅增长。2022 年 1—11 月，验放烟叶出口 2.72 万吨，同比增长 57.2%，货值 9472 万美元；监管化肥出口检验 500 批次，共计 127 万吨，货值 9.65 亿美元；酒类出口 36 亿元，同比增长 24%；监管危险化学品及其包装总检验 453 批次，共计 5.3 万吨，货值 8520 万美元；监管化肥出口检验 500 批次，共计 127 万吨，货值 9.65 亿美元。

【筑牢检疫防线】2022年，筑城海关强化国门生物安全防控，开展非洲猪瘟、登革热、高致病性禽流感等重大动植物疫情防控工作。完成进口农食产品、进口食品含金银箔粉专项排查工作。严把食品"准入关"，落实海关总署相关境外输华食品检疫准入制度，从源头保障进口食品安全。处置 2 起境外通报贵州省出口食品异常情况。2022 年 1—11 月，接受各类出入境货物检验检疫货物 2240 批，同比增长 108%；开展打击跨境电商进口走私"断链刨根"专项整治行动及"异宠"排查等专项工作，细化查验指令要求，提升查验精准度。

【教育引导】2022 年，筑城海关充分发挥党建对业务工作引领作用，不断发挥党员先锋模范作用，在丰富学习形式上下功夫。通过主题党日活动等，加强与其他支部交流，多种形式不断提高全体党员参与学习的主动性，着力提升学习成效，增强成果运用。引入重温入党誓词、重忆入党初心、讲述入党故事等主题活动，以生动案例激发全体党员干部学习热情，营造支部良好学习氛围。利用理论学习不断武装全体党员干部思想，形成强大思想武器，全面提升支部意识形态工作水平。

【监督检查】2022 年，筑城海关固定时间节点，对重点工作推进情况保持跟踪，层层传导压力、层层压实责任，切实保证各项工作落到实处。形成支部党员迅速跟进，强化落实、认识到位、责任到人的主体责任落实体系。积极履行监督责任。围绕贯彻落实重大决策部署、执行党风廉政建设责任制、解决全面从严治党"最后一公里"问题等重点工作，强化对主体责任的落实。严肃执纪问责，灵活运用监督执纪"四种形态"，对党员干部在思想、作风、纪律等方面的苗头性、倾向性问题及时开展提醒谈话。

【安全生产】2022 年，筑城海关坚决贯彻落实习近平总书记重要指示批示精神和党中央重大决策部署，推进关区安全生产专项整治三年行动，建立并定期研究关区安全生产工作长效机制，与地方管委厘清安全生产工作责任，推动安全生产问题整改到位。压紧压实责任，建立常态化整改落实机制，推动巡视巡察整改落地见效。强化工作督办及跟踪问效，积极推动落实关区年初制定的各项工作任务。

【监管效能提升】2022年，筑城海关树立全员风险防控理念，加强风险信息收集和风险研判，首次查发侵犯海关知识产权案件。作为关区即决式布控试点单位，加强分析研判，实现中欧班列精准布控，查发2起案件，推动中欧班列高质量发展。所有作业均按时按规反馈，全关取得动植物检疫现场查验岗位资质，推进重点工作任务攻坚突破。

【新闻宣传】2022年，筑城海关关区深入推动政务运行平稳高效，信息辅助决策作用充分发挥，编发内部信息载体89篇次；新闻宣传在隶属关中排名第一，在省级以上、中央媒体等刊播各类新闻12篇次。提前做好宣传计划，中老铁路与中欧班列货运测试衔接新闻在各大媒体上发布，其中在中央级媒体上发布2篇。围绕学习宣传贯彻党的二十大精神，积极谈感想、抓落实，新闻稿件被署、省各级媒体采用，为学习贯彻落实党的二十大精神营造良好舆论氛围。围绕高水平开放促进高质量发展、促外贸保稳提质等重点工作内容，高效配合完成新闻采访任务，RCEP等相关新闻获《贵州新闻联播》播出、《贵州日报》刊发、海关总署门户网站采用。认真做好"贵阳海关发布"微信公众号约稿，上稿率达贵阳海关历史新高。同时结合海关总署促进外贸保稳提质十条措施，积极挖掘维护国门安全、促进高水平对外开放中的典型案例，讲好保障重点区域产业链供应链循环畅通、为企业纾难解困的生动故事。

撰稿人

李　韬

贵安新区海关

【概况】2022年，贵安新区海关内设办公室（党委组织宣传部）、综合业务科、稽（核）查科3个科室，按照一正两副配备关领导班子成员3名。2022年年底，贵安新区海关实有干部职工41名，关员18名，设贵安新区海关第一、二党支部，共有党员15名，2个支部的支部品牌分别为"贵星梦""新薪火"。

年内，贵安新区海关以习近平新时代中国特色社会主义思想为指导，在贵阳海关党委的坚强领导下，认真落实两级海关工作会议和全面从严治党工作会议部署，以学习宣传贯彻党的二十大精神为主线，锚定各项重点工作任务，坚决树牢"四个意识"，扎实践行"三实"文化，深入落实"快实好安"四字要求，推动各项工作见成效、出亮点、上台阶。

年内，贵安新区海关辖区实现外贸进出口111.72亿元，同比增长163.50%。其中进口47.62亿元，同比增长144.37%；出口64.10亿元，同比增长179.77%（贵安新区进出口102.39亿元，同比增长179.77%。其中进口44.09亿元，同比增长146.36%；出口58.29亿元，同比增长211.75%。贵安综合保税区进出口78.06亿元，同比增长147.62%。其中进口42.84亿元，同比增长162.82%；出口35.22亿元，同比增长131.34%。安顺市进出口9.33亿元，同比增长60.86%。其中进口3.52亿元，同比增长121.97%；出口5.81亿元，同比增长37.82%）。

年内，贵安新区海关年内征收税款6052.31万元，同比增长45.08%；结关进出口报关单4346票，同比增长30.98%；监管进出口货物1.27万吨，同比增长154.31%；备案海关报关单位103家，同比增长110%；新增外贸实绩企业30家，办理关区各类手（账）册备案、变更859次，同比增长31.85%，核销作业68次，同比增长14.82%；审核报检单646票，同比增长405.55%；出具各类证书627份，同比增长488.33%。

【学习宣传贯彻党的二十大精神】2022年，贵安新区海关全面学习、全面把握、全面落实党的二十大精神，组织干部职工收看党的二十大开幕会直播，第一时间传达学习党的二十大精神并开展研讨热议。制订《贵安新区海关学习宣传贯彻党的二十大精神工作方案》，关党委带头学原文、谈感悟、讲党课。

灵活运用党委会、党委理论学习中心组、"三会一课"、青年理论学习小组等形式开展学习研讨、辅导宣讲，持续掀起学习宣传贯彻党的二十大精神热潮。采取"线下集中学原文""线上分享学经典""班前研讨重点学""班车课堂时时学"等方式开展党的二十大报告和新党章集中学习交流研讨 30 次，编发学习辅导材料和解读评论文章 90 期。立足"国之大者"，聚焦党的二十大部署涉及海关的 12 个方面重点工作，将学习成果切实转化为履职尽责、服务发展的实际行动。围绕与党的二十大报告相关的防疫情、稳外贸、保安全等重点领域，深

入挖掘素材，认真总结经验，特色做法先后获"中国海关传媒"《贵州新闻联播》《动静贵州》等媒体采用和海关总署网站发布。

【政治机关建设】2022 年，贵安新区海关坚持旗帜鲜明讲政治，强化政治统领、把握政治方向，夯实对党忠诚的政治根基，12 次"第一议题"传达学习并研究部署贯彻落实工作。扎实开展捍卫"两个确立"、做到"两个维护"、强化政治机关建设专项教育活动和"学查改"专项工作，组织集体学习 23 次、专题研讨 12 次、网上学习 30 期。从政治层面强化业务工作，查摆业务领域重大风险隐患 17 项，梳理涵盖 7 个工

作岗位的 16 条政治要求。对 35 条风险防控措施和 51 条个人整改措施实行项目化推进、销号式管理，整改完成 100%。

【基层党建】2022 年，贵安新区海关强化理论武装，坚持"第一议题"制度，始终将学习贯彻习近平新时代中国特色社会主义思想作为首要政治任务，多形式多渠道对党内制度法规开展学习研讨，力促党员在常学常新中提高政治站位、涵养政治定力，擦亮政治底色。深化拓展"强基提质工程"，严格落实"三会一课"制度，创新形式、丰富载体，组织党委理论学习中心组学习 12 次，党委书记讲党课 3 次，开展国发〔2022〕2 号文件学习研讨、助力乡村振兴、喜迎二十大等主题党日活动 12 次。深化支部标准化规范化建设，严格落实发展党员程序和党费收缴工作，发挥"贵星梦""新薪火"党建品牌引领辐射作用，激发党员做好工作的内生动力。推动党史学习教育常态化长效化，持续开展"我为群众办实事"实践活动。

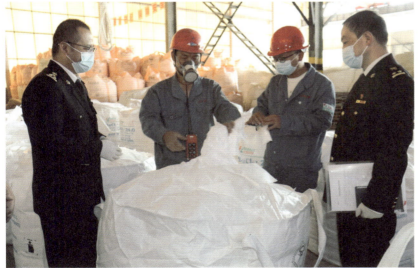

▲2022 年 11 月 10 日，贵阳海关所属贵安新区海关关员赴安顺红星发展股份有限责任公司开展调研工作　（王锰　摄）

▲2022 年 6 月 28 日，贵阳海关所属贵安新区海关第一、第二党支部结合保稳提质大调研活动开展主题党日活动 （王梦阳 摄）

仪式 2 次和队列训练 6 次。从严管理监督干部，完善《贵安新区海关出差考勤及请销假制度》，强化纪律约束，进一步激励约束协勤队伍。强化日常管理监督，认真查找日常管理的漏洞短板，强化 8 小时以外监督管理，开展禁止酒驾醉驾宣传教育 3 次。持续提升业务水平能力，实施"传帮带""以干代学"提升行动，根据业务实际组织干部参加技能培训，9 名干部获危包、高级签证兽医官等岗位资质，稽核查全员通过岗位练兵考核。

【党风廉政建设】2022 年，贵安新区海关扭紧全面从严治党责任链条，切实落实主体责任清单，召开专题会议研究全面从严治党工作。坚持每半年与派驻纪检组会商研究 1 次全面从严治党、党风廉政建设和反腐败工作，年内召开廉政专题会议 5 次。严格落实中央八项规定精神，积极参与"清风国门"廉洁文化创作活动，节假日等重要节点开展全覆盖式谈话提醒，扎实开展警示教育月活动。巩固拓展"现场监管与外勤执法权力寻租"专项整治成果，扎实开展"海关重点项目和财物管理以权谋私"专项整治，结合"警示教育月"活动，组织全体党员干部学习纪法、剖析典型案例、撰写心得体会。

【干部队伍建设】2022 年，贵安新区海关深入推进准军事化纪律队伍建设，常态化开展内务规范检查，组织升旗

【青年工作】2022 年，贵安新区海关认真学习贯彻习近平总书记关于青年工作的重要论述，坚持"青年工作海关必远谋"，把"青年文明号"

▲2022 年 6 月 17 日，贵阳海关所属贵安新区海关关员开展"政策送上门"活动 （吴波 摄）

创建融入党建和青年本职岗位工作，组织"进社区送服务""政策送上门"等"青年文明号"创建活动10余次，以岗位建功的实际成效树立可亲、可敬、可靠的海关形象。深入实施贵安新区海关青年理论学习提升工程，组建贵安新区海关青年理论学习小组，开展12次集中学习，每季度开展1次主题实践活动，引领动员关区青年立足岗位、勇担使命，帮助发现解决一批问题困难，办成一批实事好事。2022年，贵安新区海关成功创建"贵州省直机关青年文明号"，获评贵阳海关"青年理论学习示范小组"荣誉称号。

【内设机构调整】2022年8月，经贵阳海关党委会议研究决定，根据《贵阳海关关于调整筑城海关、贵安新区海关内设机构的通知》（黔关人〔2022〕108号）要求，贵安新区海关内设机构业务范围有所调整。文件核定贵安新区海关人员编制15名，正处级领导职数1名，副处级领导职数2名，正科级领导职数3名，副科级领导职数3名。将原筑城海关稽（核）查科承担的稽核查业务

工作全部转至贵安新区海关稽（核）查科，本次内设机构调整后，贵安新区海关稽（核）查科负责贵阳市（含贵安新区）、安顺市、黔东南州、黔南州稽核查工作。2022年，贵安新区海关顺利完成贵阳海关稽核查业务职能调整，实现业务无缝衔接、运转顺畅高效。

【疫情防控】2022年，贵安新区海关把习近平总书记关于疫情防控重要指示批示精神作为根本遵循，认真落实海关总署、贵阳海关以及地方政府关于疫情防控工作的决策部署，多次召开党委会专题研究疫情防控工作。坚决落实疫情内部防控单位主体责任，不折不扣落实"四早""五有"要求，全体干部职工自觉加强自我防护，落实个人卫生"三件套"要求，全员接种疫苗。加强出差出行管理，严格落实审批报备程序要求。按照属地要求扎实做好"应检尽检"和常态化核酸检测工作。加强风险情况排查，坚持"日报告、零报告"。设置专库存放一线防控物资，专人管理、规范领用，确保物资信息登记完善有效。9月，制订《贵安新区

海关应对贵阳贵安全域静态管理上岗安排应急方案》，成立由3个科室在岗的12名人员组成的疫情防控应急小分队，下设业务保障组和综合保障组，确保贵安新区海关服务"不打烊"，业务"不断档"，3名党员同志坚守岗位的故事《为了相聚的别离》获海关总署《金钥匙》杂志刊发。4名干部职工积极投身贵阳贵安疫情期间物资保供及志愿服务，舍身忘我、不舍昼夜奋战在保供一线。12月，国家"新十条"优化措施出台后，贵安新区海关不折不扣落实部署要求，切实把思想和行动统一到党中央决策部署和地方政府具体要求上来，及时调整内部防控措施，确保防控工作转段平稳有序。

【安全生产】2022年，贵安新区海关深入学习宣传贯彻习近平总书记关于安全生产系列重要指示批示精神，深入推进安全生产专项整治三年行动，多次在党委会、党委理论学习中心组、月度形势分析和工作督查例会、青年理论学习小组学习中专题学习习近平总书记关于安全生产工作重要论述。创新开展

"安全生产月""安全生产万里行""安全生产法宣传周"等主题活动。组织干部职工观看《生命重于泰山——学习习近平总书记关于安全生产重要论述》等电视专题片，深刻汲取2.25贞丰煤矿垮塌等重大事故教训。与贵安综合保税区管委会签订《安全生产责任落实联系配合机制》，联合签发《贵安综保区海关信息机房管理制度》，建立隐患排查、研判会商和信息共享机制。强化辖区企业监督，常态化开展宣传教育，重点关注生物安全、危险化学品管理以及有毒有害和易燃易爆品管理，从申报、布控、检查、处置等各个环节加大对伪瞒报、高危低报等违法行为的整治打击力度。及时排除安全隐患，对监管区内长期滞留的危险品货物情况进行摸排，及时通报、移送相关主管部门，依法依规依职责做好清理处置工作。狠抓内部安全管理，常态化开展办公场所、公共设施、值班室等的安全专项检查，及时消除风险隐患。

【保稳提质】2022年，贵安新区海关认真落实习近平总书记关于统筹做好新冠疫情防控和经济社会发展工作的重要指示精神，坚决落实海关总署、贵阳海关以及地方政府关于保稳提质工作的部署要求，提供"不见面、网上办""即到即检"等便利服务举措，支持企业生产所需料件及时供应，帮助企业复工复产。支持安顺首家"跨境电商+旅游"项目落地，在旅游景区开设线上销售平台与线下展示体验相结合的体验馆。促进贵安综合保税区在省内保税维修业务进一步发展，支持维修企业扩容到5家，维修规模累计8亿元。积极推动金二加贸系统应用显成效，推进"以企业为单元"监管、轮胎加工贸易单耗改革试点、简化加工贸易办理手续等各项加工贸易新监管模式改革落地，加工贸易设立、变更当日审结率90%。复制推广自贸区海关监管创新制度，助力保税维修业务发展。支持一般纳税人试点、委托加工、"货物按状态分类监管"等非保业务入区发展，年进出区规模达百亿元。优化综合保税区货物进出区管理要求，提升综合保税区进出便利度，指导综合保税区管委推动围网整改

通过正式验收。全程跟进辖区重点项目、重要企业发展情况，支持华为、瑞丽达等项目落地发展，助推贵州省特色米粉、马桶盖等扩大出口。

【打击走私综合治理】2022年，贵安新区海关结合党的二十大精神学习宣传贯彻工作，开展打击走私"三进"活动，由关领导带队深入辖区企业一线宣传打击走私有关政策法规。推动贵安、安顺优化打私机构设置，召开打私工作会议，与公安、市场监管、环保等部门共同开展联合执法，推动形成打私综合治理局面。强化进出境报关单的审核及货物查验，特别是对二线进出区货物、车辆以及一线进境的旧机电产品的查验，积极防范非法夹藏、夹带等情况。强化线索分析收集，对企业申报、修撤单、账册核销等环节发现问题认真开展分析研判，有力有效推进"简快"案件的办理。2022年，贵安新区海关查发移送缉私案件线索2起，办理贵阳海关首起"简快"案件，累计办结"简快"案件5起，通过涉检案件系统办理案件1起。首次查发

维修企业维修用料件涉及知识产权案件，案值4.59万元。

【通关监管】2022年，贵安新区海关在货运环节查获贵阳海关首次固体废物案、首次查获知识产权侵权案件。查发进口医疗器械、成套设备不合格情事2起，查发通关现场申报不实情事56起。加强出口危险化学品现场监管，做好国门生物安全监测工作和跨境电商进口商品质量安全监测工作。扎实开展"跨境电商寄递'异宠'综合治理"专项行动和医疗美容行业突出问题专项整治。强化综合治税，积极引税回流，做好属地纳税人管理工作，加强跨境电商税收征管，积极做好税收风险排查，加强验估、审价作业。优化保税监管，加强集中审核作业，做好日常监控，发现多起风险情事并及时进行处置。强化保税监管场所和综合保税区的日常监管工作，主动推动历史遗留手（账）册的清理处置和综合保税区问题企业的清退工作，加强保税新业态项目的监管，积极防范保税领域风险。筑牢后续监管防线，完成贵阳海关首单稽查自主查发、自主办理

"快办案件"，查发涉濒危货物出口违法违规行为。完成首单跨关区协助核查作业，协助深圳海关对辖区内企业退税和结汇等情况进行核查，与税务部门开展联合执法，形成监管合力。首次在核查条线开展4票法定检验商品以外进出口商品抽查检验工作，均为涉及婴童、学生等敏感用户群体的社会关注度较高商品。

【服务贸易创新试点工作】2022年，贵安新区海关复制推广自贸区海关监管创新制度，率先在省内复制推广自贸区海关监管创新制度，支持一般纳税人试点、委托加工、"货物按状态分类监管"等业务入区落地发展。大力促进新兴业态发展，成功促成网购保税零售进口"1210"业务落地贵安综合保税区，全力促成B2B出口"9710""9810"及"1210"出口海外仓模式先后取得突破，促成贵州省首个跨境电商退货中心仓落地贵安综合保税区，贵安综合保税区成为省内跨境电商业态最丰富的区域。支持贵安综合保税区拓展口岸功能，顺利推动贵安综合保税区围网整改通过正式验

收。积极推动维修业务健康发展，指导规范企业经营活动，协助指导贵安综合保税区优化业态规划，助力相关企业加快向维修再制造中心聚集。积极促进保税维修健康发展，促成贵安综合保税区率先在省内开展保税维修业务，制订首个维修监管方案，支持维修企业扩容到5家，维修规模累计达8亿元。

【稽核查作业】2022年，贵安新区海关加强与业务职能部门、风险部门的协同配合，实现信息和数据共享，提升稽（核）查作业效能。加强内部科室间的协同配合，稽（核）查科和综合业务科对关区新业态提前介入共同研究，同时综合业务科在归类、审价、原产地和加贸业务等方面给予稽核查业务技术支持，构建完善的事前事中事后监管的牢固防线。加强与兄弟海关及属地部门协同配合，提升监管质效。发挥协同作战的优势，突破地域、行业限制，积极探索部门联动，协助口岸海关开展协查，对涉嫌不实贸易的企业情况进行调查。为落实落细协查要求，防控不实贸易风险，主动提请当地税务部门开展联

合执法，形成监管合力，由"单兵作战"变为"协同共治"，顺利完成贵安新区海关首单跨关区协助核查作业。2022年贵安新区海关共完成稽查作业9起、查发率77.78%；完成核查作业105起、有效率77.14%。稽核查追补税款30.06万元，同比增长30.02%。

【优化营商环境】2022年，贵安新区海关开展窗口作风提升行动，设置党员示范岗、巾帼文明岗，设立"园区事园区办"咨询服务专窗、海关行政审批专窗、进出口食品通关绿色专窗，做到全程规范服务、微笑服务。配备自助服务电脑、打印机等设施设备，设立"关企一家人"办事微信群，及时回应企业需求、答疑解惑。梳理服务事项32项，针对高频的10项事项制作"便企操作指南"。大力推进"提前申报""两步申报""两段准入""先出区后报关"等通关便利化举措

落实，提升通关便利化水平，加强单一窗口应用率，辖区报关事项实现100%覆盖。用好用活"送政策上门"机制，加大RCEP政策、对美加征关税排除等惠企政策宣贯力度，开出贵州首张RCEP原产地证书，助推辖区企业成为省内首个"经核准出口商"，促成省内首个报关报检双重身份企业落地辖区。综合利用监管便利措施，支持贵安综合保税区"黔粤物流新通道"项目落地显成效，助力企业节约物流成本近600万元。指导帮助维修企业首次实现在国内销毁处置维修产生的固体废物，每吨节约处置成本约5500元。为航宇科技解决归类难题，每年节约成本约1000万元。支持贵安综合保税区建成服务企业"全响应中心"。2022年贵安

综合保税区开展保税维修业务企业5家，进出口规模5.34亿元，同比增长137.37%。

【建言献策】2022年，贵安新区海关围绕海关总署、贵阳海关工作部署，充分发挥数据统计、外贸政策等方面的信息优势，坚持思考在前、调研在先，强化问题导向，聚焦企业"急难愁盼"、高质量发展"堵点难点"，强化分析研判，积极建言献策，在相关刊物上发表政研文章1篇，向贵安新区和安顺市政府报送地方外贸形势分析及工作建议书面材料2篇，"数据回流"调研报告获李炳军省长批示。强化青年政策理论研究，2篇论文获评中国海关学会成都分会2022年优秀论文。

撰稿人

———————————

邹　彧

六盘水海关

【概况】2022 年，六盘水海关坚持以习近平新时代中国特色社会主义思想为指导，衷心拥护"两个确立"，增强"四个意识"、坚定"四个自信"、做到"两个维护"，大力弘扬伟大建党精神，坚决贯彻党中央、国务院决策和海关总署党委工作部署，认真落实"疫情要防住、经济要稳住、发展要安全"重要要求，把握"一个主题"，找准"两个齿轮"，注重"三个导向"，做好"三个创新"，主动服务地方开放型经济发展，全力以赴抓好疫情防控和保稳提质等各项工作，推动六盘水海关事业取得新进步。年内办理进出口报关业务 144 单（进口 41 单、出口 103 单），同比增长 3 倍；进出口货值 15.18 亿元，其中进口 14.79 亿元，同比下降 32.44%，出口 0.39 亿元，增长 129 倍；关区外贸依存度为 1.1%；实现税收入库 2.42 亿元，同比下降 11.36%；监管进口货运量 222 万吨。办理检验检疫业务 58 批次，其中进口 12 批次，同比增长 5 倍，出口 46 批次，同比增长 6.98%；新增进出口收发货人备案企业 61 家，同比增长 1 倍。2022 年，六盘水海关获国家机关事务管理局、中共中央直属机关事务管理局、国家发展改革委、财政部联合授予的"节约型机关"称号，六盘水海关志愿服务队被授予六盘水市"2022 年度优秀志愿服务队"，六盘水海关综合业务党支部"三线戍关"党建品牌顺利通过全国海关基层党建培育品牌复核。

【党的建设】2022 年，六盘水海关坚持以党的建设为统领，将政治建设要求贯穿于工作各方面、全过程，运用党的工作方法，加强基层党组织建设，推进党建"双提升行动"，持续擦亮支部党建品牌，发挥基层党组织战斗堡垒作用。以创建海关总署基层党建示范品牌和贵州省标准化规范化党支部为目标，精心组织推进，不断细化工作措施，落实工作责任，通过对标对表目标，以创建工作助推支部建设更加规范、更加有序、更加标准，从而更进一步提升支部工作水平和质量。在创建过程中注重提炼提升，继续深入挖掘"三线戍关"品牌的文化内涵，发动全关干部职工力量，集众智、深挖掘，重点突出发扬新时代"三线精神"，将"三变意识"融入海关工作大局，夯实筑牢"三型海关"基础，持续提高党建品牌影响力。以强化党史学习教育、"读书月"活动为着力点，不断提高支部全体党员的思想理论素质和解决实际问题的能力。弘扬伟大建党精神，强化党的宣传阵地建设，丰富和更新六盘水海关党建文化长廊，持续深入常态化、长效化开展党史学习教育。党的二十大胜利召开后，围绕学习宣传贯彻党的二十大精神，开展丰富多彩的活动，重点新增和更换各类党的二十大精神、新时代海关文化等展板15块；组织开展"走好第一方阵·我为二十大作贡献""迎接二十大、做合格党员"等各类活动30余次。年内组织开展支部政治理论学习12次，检查指导党员学习笔记记录情况5次，组织支部开展"青年讲堂"10人

次，"读书月"分享9人次，"日学一文"推送52人次。严格落实支部组织生活制度，切实提高党的组织生活质量，将党员发展工作列入基层党建目标管理，制订2022年发展党员工作计划，引导肯干事、爱创业的年轻关员向党组织靠拢，2名积极分子进一步培养为发展对象；根据党建工作发展新要求及新形势，及时召开支部委员（扩大）会议，对支部工作模式及班子分工进行调整并对党建工作责任进行明确，进一步强化支委班子的责任。通过强化支部班子建设、发展党员进一步壮大党员队伍，注重从业务一线发展党员，将支部建在科上向强在科上转变。

年内，六盘水海关清单化推进捍卫"两个确立"、做到"两个维护"、强化政治机关建设专项教育活动与"学查改"专项工作。深刻认识开展专项教育的重要性，形成领导带头、全员参与的良好氛围。制定印发工作方案和责任清单，对标对表海关总署、贵阳海关要求逐一确定"路线图"，制定好"时间表"和"任务书"，明确责任分工和完成时限，将目标任务分解到科室和人员，做到有人牵头、有人推进、有人落实，层层压紧压实推进举措，把"马上就办、真抓实干"和"严细实快"的工作作风贯穿全过程，确保专项教育活动取得实效。建立推进措施责任清单，按照"四个是否"和"学查改"专项工作"六对照六看六查"要求，对照"49+99"（49个问题、99条整改措施）深入查摆，深刻剖析，共查摆出问题11个，从深化理论学习、深入查摆问题、全面整改落实、强化监督指导和强化组织领导等5个方面制定整改措施24条，11个问题已整改并销号。建立业务工作相关整治要求清单，围绕12个方

▲2022年4月21日，贵阳海关隶属六盘水海关开展"读书月"活动　（黄方贵　摄）

面精准查找突出问题，重点从政治角度检视业务方面存在的风险，逐项制定详细整改落实措施，确保高质量整改到位。组织开展主题征文比赛，发动全关干部职工参与征文比赛，锻炼干部职工理论、思考、写作能力，组织开展论文评比并选送 2 篇优秀论文上报贵阳海关。建立时事政治热点分享清单，创新开展"时事政治热点分享"活动，分享人每日在微信工作群推送一条时事政治热点，包含热点内容、文章来源及围绕自身岗位职责的学习感想、工作打算等 3 个方面，共 106 人次参与，通过每日推荐时事政治热点，潜移默化引导干部职工关注政治、学习政治，提高整体综合理论水平。

2022 年 3—7 月，六盘水海关根据海关总署、贵阳海关统一安排部署，配合贵阳海关"海关重点项目和财物管理以权谋私"专项整治工作领导小组相关工作部署，推进关区全面从严治党向纵深发展。强化组织领导，成立六盘水海关专项整治工作组，高位推动，科学决策，统筹推进。结合关区实际，

制订专项整治工作方案，明确党委牵头抓总，负主体责任，贵阳海关党委派驻第三纪检组负责督促推进落实，负监督责任，细化明确 4 个阶段的工作重点和任务，确保各项工作责任到科、任务到人。扎实开展纪法教育，组织全关干部职工学习各级专题会议精神以及违规违纪违法典型案例，深刻认识开展专项整治工作的重要性、必要性；从具体案件中及时检视自身、防患于未然；警示教育会后，全关 32 人提交学习心得。深入开展调研，第一时间向六盘水海关 5 家采购合作企业递送《贵阳海关"海关重点项目和财物管理以权谋私"专项整治工作告知书》，企业进行书面签收，同时，为企业详细介绍驻署纪检监察组、贵阳海关党委纪检组两级举报渠道和专项整治工作的受理范围，做到主动接受企业监督及举报投诉。检验学习成果，围绕贵阳海关印发专项整治工作应知应会手册内容，科学设置试卷，通过测试达到以考验学、以考促学、知行合一目的，摸清干部职工学习短板，明确后期学习教育

重点。

年内，六盘水海关统筹推进新时代海关廉洁文化建设。党员领导干部带头参加相关活动，创作手工剪纸作品《清风国门》获海关总署"清风国门"廉洁文化创意作品征集活动二等奖；自制微视频《侵蚀干部职工利益的蛀虫》等廉洁文化作品，使廉洁文化潜移默化浸润人心；组织收看系列警示教育片，强化干部职工拒腐防变能力；召开"青年干部谈廉洁"活动，撰写心得体会 7 篇。年内，召开季度党风廉政例会 4 次，将习近平总书记关于全面从严治党重要论述、纪法教育、警示教育案例等纳入学习内容，通过重点领学、案例通报剖析、廉政风险报告，将纪律规矩挺在前面形成廉洁意识，将典型案例通报到位，发挥震慑警示作用，将廉政风险排查在前，及早防控，形成不敢腐、不能腐、不想腐的体制机制。注重重要时间节点提醒，开展节前廉政集中提醒，让干部职工时时刻刻紧绷廉洁自律这根弦。年内，开展廉洁提醒谈话 4 次，与贵阳海关党委派驻第三纪检组联合发布廉洁

提醒 3 次，收集外出执法监督告知单 85 份。

【建言献策】2022 年，六盘水海关深入贯彻落实党的二十大"坚持高水平对外开放，加快构建以国内大循环为主体、国内国际双循环相互促进的新发展格局"重要要求，围绕海关总署、贵阳海关工作部署，发挥数据统计、外贸政策等方面的信息优势，思考在前、调研在先，分析六盘水市开放型经济发展存在的短板及弱项，立足六盘水实际并着眼长远发展，根据六盘水海关关区经济社会发展特别是外贸发展变化，科学建言献策，向六盘水市政府提出《关于六盘水市加工贸易业务发展的报告》《关于外贸数据回流的调研报告》《六盘水市出口贸易持续挂末应予关注》等意见建议材料，为地方政府外向型经济发展科学决策提供重要参考，贡献促进地方经济发展的海关力量。

【外贸服务优化】2022 年，六盘水海关主动作为，稳住地方外贸基本盘。1—3 月，联合六盘水市商务局到六盘水市各市（特区、区）、六盘水高新区开展两轮实地调研，向外贸企业宣讲促进外贸保稳提质有关政策，倾听企业对发展外贸的需求和建议，进一步摸清关区外贸"家底"。根据调研走访企业了解到的有关情况，联合商务部门对企业提供"面对面"服务，切实解决企业在出口报关、通关放行、出口退税等方面的问题和困难；在全市外贸工作群中转发贵阳海关十六条措施微信推文，向企业传递海关总署、贵阳海关保稳提质的有关部署以及扶企助企的工作动向；向全市外贸企业发送"海关扶企助企小贴士"，宣讲国家外贸保稳提质政策及措施，引导和鼓励企业大力开展外贸。及时加强与关区外贸重点企业——首钢水城钢铁（集团）有限责任公司沟通联系，倾听企业发展需求以及对海关的工作建议。针对首钢水城钢铁（集团）有限责任公司近年来有大量进口环节增值税未向海关申请退还、未全额向税务机关抵扣销项税的情况，提出"根据销售情况灵活采取全额保证金或部分税款配合差额保证金、及时向海关申请退还多缴税款"的处理建议，在满足税收征管要求的同时，努力将国家支持企业抵扣税费政策的效应发挥到最大，获得企业肯定认可。6 月 20—23 日，就企业在进出口贸易过程中存在的困难，选派业务骨干赴湛江海关有关业务现场，跟作业现场、跑友邻单位，为首钢水城钢铁（集团）有限责任公司货船靠港、查验等与港务集团、口岸海关和海事部门等对接协调，与湛江海关有关业务现场查验科室建立密切联系，最大限度降低企业进口货船在港口停靠时间、最大程度压缩企业进口铁矿砂物流成本。

【出口业务新增】2022 年，六盘水海关发挥主观能动性，深入挖掘外贸发展新业态，对接辖区企业，克服地方政府部门不了解情况、企业经营人员不在本地等困难，"一对一"指导帮扶地方新引进的实绩企业在六盘水海关成功报关，实现出口业务开门红，助力六盘水市水城区货重 76 吨、价值 168 万元的重点工业产品自主出口；主动对接盘州市工业和信息化局及当地企业，向公司负责人反复宣讲全国通关一体化政策，主动联系异地报关行，争取其支持，对接相关口岸海关，为货物出口查验放行提供便利化措施，成功助力企业鞋靴产品出口67万双，货值3649万元。

【建立联合工作机制】2022年3月，六盘水海关联合六盘水市商务、外管、税务等部门制定《六盘水市外贸进出口资质办理流程》，将涉及海关的有关业务操作进行梳理，为企业开展外贸提供指导。从加强外贸主体培育、持续优化营商环境、建立联络协调机制、人员管理、联创共建5个方面与六盘水市商务局共同签订了《进一步加强部门联动促进六盘水市外向型经济高质量发展工作机制》，为全面贯彻《关于支持贵州在新时代西部大开发上闯新路的意见》（国发〔2022〕2号），认真落实《关于加快发展外贸新业态新模式的意见》（国办发〔2021〕24号），缓解新冠疫情对经济的冲击，为助推六盘水市融入以国内大循环为主体、国内国际双循环相互促进的新发展格局奠定基础。

【外贸培训】2022年10月，六盘水海关组织开展六盘水市2022年度外贸培训暨政策宣讲，全市20余家外贸实绩企业、潜力企业及六盘水市总商会、各市（特区、区）商务部门派代表参会。六盘水海关业务骨干对进出口资质办理、通关便利化等措施进行培训并解答企业有关疑问，同时邀请六盘水市外汇管理局及某国际货运企业报关人员就外汇业务办理流程、报关流程等进行讲解，为到会的外贸企业及各市（特区、区）政府部门外贸工作人员开展全链条服务，帮助企业厘清发展思路，为企业开展外贸提供业务指导。

【安全生产】六盘水海关深入贯彻落实习近平总书记关于安全生产的重要论述和党中央、国务院决策部署，按照"三管三必须"工作要求，切实履行好安全生产主体责任。通过播放安全生产标语、安全生产宣传片等方式开展安全警示教育，进一步强化全体干部职工及广大群众筑牢安全生产、防范化解重大风险的意识。在外出执法活动中有机嵌入安全生产政策宣传，强化企业安全生产主体责任，提高企业防范安全生产隐患意识，聚焦进出口危险品检验、进出境动植物检疫、进出口食品检验检疫等重点领域扎实履行职责。分析关区进出口企业特点，制定分类监管各项操作规则。年内对危险化学品包装生产企业抽样送检8批次，检验结论均为合格，压紧压实关区涉危险货物及其包装生产企业安全生产责任。根据企业申请以及系统查验指令，开展属地查检工作，重点检查进口货物及包装物是否有夹藏非法入境物品、是否有外来生物等，把好国门安全最后一道关，年内开展出入境货物属地查检作业15次，经现场查验未见异常。

【执法监管】2022年，六盘水海关持续深化执法监管，为关区外贸健康发展保驾护航。根据贵阳海关职能部门的工作指令，及时到辖区某加工贸易企业开展现场核查，根据实际责令企业办理手册核销手续；针对企业串料行为，经过认真核查，向企业下发补税通知书，进一步规范关区加工贸易企业的管理；就日常执法工作发现的问题线索，对接贵阳海关职能部门，对某包装公司提供未经鉴定的出口危险货物包装案、某花卉公司未依法办理出境货物法定检疫审批手续两案进

▲2022年6月22日，贵阳海关隶属六盘水海关关员开展进口医疗设备目的地查验 （黄方贵 摄）

行行政处罚，维护了关区健康外贸秩序，其中对提供未经鉴定的出口危险货物包装实施行政处罚一案系涉危险品行政处罚，获海关总署2022年绩效考核指标加分3分。处罚完毕后，及时跟进对涉案企业开展释法析理工作，指导企业进行整改，规范外贸企业依法依规经营，取得了执法效果与社会效果的有机统一。

【稽核查作业】2022年，六盘水海关完成核查作业38起，查发36起，核查有效率94.74%，居贵阳关区核查有效率首位。完成稽查作业3起，查发2起，案件货值合计1110万元，办结主动披露作业2起。联合毕节市、六

盘水市、黔西南州市场监管、税务部门办结"双随机、一公开"作业3起。根据贵阳海关印发《2022年度法定检验商品以外进出口商品抽查检验暨质量安全风险监测工作方案》的要求，组织开展进出口商品摸底调研，及时掌握非法检进出口商品情况。抽查1批次布绒玩具并送实验室进行检查，检验结果合格，更加全面了解辖区出口商品质量情况，强化出口商品的检验监管。

【主动披露政策】2022年，六盘水海关为落实好外贸保稳提质、助企纾困，推动外向型经济健康发展等相关工作，多渠道向企业宣讲，主动披露政策。先后多次通过"线

上+线下"的方式向进出口企业介绍主动披露的方式和流程，结合产业、行业特点开展宣讲，安排专人负责处理企业主动披露工作，引导进出口企业增强守法自律意识。辖区2家企业就违规事项向六盘水海关主动披露，企业主动披露漏缴税款货值约1100万元，漏缴税款约144万元。为积极响应党中央、国务院促进外贸保稳提质、助企纾困等决策部署，六盘水海关邀请贵阳海关业务专家多次研讨，用足用好各项政策，切实帮扶企业发展，免予对主动披露企业行政处罚，为企业减免滞纳金42.93万元，实现既提高海关行政执法效率，又激励企业自觉守法的双赢。

【扫黑除恶】2022年，六盘水海关持续推进扫黑除恶专项斗争各项工作，持续优化进出口行业营商环境。参加六盘水市扫黑除恶专项工作，会同市公安局严密防范境外的黑社会组织入境渗透、发展、实施违法犯罪活动。参加扫黑专项会议4次，严格落实保密要求，向市扫黑办反馈工作文件，确保工作任务按时序推进；按照相关要

求组织学习《中华人民共和国反有组织犯罪法》，切实提升全体干部职工法律意识和法治素养，顺利完成年内扫黑工作任务。

【打击走私综合治理】2022年，六盘水海关进一步增强各领域、各渠道的风险防控责任意识，提升固体废物、濒危物种、野生动植物等走私的风险防控能力，严控固体废物等"洋垃圾"、濒危野生动植物及其制品、"异宠"等逃避监管入境，严防各类野生动物及其制品走私。发挥"异宠"信息收集专班成员的作用，开展"异宠"信息收集监测，在国内主要电商平台、自媒体平台搜索有关"异宠"情况，及时向贵阳海关上报有关工作信息。牢固树立"宣传也是打私"的工作理念。3月，由六盘水海关组织撰写的《严厉打击"洋垃圾"及濒危物种走私，保护野生动物》信息获"中国反走私"微信公众号采用。12月，根据工作需要调整六盘水市打击走私综合治理领导小组办公室及成员，六盘水海关成立领导小组办公室，承担领导小组日常工作。依托六盘水市打击走私综合治理领导小组平台，根据各责

任单位职能职责，加强与地方环保部门的联系对接，强化双方在案件查处方面的信息情报共享，形成打击"洋垃圾"的监管合力，共同维护关区生态环境。

【疫情防控】2022年，六盘水海关毫不动摇坚持"外防输入、内防反弹"总策略和"动态清零"总方针，抓细抓实疫情防控工作。突出"哨点"作用，根据贵阳海关统一部署以及疫情发展变化情况，扎实做好内部人员日常管理、健康监测、核酸检测工作；在贵州省内疫情严峻时，每周组织全员轮流开展核酸检测。做好物资保障，统筹做好内部疫情防控物资、外出执法防护物资等储备，按照防控物资管理要求规范物资管理，做到台账清、物资齐、保障足，及时补充疫情防控物资，确保物资储备满足应急需要。加强日常管理，建立干部职工出行台账和出行审批；及时发布疫情防控工作提示、疫情变化等信息；在抓好干部职工日常管理的同时，延伸掌握共同居住人行程、健康等信息，始终把干部职工的生命安全和身体健康放在首位。在国务院联防联控机制综合组发

布疫情防控优化措施后，及时调整内部疫情防控各项措施，确保同国家有关要求相一致，同时组织干部职工应对冲击，实现防控工作转段平稳有序。

【队伍建设】2022年，六盘水海关着力加强干部队伍建设，激发干部干事创业热情。配合贵阳海关完成1名科级干部和1名见习期公务员按期转正，提拔任用科级干部2名，职级干部4名，新进1名见习期公务员。先后派出3人参加海关总署、贵阳海关集中工作；3人获动植物检疫岗位相关资质；3人参加贵阳海关内控手册编纂；稽核查人员全员通过2022年稽查岗位练兵技能比武；全体关员2022年学时学分达标率为100%，并通过2022年度国家工作人员学法考试。加强关心和关爱，增强凝聚力和向心力，促进关区工作稳步推进。组织开展谈心谈话80人次，及时了解干部职工的工作生活思想作风学习情况；以线上网络问答的方式开展干部职工思想动态调查，形成《六盘水海关2022年思想动态调查分析报告》；组织开展政治家访活动，共家访干部职工家属74人次。深入落

实"政治坚定、业务精通、令行禁止、担当奉献"的准军事化纪律部队建设要求，完善六盘水海关内务管理各项规定，锲而不舍、一以贯之，打造全面过硬的准军事化纪律部队。通过队列训练、内务督查等，树立令行禁止意识，规范内务秩序，从关容风纪、办公环境、安全卫生、考勤制度等日常细微点滴入手，加强日常规范化管理，推动纪律养成，为六盘水海关铸造一支团结、合作、互助的强大团队打下坚实的基础。年内开展队列训练 5 次、内务督查 31 次。

【内部控制建设】2022 年，六盘水海关注重防范化解各类风险，提升风险防控能力。统筹做好内部疫情防控和安全工作，认真开展安全生产隐患排查和重点行业领域专项整治活动，组织工作人员围绕执法领域和非执法领域两方面的 15 项日常重点工作编写工作指引，帮助一线关员及时准确地掌握相关政治要求，防范因具体经办人员操作失误、不熟悉政策要求等引发的风险隐患。在贵阳海关党委派驻第三纪检组的指导下，对照贵阳海关督察内审处发布的内控节点以及

六盘水海关工作实际梳理制定《六盘水海关工作风险及防范措施汇总表》，进一步防范化解执法风险和非执法风险以及党建工作风险，确保六盘水海关事业健康发展。六盘水海关办公室（党委组织宣传部）围绕"有效控权"主线，紧盯防风险、保安全、促发展的目标，践行内控引领、防范风险、提质增效的工作思路，提高防范非执法领域风险、廉政风险的能力，抓细抓实科室建设和管理，11 月获评"贵阳海关内控示范科室"。根据贵阳海关统一部署，贵阳海关审计组于 2022 年 10 月 12—14 日对上任六盘水海关关长任职期间履行经济责任情况进行现场审计，并作出审计决定。根据《贵阳海关关于六盘水海关的审计决定》反馈的问题，为压紧压实审计整改责任，全力抓好整改工作，六盘水海关结合实际及时制订整改方案，进一步提高思想认识、认真剖析、深刻反思、列出问题清单、细化整改措施、对标对表、主动认领、立行立改，确保整改工作全面落实到位。对照审计决定反馈的 2 个方面、8 个问题，认真开展原因和责任分析，制定

《六盘水海关对贵阳海关关于六盘水海关的审计决定的整改责任分解表》，列出具体整改措施 11 项，逐项明确措施内容、责任领导、责任科室和时限要求，把"当下改"和"长久立"有机结合，从源头上整改、从根本上治理，针对审计建议进一步健全完善长效机制，切实将整改成果转化为治理效能，提升整改工作实效。相关问题于 2022 年年底前已全部完成整改销号。

【政府信息公开】2022 年，六盘水海关深入贯彻落实国务院、海关总署关于全面推进基层政务公开标准化规范化工作的要求，着力提升基层海关公信力。组织工作专班专项推进政务公开各项工作，认真对照 25 项公示内容进行标准化公开。运用现场公示栏全面对外公示机构职能职责、办事服务、政策解读、执法人员、投诉举报等信息，立足海关职能职责和直接服务群众实际，制作 6 块公示版对 12 项二级事项全面准确公开。通过现场电子屏滚动公示履职依据及海关总署公告、政务服务事项清单、办事指南及详解等信息。建立业务办理资料库，在公用电

脑显著位置设置办事引导图标，在资料库中提供海关履职法律法规、最新通知公告等50条内容。结合六盘水关区实际，整理汇总进出口货物收发货人备案、出口新鲜水果果园和包装厂注册登记、出口食品原料种植场备案等4份常见业务办事指南及填表示例，进一步突出服务的针对性和可操作性。在报关窗口显著位置摆放六盘水海关业务办理手册，方便企业及群众查阅；在报关窗口设置征求意见箱及投诉监督举报箱、举报电话，方便企业和群众监督。依托贵阳海关门户网站、"贵阳海关发布"、"金钥匙杂志"微信公众号等新媒介，分别对公开要素进行公示。发挥新媒体的及时性优势，重点加大对政策解读、通知公告等信息的精准推送力度。

【实验室检验检测】2022年，国家果蔬检测重点实验室（六盘水）持续提升检验检测能力，加强对外合作开拓市场。根据重点实验室验收评定表细化条款要求，完成验收评定资料收集整理和验收申请。8月，顺利通过CNAS和CMA"二合一"现场（远程）评审，并完成不符合项整改工作，新增扩项53项。12月，通过CATL（农产品检测资质认定）现场评审，申请认证项目58项。完成中国检验检疫科学研究院、英国FAPAS（分析实验室能力验证）及大连中食国实检测技术有限公司等8次、14个项目能力验证测试并获满意结果，其中FAPAS为国际能力验证项目。推进科研项目工作，申报专利4项，发表科技论文2篇。先后与贵州大学食品工程学院、六盘水师范学院、六盘水市农业科学研究院、六盘水市检验检测中心等高校及地方科研院所签订合作备忘录。完成贵阳海关外来物种普查工作，收集植物、昆虫、植物病原体、软体动物等生物共计474份；开展贵州省内9个地州市实蝇监测工作。年内组织开展检验检测样品累计660余批次，检测项目达11000余项，其中法检和监督抽检16批次、2670余项，年内创收达80余万元。

【机关服务保障】2022年，六盘水海关牢固树立"过紧日子"意识，推动机关服务保障工作做深做实。加强公务用车管理。根据贵阳海关要求，对公务用车维修、保养、登记、审批等进行规范，加强驾驶人员安全教育，确保安全用车，同时全力保障干部职工用车需求，公务用车出车357次，安全行驶23667千米，年内未发生交通安全事故。按照党中央、国务院关于建设资源节约型、环境友好型社会的要求，六盘水海关以提高公共机构能源利用效率为核心，以建设节约型机关为目标，推进关区节能工作深入开展，形成人人知晓节能、人人参与节能的氛围，有效改善用能现状，在贵阳关区2022年节能工作中表现突出，获贵阳海关政治部通报表扬。严守财经纪律，严格预算管理，杜绝突击花钱、违规加快预算执行等情况，统筹推进六盘水关区预算执行，不断提高资金的使用效率，避免预算资金浪费。在保民生、保运转的前提下，切实提高部门预算执行的均衡性、时效性。

撰稿人

王艺璁

凯里海关

【概况】凯里海关业务管辖范围为黔东南苗族侗族自治州、黔南布依族苗族自治州，承担凯里关区征税、监管、出入境检验检疫、统计等工作职责，内设 2 个正科级机构。截至 2022 年年底，实有行政人员 9 名，设有凯里海关综合业务党支部，于 2021 年 4 月经贵阳海关机关党委批复成立，支部党员 8 名，支部品牌为"风雨桥"。

2022 年，在贵阳海关党委的领导下，凯里海关以习近平新时代中国特色社会主义思想为指引，迅速掀起学习宣传党的二十大精神热潮，按照党中央"疫情要防住、经济要稳住、发展要安全"的总体要求，落实落细"快、实、好、安"的工作理念，立足实际统筹推动海关总署党委、贵阳海关党委各项工作部署落地见效，促进地方开放型经济高质量发展。支持贵州省实现活猪自营出口和首次供澳"双突破"，凯里关区跨境电商"9710"模式顺利通关，黔东南州、黔南州下辖共计 28 个县市首次实现"外贸空白县"清零的目标，主要业务指标均创历史新高。宣传方面，年内报送新闻稿件获"海关发布"微信公众号、"学习强国"App"中国海关号"、天眼新闻等载体采用 10 篇次，参与报送信息稿件获贵州省政府信息采用 2 篇次，获海关总署相关刊物采用 4 篇次。

【党的建设】2022 年，凯里海关深入学习宣传贯彻党的二十大精神。10 月 16 日，凯里海关组织集中收看了党的二十大开幕会直播，会后第一时间展开了讨论，切实把学习宣传贯彻党的二十大精神作为首要政治任务。10 月 17—25 日，参加全国海关学习宣传贯彻党的二十大精神视频会议，通过党委理论学习中心组学习、支部主题党日活动、青年理论小组学习、制作党的二十大报告要点解读展板等多种形式进一步传达学习会议精神，营造浓厚学习氛围。10 月 25 日，凯里海关综合业务党支部组织开展"奋进新征程，建功新时代"主题党日活动，线上聆听贵州省委党校解读党的二十大精神专题辅导，前往黔东南州红色教育基地——中共凯里小组革命活动旧址（李家祠堂）开展体验式沉浸式红色教育，过集体"政治生日"，通过缅怀革命先烈、重温红色党史、重温入党誓词等，深切感悟党的二十大精神，进一步坚定初心使命。在学习党的二十大精神过程中，结合捍卫"两个确立"、做到"两个维护"、强化政治机关建设专项教育活动的深入开展，全体同志从自身岗位出发分享学习心得、深入交流研讨，组织开展"思想理论学用讲坛"活动，力求学深学透、思有所悟，年内报送 2 篇工作简报，组织关员撰写 11 篇心得体会。10 月 16 日，恰逢党的二十大胜利开幕，凯里海关派员前往从江县全力保障活猪供港，圆满完成现场检疫、监装、施封等监管工作，用实际行动为"肉篮子"安全与稳定保驾护航。党的二十大报告中指出"加强生物安全管理""推动建设开放型世界经济"，为凯里海关守卫国门安全、促进高质量发展高水平开放指明了方向、鼓足了干劲。把习近平新时代中国特色社会主义思想贯穿到党的二十大精神学习主线，读原著、悟原理，抓好《习近平谈治国理政》第四卷的学习，把学习贯彻习近平总书记重要指示批示和重要讲话精神作为年内 13 次党委会、12 次党委理论中心组学习、11 次关区形势分析和工作督查例会第一议题，健全完善重大决策部署落实督办闭环机制，

持续筑牢衷心拥护"两个确立"、忠诚践行"两个维护"的政治自觉、思想自觉、行动自觉。党委书记和支部书记带头以"走好第一方阵我为二十大作贡献"为主题讲党课，及时总结经验成果，形成长效机制，不断完善关区制度建设。

年内，凯里海关加强政治机关建设。围绕学习宣传贯彻党的二十大精神这条主线，深刻认识"两个确立"的决定性意义，把"两个维护"作为最高政治原则和根本政治规矩，认真贯彻落实党的二十大新思路新举措。深入开展"学查改"专项工作和捍卫"两个确立"、做到"两个维护"、强化政治机关建设专项教育活动，把握各项工作的政治要求，确保贯彻党中央各项决策部署不打折、不走样、不跑偏。深入学习习近平总书记关于党的建设的重要思想和关于经济工作重要讲话精神，围绕"四个是否"和"六对照六看六查"，全领域、无死角地找差距、查不足，按照"在点上找关键突破、在线上出显著成效、在面上促整体提升"的工作思路，针对 9 个方面

16 项问题，制定《凯里海关专项教育活动（含学查改）整改责任分解表》，细化整改措施 29 条，明确第一责任人、责任领导和责任科室，将整改任务细化到个人，并对应问题建立整改台账 16 本，其中"学查改"专项工作整改台账 4 本，全流程记录整改过程，年内均全部整改完毕。召开专题组织生活会，全关上下深入对照反思，提升"没有脱离政治的业务、没有脱离业务的政治"的意识。认真梳理各个业务岗位的政治要求，参与《贵阳海关重点业务指导书》其中 5 项业务指导书（出口打火机、出口危险化学品、出口鲟鱼、供港澳活猪、出口中药材）的编写工作，对照各业务岗位蕴含的政治要求，找准落实习近平总书记重要指示和党中央经济工作决策部署的着力点，全关上下从政治的视角谋事、按照政治要求办事的能力明显增强。1 期政治机关建设工作简报被海关总署政工办网站采用。

年内，凯里海关推进基层党支部标准化规范化建设，深化"四强"党支部创建，进一步发挥好党建引领作用，

增强支部凝聚力、感召力、战斗力。支部党建品牌建设。深耕党建品牌，将筑牢"风雨桥"、打造"多彩关"品牌价值理念融入贯穿到"守国门、促发展"的具体实践中，激发党员干部干事创业热情，积极申报贵阳海关党建示范（培育）品牌，筑牢党关怀少数民族地区的连心桥、海关促进地方外贸发展的同心桥、关员全心全意为民服务的贴心桥。党建"强基提质工程"。严格落实"三会一课"制度，丰富主题党日活动载体和内容，按时收缴党费，推动支部从"建在科上"向"强在科上"转变。年内，凯里海关综合业务党支部组织召开支委会 12 次，党员大会 13 次，开展主题党日活动 15 次，支部书记讲党课 3 次。"创先争优"工作。发挥党员干部和青年同志"同频"作用，将争创"四强"党支部与"青年文明号""青年理论学习示范小组""内控示范科室"等创建工作结合起来，在创先争优中实现党建与业务有效融合，涵养"求实、扎实、朴实"的海关文化，进一步夯实"风雨桥"支部战斗堡垒。党建融合业务。

聚焦黔东南州、黔南州外贸发展，落实海关总署和贵阳海关促进外贸保稳提质各项措施，巩固"我为群众办实事"实践活动成果，全体党员走进一线调研走访，关注群众"急难愁盼"，主动赴困难企业"上门支招"，共同研讨纾难解困，设立进出口鲜活易腐农食产品属地查检绿色通道，帮助当地特色优质产品"一站式"通关走出国门，支持地方外贸总量稳步增长。党员发展工作。年内，2 名预备党员同志顺利转正，2 名青年同志提交入党申请。

【队伍建设】2022 年，凯里海关加强人才培养。着力"内强素质"，多批次组织关员参加岗位练兵、技能比武和各项资质考核等，实现检验、检疫、监管业务量和监管能力的"量质双提升"。准军建设。着力"外树形象"，深入推进准军事化纪律部队建设，把"马上就办、真抓实干"要求内化于心、外化于行。在 4 月开展"海关内务规范强化月"活动，开展内务规范强化学习，学习领会习近平总书记对海关工作的重要指示批示精神、党的光荣传统和优良作风、准军事化纪律部队建设的发展历程和经验传承，引导广大党员干部深刻把握听党指挥、政治坚定是准军事化纪律部队建设的灵魂和根本，进一步强化政治意识、把准政治方向、坚定政治立场。通过对全体关员、协勤人员开展队列训练，组织升国旗仪式等树立良好的精神面貌。内务督察。发挥内务督察效能，推行常态化内务督察工作机制，对检查出的问题进行实名通报并督促整改，培养队伍整齐划一、令行禁止的作风，为打造一支"政治坚定、业务精通、令行禁止、担当奉献"的海关准军事化纪律部队奠定良好基础。弘扬"求实、扎实、朴实"的海关文化，以实干推进工作、用实践指导工作，重实际、做实事、求实效，以实干的作风赢得行政相对人的认可和信任。

【青年工作】2022 年，凯里海关创建"青年文明号"。凯里海关 35 岁以下青年人数占总职工人数的 68.7%。年内，凯里海关以"凝聚'青'动能，服务'新'发展"为创建目标，发出"首问负责，文明规范；马上就办，办就办好；依法行政，严谨廉洁；

准军纪律，接受监督"的"青年文明号"创建承诺，以"建立创建组织、健全创新制度、夯实创建基础、创新创建模式、拓宽创建领域"为脉络，将落实海关总署"铸忠诚、担使命、守国门、促发展、齐奋斗"工作要求和贵阳海关党委工作思路相融合，全面谋划青年工作，努力打造一支"想干事、能干事、会干事、干成事"的青年队伍。创建青年理论学习示范小组。以习近平新时代中国特色社会主义思想为指导，学习习近平总书记对青年工作的重要指示批示精神，以"一学二建三促"为工作思路，着力激发青年干部学理论、重实践、办实事的热情，推进习近平新时代中国特色社会主义思想在青年思想上扎根，力促各项急难险重任务在青年肩上落实。结合支部"三会一课"和主题党日活动，认真开展青年理论学习12次，青年实践活动4次，积极开展"青春走基层提能力办实事"实践活动，撰写调研报告1篇。搭建青年素质提升平台，坚持运用集体学与自己学相结合、多媒体和远程教育相结合的方式，积极开展"读书月"活动，用好"学习强国"App、海关e课堂等多种方式，青年年度学时、学分达标率均为100%，青年同志政治立场进一步坚定，示范引领作用得到进一步强化，干事创业热情得到进一步激发。

【纪律保障】2022年，凯里海关推进党风廉政建设，严格贯彻落实中央八项规定及其实施细则精神，一体推进不敢腐、不能腐、不想腐。清廉海关建设。巩固拓展"现场监管与外勤执法权力寻租"专项整治成果，扎实开展"海关重点项目和财物管理以权谋私"专项整治，结合"警示教育月"活动，组织全体党员干部学习纪法、剖析典型案例、撰写心得体会，进一步增强"底线思维"和"红线意识"，筑牢拒腐防变的思想堤坝。廉洁文化建设。认真贯彻党中央和海关总署党委关于推进新时代廉洁文化建设的意见，将弘扬中华优秀传统文化、继承发扬红色文化与涵养海关廉洁文化结合起来，开展课题研究并撰写1篇政研文章，拍摄"书记组长谈责任"视频访谈，打造廉洁"文化墙"，发挥廉洁文化的启智润心作用，引领凯里关区政治生态持续向好。1名同志创作的《漫说清风》动漫海报获海关总署"清风国门"廉洁文化创意作品征集活动二等奖。警示教育活动。第一时间专题传达学习《贵阳海关2022年警示教育月活动方案》，研究细化凯里海关警示教育活动责任分工，开展党委书记、支部书记讲廉政党课、内务规范学习、推进家教家风"政治家访"等多项措施，重点深入学习警示教育片，通过反面典型案例，以案为鉴，自省自警，深刻认识开展党风廉政建设和反腐败斗争的严峻性、复杂性、长期性。提高政治觉悟，把开展警示教育活动与贯彻落实贵阳海关党委决策部署、做好当前海关工作紧密结合，确保警示教育活动与当前工作两手抓、两促进。立足岗位实际，树立不作为、慢作为也是腐败的意识，锲而不舍纠四风、树新风，加强对办公用房、公务用车、公务接待、外勤执法等事项的监督管理，深入窗口岗位、业务现场开展监督检查，重点检查窗口作风、廉洁自律、考勤纪律等情况，结合警示教育推动干部职工更加珍惜岗位，转变作风，廉洁履职，守住底线，时刻以忠诚干净担当严格要求自己，进一步扎牢干部职工防腐拒变思想防线，营造凯里关区风清气正良好政治生态，为全面从严治党向纵深发展、向基层延伸提供纪律保证。

【通关监管】2022年，凯里海关贯彻落实国发〔2022〕2号文件和支持黔东南州"黎从榕"打造对接融入粤港澳大湾区"桥头堡"若干政策措施，一以贯之落实好海关总署、贵阳海关促进外贸保稳提质各项措施，确保落地见效。业务指标稳步发展，凯里关区外贸发展质量进一步提高。年内，凯里海关监管进出口货运量18.18万吨，同比增长近23倍，监管进出口商品总值2.94亿元，同比增长12.29%，结关报关单数212份，同比下降26.90%。支持开放型平台建设，指导做好海关监管场所的申建工作。深化全国通关一体化改革，优化营商环境，落实贵阳海关促进外贸保稳提质十六条措施，支持企业采用"两步申报""提前申报"模式办理通关手续，巩固压缩通关时长。进出口提前申报率分别为进口50%、出口94.2%；进出口整体通关时间分别为进口6.14小时、出口0.21小时，较2017年分别压缩96.53%、98.35%。持续做好RCEP政策宣传，指导关区企业用好用足RCEP原产地和关税减让政策，帮助企业降低出口产品成本、拓展国际市场、提升企业出口产品国际竞争力。年内，共签发各类原产地证书984份，同比增长1.9倍，其中签发RCEP原产地证书45份，签证金额422.88万美元。加大外贸新业态和优势特色产业扶持力度，进一步加强外贸产业政策指导，助力地方政府继续做大外贸经济总量。畅通出口物流通道，保障重要产业链供应，指导辖区企业通过中欧班列实现黔货出山出海。全面深化综合治税。组织开展税源分析，走访关区重点企业，宣传通关便利化措施，引导企业进口报关回流。派员赴其他隶属海关跟班学习公式定价等业务技能，提升税收征管能力。年内共征收税款799.79万元，同比增长2.2倍。

【筑牢国门安全屏障】2022年，凯里海关强化国门生物安全。全面梳理特殊资质备案，严格做好备案企业基地后续监管，年内共开展基地备案企业核查15次，发现问题11个，均已督促企业整改。强化关区4家出口鲟鱼养殖基地日常监管，主动防范监管风险，对3家养殖基地存在的不规范问题下达整改通知书，督促企业限期整改完毕，保障出口鲟鱼产品质量。年内，共检验检疫监管进出口货物2268批次，同比增长33.49%。其中，检疫监装出口鲟鱼93批次、货值2387万元，同比分别增长1.2倍和57.8%。全力做好供港澳活猪检疫监管，实施"源头把关、风险研判、过程监控"监管模式，严格落实隔离检疫及现场检疫监装工作要求，加强动物疫病及药物、重金属残留等日常风险监测，从源头上确保供港澳活猪质量安全可控。年内，共采集各类样品890份，开展非洲猪瘟等疫病监测845项次，兽药、重金属残留等风险监测110项次。进一步强化进口粮食监管，年内，共审批办理进境粮食调运联系单29单，审核调运 6.1 万吨，粮食种类涉及高粱、小麦、玉米、木薯干等。

【打击走私综合治理】2022年，凯里海关认真开展"国门利剑2022"联合专项行动，针对辖区反走私斗争形势，紧盯"洋垃圾"、濒危动植物及其制品、农产品、涉税商品、涉毒涉枪走私等打私重点，强化打私综合治理。强化正面监管，在加强对重点物品、重点渠道、重点企业的走私风险监控研判的基础上，加大通关监管环节正面打私力度，充分利用单兵作业系统实施查验，规范来源国（地区）、品名、价格等申报要素，细化查验指令要求，着力查发通过伪瞒报、串用配额、虚假核销等方式走私违法行为。密切内外协作与风险防控，与黔东南州、黔南州两地公安、林业、市场监管、生态环境等部门建立了情报共享、执法联动机制，不定期对辖区涉税商品、象牙等濒危动植物及其制品、假冒伪劣疫情防控物资、"洋垃圾"、毒品、枪支弹药等重点领域走私风险进行摸底摸排，有针对性开展执法检查，了解企业状况，收集风险信息。与缉私局、业务职能部门建立风险信息共享机制，强化风险情报分析和信息共享精准性，在实际监管中密切关注"两步申报""两段准入"等改革衍生的走私风险，以及跨境电商、保税监管等重点渠道的走私风险，有针对性开展专项打击。深化打私普法宣传，以"世界野生动植物日""世界环境日""国际禁毒日""食品安全宣传周"等主题宣传活动为契机，联合多家单位开展反走私宣传进广场、进社区活动，向群众发放普法资料 200 余份，让群众更加便捷地了解走私违法犯罪活动的危害性，引导人民群众自觉抵制走私，筑牢反走私人民防线。加强与当地媒体的联系沟通，通过"视、音、纸、网"等媒体平台多角度营造打击走私工作氛围。年内，共办理 5 起"简快案件"，向职能部门移送 1 起不实贸易骗取出口退税线索，开展 4 次打私综合治理宣传、2 次专项行动，4 篇打私工作信息被"中国反走私"微信公众号采用，关区反走私斗争形势总体平稳可控。

【服务发展】2022 年，凯里海关稳中求进，服务外贸高质量发展更加有为。聚焦黔东南州、黔南州外贸发展，落实海关总署和贵阳海关促进外贸保稳提质各项措施，巩固"我为群众办实事"实践活动成果，支持地方外贸总量大幅增长。年内，黔东南州进出口总值 9.53 亿元，同比增长 92.2%；黔南州进出口总值 25.13 亿元，同比增长 19.2%。打好"组合拳"促进传统优势产业扩大出口。梳理重点外贸企业名单，制定"一企一策"送政策上门，采取"7×24 小时"预约报检报关、加密检验频次、即报即检等措施，助力黔东南州、黔南州打火机、棕刚玉、化肥、氧化锑等优势产业做大做强，稳住外贸基本盘。下好"先手棋"，强化外贸主体培育。聚焦黔东南州打造对接融入粤港澳大湾区"桥头堡"战略规划，主动对接发改委、商务、市场监管等牵头单位，共同谋划促进更高水平开放的具体实施意见，推动分解任务落实。联合开展外贸知识培训，讲解海关业务知识，宣传海关便利化措施，助力培育壮大外贸市场主体，年内新增企业备案

136 家，增长 37.37%。针对黔东南州、黔南州部分县市产业基础薄弱、外贸主体缺乏等实际，加大帮扶力度，协助地方政府及行业主管部门积极拓展外贸"增长极"，"手把手"指导企业开展跨境电商新业态，黔东南州首单跨境电商"9710"模式顺利通关，黔东南州、黔南州下辖共计 28 个县市首次实现"外贸空白县"清零的目标。搭好"同心桥"促进特色农产品出口。助力两州发挥生态环境优势，推动优质农产品走出国门。支持供港澳活猪、出口鲟鱼、出口茶叶等重点产业发展，安排专人"一对一"对接，为企业量身定制"一企一策"对口帮扶措施，按照见人、见事、见时间、见责任、见终端、见成效的"六见"要求，全流程开展专业化技术指导，开辟绿色通道保障 24 小时通关顺畅。年内，共监管供港澳活猪 11 批次，共计 1200 头，价值约 450 万元，实现贵州省活猪自营出口和首次供澳"双突破"，促进贵州省供港澳活猪产业从无到有、从弱到强转变。深入开展助企纾困大调研，推荐 13 家企业纳入贵阳海关重点企业名单，由贵阳海关党委委员带队下沉企业听取企业意见，现场研究解决企业在办理海关具体业务中存在的堵点、难点问题。主动对接、积极配合黔东南州、黔南州做好贵州省跨境贸易营商环境考核评估工作。

【疫情防控】2022 年，凯里海关毫不松懈守牢新冠疫情防控底线。贯彻"三个坚定不移"的疫情防控要求，严格落实海关总署和属地疫情防控措施，动态更新方案、预案，做好物资储备、值班值守、应急演练，落细健康监测、测温扫码、疫苗接种、核酸检测、消毒消杀、外来人员管理等常态化措施，加强人员出差出行台账管理，在贵阳因突发疫情实施静态管理对工作造成被动的不利情况下，凯里海关上下克服困难，做到疫情防控和业务开展两不误，守住来之不易的防控成果。落实进口食品（冷链、高风险非冷链）有关疫情防控要求，配合地方做好溯源管理，组织开展进口冷链食品及包装新冠病毒检测采样作业实操演练，进一步提升现场关员实操水平。

年内，凯里关区无新冠病毒疫苗出境情况。积极参与地方联防联控机制相关工作，凯里海关为黔东南州应对新冠疫情防控工作领导小组、黔东南州疫情防控生活物资保障小组、黔东南州新冠病毒疫苗接种工作领导小组、黔东南州整治疫情防控"层层加码"问题专班等联防联控工作机制成员单位，立足海关职责参与联防联控机制工作，争取地方支持。强化防护物资管理。设置专库存放可用于一线防护物资，专人管理，规范领用审批流程和台账登记，确保物资信息登记完善，避免出现过期物资造成浪费。建立一线疫情防控人员轮换休整制度，提升对疫情防控岗位同志的关心关爱，严格落实贵阳海关党委对一线人员的关心关爱措施，用好"三会一课"和青年理论学习小组实践活动等，组织丰富多彩的主题党日活动、青年实践活动、心理咨询活动等，舒缓干部职工压力。

【安全生产】2022 年，凯里海关推进安全生产专项整治三年行动。认真落实安全生产工作部署，以"时时放心不下"的责任感，扛起海关监管条线安全生产责任。第一时间传达学习贯彻习近平总书记关于安全生产的重要指示批示精神，制定安全生产"任务图""责任表"，切实抓好推动落实。扎实开展"安全生产月"活动和海关总署"口岸危险品综合治理"百日专项行动及常态化工作，5月31日，举办"安全生产月暨安全生产万里行"活动启动仪式，对宣传教育活动进行安排部署。6月1日，组织全体干部职工观看学习《生命重于泰山——学习习近平总书记关于安全生产重要论述》电视专题片，进一步提升干部职工的安全防范意识。6月14日，组织干部职工参加贵阳海关2022年"安全生产月"消防安全知识培训，提高全关干部职工消防安全意识，进一步落实消防安全责任。6月20日，召开"安全生产月"党员大会，就关区安全隐患进行研究讨论，建立台账，明确责任人，逐项整改销账。通过开展"新安法知多少"全国网络知识竞赛，印制安全生产相关资料赴各业务现场宣传发放，在报关大厅播放宣传片、办公楼悬挂宣传标语、接受现场咨询等，营造良好氛围。

年内，凯里海关全面开展排查整治，动态更新"两个清单"。按照《贵阳海关安全生产工作领导小组办公室关于做好安全生产大督查发现问题隐患整改工作的通知》及安全生产专项整治三年行动收官之年工作要求，落实"吹哨人"责任，紧盯党的二十大召开及重要节假日节点，对办公场地、机房、厨房及监管场所等重点部位常态化开展安全隐患排查6次，及时消除办公大楼消防栓无水、楼道护栏松动、厨房灶具老化等安全隐患8条，形成覆盖2个领域涉及8项排查内容的《贵阳海关安全风险隐患排查整治责任清单》，并已全部整改完成。结合关区有5家危险化学品、9家打火机出口企业的实际以及出口危险化学品和危险货物检验监管工作所占比重较大的业务特点，时刻绷紧安全生产这根弦，不放松对出口危险化学品和危险货物的检验监管。3月10日，与出口打火机生产企业开展安全生产工作关企座谈暨安全宣传教育活动，督促企业履行安全生产主体责任，增强安全防范意识。3月30日，组织召开安全生产工作座谈会，邀请关区10家危险化学品、危险货物及危险货物包装生产企业参会。年内，检验监管打火机、硫脲、桉叶油、氟化氢铵、无水氟化氢等17类危险货物和危险化学品1756批次，同比增长44.9%；检验不合格19批次，均第一时间向行业主管部门进行通报，组织关企座谈会约谈企业4次，督促切实抓好整改。对监管中发现的1家企业出口打火机包装性能鉴定过期的违规情事行政立案处罚，实现凯里关区"涉检"案件"零"的突破。

【督查内控】2022年，凯里海关夯实内控机制，把推进内控机制建设作为强管理、防风险、带队伍、促发展的重要抓手，重点围绕非执法领域，以凯里海关办公室（党委组织宣传部）为试点，积极开展内控示范科室创建培育，推动海关内控机制在基层科室落地生根。总结提炼出以"标准化、规范化、流程化、信息化"管理为核心的内控工作法，通过构建环境"树"、划分责任"田"、串联关键"点"、提升上线"率"4 个功能板块，推动内控环境标准化、工作规范化、节点流程化、手段信息化，将内控要求推进到基层科室"最后一公里"，嵌入到科室建设和日常工作中，基层管理"时、度、效"明显提升。

年内，凯里海关强化政治引领，凯里海关党委高度重视内控工作，捍卫"两个确立"，做到"两个维护"，全面落实党的二十大精神，从高处着眼、低处入手，依托凯里海关综合业务党支部"风雨桥"党建品牌，落实署关两级党委关于内部控制工作的安排部署，推动内控工作在关区走深走实。

年内，凯里海关强化组织领导，根据人员调整进一步明确内控工作领导小组人员组成，根据"内控示范科室"创建要求成立专项领导小组，制订工作实施方案，加强组织领导，确保责任落实。年内，召开党委会专题研究内控工作 2 次，组织开展关区内控工作会议 2 次，修订完善关区制度 21 项，科务会组织内控理论培训、风险研判等 12 次。

年内，凯里海关强化宣传交流，做好内控成果宣传，创建经验和突出成效被海关总署相关刊物、"金钥匙杂志"微信公众号、海关总署督察内审司网站、贵阳海关网站等刊载，并参与贵阳海关内控宣传视频制作。同时，参加贵阳海关"内控示范科室"线上交流推进会，作为 4 个创设工作突出的基层科室之一做专题汇报，向全关区分享创设经验，相互借鉴学习。通过创建工作，构建办公综合内部风险控制的常态化长效防范机制，制定《凯里海关办公室风险管理及内控节点岗位落实清单》，明确了 67 项内控节点和 14 项岗位职责，制定了 10 套流程图、6 项操作指引，以海关总署明确要求确定内控关键限值，制定"靶向性"内控措施，精准防范化解风险，常态化开展风险研判，为领导决策提供参考，并将数字化手段应用到内控管理过程中，科室工作效率和防范化解风险水平得到了有效提升。12 月，凯里海关办公室（党委组织宣传部）被评为贵阳海关"内控示范科室"。

撰稿人

肖田野

毕节海关

【概况】毕节海关前身系贵州出入境检验检疫局毕节办事处，为属地型海关（正处级），是海关总署确定的艰苦边远地区海关。毕节海关监管区域为毕节市行政区域，承担辖区征税、监管、缉私、出入境检验检疫等工作职责。

毕节海关下设正科级机构2个，分别为办公室和综合业务科。办公室承担行政办公、人事、组织宣传、政工、党建、党风廉政建设、财务、后勤管理和综合协调等综合保障职责，综合业务科承担一口对外受理业务，办理业务管辖区域内进出口单证接单审核放行、税费征收、保金保函、许可证管理、风险管理、进出口报关单修撤单手续、现场验估等通关事务职责。截至2022年年底，实际在编11人，劳务派遣制协勤3人，地方事业编制4

人。毕节海关党委配备党委书记1人、党委委员2人。毕节海关综合业务党支部党建品牌为"毕力同心"，截至2022年年底，有正式党员9名，预备党员1名，设支部委员3名，其中支部书记1名，组织委员、宣传委员各1名。

2022年，毕节海关以习近平新时代中国特色社会主义思想为指导，在贵阳海关党委的领导下，深入学习宣传贯彻党的二十大精神，践行"三实"文化，坚持"三个导向"，围绕贵阳海关重点工作、目标绩效，推动各项工作稳中有进，助力地方开放型经济稳中向好。年内进出口报关157批次，货值1.12亿元，报关单数量同比增长1.24倍，货值同比增长4.4倍；出境检验检疫423批次、货值约5434万元，同比

分别增长1.4倍和0.62倍；进口属地查验7批次、货值约2300万元；累计征税127万余元，同比增长59倍。

【党的建设】2022年，毕节海关党员干部以"艰苦不怕吃苦、苦熬不如苦干"的精神状态，铸忠诚、担使命、守国门、促发展、齐奋斗，结合毕节"贯彻新发展理念示范区"建设，统筹开放型经济高质量发展要求，立足艰苦地区边关实际，在学深悟透上带头、在推动落实上创新，全面学习、全面把握、全面落实党的二十大精神。抓部署，在统筹谋划上下功夫。组织收看党的二十大开幕式直播后，第一时间召开党委会议，传达学习党的二十大精神，对标海关总署党委、贵阳海关党委和毕节市委要求，研究制订《毕节海关学习宣传贯彻党的二十大

精神实施方案》，对学习宣传贯彻党的二十大精神各项目标任务进行细化，明确责任主体、完成时限，确保党的二十大精神不折不扣贯彻落实。抓学习，在学懂弄通做实上下功夫。领导带头、以上率下，以党委理论学习中心组学习为载体，读原著、学原文、悟原理，开展党的二十大精神集中学习研讨2次，参加党支部集中学习研讨3次。党支部及时跟进学，结合集中收看党的二十大开幕式撰写学习心得15篇。立足艰苦地区边关实际，围绕"学习二十大、奋进新征程""学习贯彻二十大，筑信仰之基、建清廉海关""学思践悟二十大、立足艰边作奉献"等主题，开展主题党日活动3次，从党的二十大精神中找思路、找方法、找答案。抓宣传，在营造氛围上下功夫。积极拓宽宣传渠道，依托"毕节海关一家亲"微信工作群开设的"天天学党史"专栏，推送党的二十大精神知识要点、信息共计32条；利用LED显示屏、制作宣传栏、打造党的二十大精神主题宣传阵地等方式，营造浓厚学习宣传氛围。强化宣讲引领，

筑牢思想根基，组织处科级领导干部聆听贵阳海关党委书记、关长王松青"学习宣传贯彻党的二十大精神"专题党课；贵阳海关党委委员、副关长詹水旭，党委委员、党委纪检组组长刘亚宁分别为毕节海关党员干部上专题党课；关党委书记、党支部书记带头示范向党员干部宣讲党的二十大精神，推动大会精神入脑入心。抓落实，在推动地方外贸高质量发展上下功夫。围绕党的二十大关于"推动高水平开放"的相关要求，建立完善海关、商务联席会议机制，及时会商解决毕节外贸发展中存在的难点、堵点和痛点，以实际行动推动党的二十大精神在辖区落地落实、开花结果。

年内，毕节海关坚持以政治建设为统领，将习近平总书记重要指示批示和重要讲话精神作为"第一议题"，第一时间传达贯彻、部署落实。毕节海关党委会年内15次研究贯彻落实习近平总书记重要讲话和重要指示批示精神，学习党的理论、方针、政策及党中央重大决策部署，结合贵阳海关党委工作要求，研究本单位贯彻落实措施。

将习近平新时代中国特色社会主义思想作为党委理论学习中心组学习的首要内容，制订《中共毕节海关委员会理论学习中心组2022年度学习计划》并认真抓好落实。年内开展专题学习研讨10次、党的十九届六中全会及省委十二届十次全会精神专题宣讲会1次，在学思践悟中深刻领悟"两个确立"的决定性意义。弘扬伟大建党精神，常态化、长效化开展党史学习教育，以习近平总书记关于党史学习教育的重要论述为重点，党委理论学习中心组开展"四史"专题学习1次，开展党章党规党纪专题学习2次，通过微信工作群推送"天天学党史"113期。深入开展"学查改"专项工作和政治机关建设专项教育活动，通过上级点、自己查、群众提等方式，深刻反思查摆出8个问题，研究制订整改方案，建立"两个专项"问题整改清单，制定9条整改措施，修订完善4项制度机制，有序推进整改落实。结合本单位实际，针对党的建设、安全生产、疫情防控、进出口食品监管、压缩通关时间等9项重点工

作，明确政治要求，形成毕节海关业务（岗位）工作相关政治要求台账表，为各项重点工作的开展提供遵循。

年内，毕节海关综合业务党支部严格执行党内政治生活制度。党委切实加强对基层党建工作的领导，定期研究党支部建设有关工作。带头严格执行领导干部双重组织生活制度。督促党支部严格落实"三会一课"、主题党日活动等制度。年内累计召开支委会 11 次（支委会于2022 年 2 月成立）、支部党员大会 14 次、开展主题党日活动 13 次。围绕学习宣传贯彻党的十九届六中全会、党的二十大精神、廉政勤政等主题，党委班子带头为党员干部讲专题党课 8 人次。大力推进基层党建"双提升"行动。深化"强基提质工程"，以争创"四强"党支部为目标，深化支部建设和党建品牌创建。结合艰苦地区边关实际，深化拓展"毕力同心"支部品牌内涵。选优配强毕节海关综合业务党支部班子，增强支部的向心力、凝聚力、战斗力。切实抓好党员发展和培养教育工作，接收 1 名发展对象为预备党员、1 名预

备党员转为正式党员，1 名同志获评贵阳海关优秀党员。强化党建引领，充分发挥基层党组织在服务海关中心工作中的战斗堡垒作用和党员先锋模范作用。带头深入调查研究、服务发展。紧跟贵阳海关步伐，认真研学国发〔2022〕2 号文件精神，实地调查了解制约辖区外贸发展的"痛点""难点"问题，形成有数据、有措施、有质量的调研报告、工作专报，为地方开放发展建言献策。持续落实《贵阳海关 毕节市人民政府合作备忘录》《毕节海关支持毕节市外向型经济发展十条措施》，提高服务外贸发展大局的能力，进一步释放减税降费提效政策红利，催发外贸市场内生动力。大力弘扬"毕力同心"支部品牌精神，深入开展文明创建，扎实推进"我为群众办实事"实践活动。组织党员干部到毕节市中心血站开展无偿献血 2 次，累计 10 人次献血2700 毫升；积极参与社区共建，结合"世界野生动植物日"、知识产权宣传周、食品安全宣传周等时间节点，深入七星关区人民公园、大型综合农贸市场、结对共建社

区等开展宣传宣讲 3 场次。

年内，毕节海关坚决贯彻落实上级关于加强对"一把手"和领导班子监督有关文件精神，对照《毕节海关党委全面从严治党主体责任清单》明确的 74 条工作任务，层层压紧压实责任，持续推进落实。用好"四种形态"，特别是"第一种形态"，加强对党员干部的日常管理监督，党委、党支部主要负责同志结合元旦、春节等重要节日时间节点，开展廉政提醒谈话 18 人次。结合疫情形势，通过微信工作群发布毕节海关中秋国庆"两节"廉政提醒，要求党员干部严格做到"十严禁"。根据《贵阳海关党委派驻纪检三组监督领域风险防范清单（试行）》，结合毕节海关实际，研究制定《毕节海关监督领域风险动态清单》《毕节海关监督领域风险清单动态管理台账》，梳理执法领域、非执法领域、党建领域风险 37个，制定防范措施 100 条，明确责任领导、具体经办人，确保风险防控到位。召开党风廉政风险分析会 4 次，分析研判形势，提出加强和改进的具体措施。持续推动落

实"特约监督员"制度，按程序做好"特约监督员"换聘工作，重新聘用"特约监督员"3名，召开座谈交流会1次，认真听取对毕节海关工作的意见建议，强化权力运行制约监督，促进关员规范执法、提升服务质效。进一步严明政治纪律和政治规矩，将纪法教育、警示教育纳入党委理论学习中心组年度学习计划、政治理论学习计划并认真组织实施，推动纪法教育、警示教育常态长效，引导党员干部做到"五个必须"，防止"七个有之"，积极营造良好政治生态。按照《贵阳海关政治部关于印发2022年警示教育月活动方案的通知》要求，扎实推动警示教育月活动各项任务落实，持续开展预防职务犯罪、严禁酒驾醉驾等警示教育活动，引导党员干部筑牢廉政防线，不触纪律红线。以常态化开展政治家访推进家庭助廉行动，采取致慰问信、电话慰问等方式，开展政治家访20余人次。深入推进廉洁文化建设，在办公楼走廊、步梯口等区域制作廉政文化墙，张贴、悬挂党风廉政建设警示牌等，营造廉洁文化建设浓厚氛围，2人创作作品被贵阳海关"清风国门"廉洁文化作品征集活动采用。

【审计整改】2022年，贵阳海关审计组对王卫民同志担任毕节海关关长期间履行经济责任情况进行现场审计。毕节海关党委高度重视，扛起审计整改主体责任，主要负责同志切实履行审计整改"第一责任人"责任，召开党委会专题研究部署审计整改工作，认真抓好审计整改落实，各责任科室严格按照审计整改任务清单要求，针对审计报告指出的2个方面、7个问题，对标对表制定16条整改措施，明确责任科室、责任人和整改时限。建立主要负责人牵头、分管关领导分工负责、办公室和综合业务科具体落实的审计整改督办工作机制，跟踪督办审计整改推进情况，在确保问题整改到位的同时，举一反三，完善制度、规范各项工作，推动问题根本解决，防止同类问题再次发生，巩固整改成效。经过为期2个月的集中整改，毕节海关审计整改工作取得较好成效。毕节海关坚决强化整改认识，压紧压实整改责任，以整改防风险，以整改强基础，以整改提质效。以高度的政治自觉，深刻认识审计重要意义。习近平总书记多次对审计工作作出重要指示批示，强调对审计查出的问题要及时整改。贵阳海关持续提高政治站位，站在"两个维护"的高度，不断强化对审计整改工作的认识，自觉接受审计监督，进一步提高政治判断力、政治领悟力、政治执行力。以强烈的责任担当，推动审计整改落实落地。把审计整改作为重要政治任务，融入日常工作，以"钉钉子"精神持续抓好整改落实。对需要长期的整改任务，锲而不舍、一以贯之，确保整改到位、取得实效。以"守土有责、守土负责"的决心和担当，持续补齐短板、堵塞漏洞、防范风险。以扎实的整改实效，促进海关工作全面发展。切实把审计整改作为推动毕节海关工作的重要抓手，通过整改完善制度机制、夯实工作基础，以审计发现问题整改推动各项工作进一步制度化、规范化，提升综合治理能力。把审计整改成果转化为推动毕节海关事业发展的强大动力，持续强化海关监管，优化营商环境，促进毕节市开放型经济高质量发展。

【疫情防控】2022年，毕节海关毫不动摇坚持"外防输入、内防反弹"总策略和"动态清零"总方针。在"外防输入"方面，持续加强进口食品收货人备案管理，积极派员参与毕节市进口冷冻冷链食品全覆盖全链条监管督查，强化与市直有关部门联防联控机制，及时将进口非冷链商品属地查验信息推送至市交通运输局、卫健局、市场监管局。在"内防反弹"方面，严格按照贵阳海关和毕节市疫情防控要求，抓细抓实内部防控，落实干部职工和第三方服务人员"日报告、零报告"制度和出差出行审批制度，建立台账全面掌握人员健康状况及行程，有序组织内部人员开展核酸检测。疫情防护物资专人专库保管，规范台账登记管理，及时清理过期防疫物资。

【专项整治】2022年，毕节海关扎实开展"海关重点项目和财物管理以权谋私"专项整治工作。成立以党委书记、关长为组长，党委委员、副关长为副组长的专项整治工作领导小组，按照贵阳海关实施方案部署要求，统筹谋划、高位推进，加强检查、督促、落实，确保专项整治取得实效。组织全体干部职工（含派遣、聘用人员）召开专题学习动员会，传达海关总署、贵阳海关动员部署会精神，部署本单位专项整治工作。通过党委会、党委理论学习中心组学习会等形式，传达学习王松青关长关于从实从严从紧推进专项整治工作、集全关力量攻坚克难的批示精神和刘亚宁组长在专项整治例会上的讲话精神，深入学习专项整治政策法规汇编相关文件，进一步提高全关人员对专项整治的认识。组织召开纪法学习教育及警示教育专题会，组织党员干部观看警示教育片、通报"10+4"起违纪违法典型案例等，撰写剖析材料4份，提交心得体会10篇，检视问题8个，逐一制定整改措施并完成整改，筑牢不敢腐、不能腐、不想腐的思想防线。

【队伍建设】2022年，毕节海关坚持强化落实意识，将"马上就办、真抓实干"转化为内在要求，第一时间落实副署长王令浚来贵阳海关调研时提出的"强化基础建设，积极为地方开放经济发展建言献策"指示要求，主动争取地方政府支持，顺利完成办公楼后院设计、改造、验收工作。主动发出海关声音，向地方政府报送毕节海关工作专报2篇，获毕节市委市政府主要领导批示肯定。坚持强化能力提升，先后派出3名关员、1名地方事业编制人员参加贵阳海关专项工作，3名同志参与《贵阳海关重点业务作业指导书》修编，1名同志在关区主题征文活动中获奖。扎实做好新业务开办资质储备，7人取得进出口危险货物及其包装检验监管资质，3人取得出口打火机检验监管资质，4人取得进出口烟花爆竹检验监管资质，实现关员业务资质全覆盖。

【安全生产】2022年，毕节海关党委多次在党委会、党委理论学习中心组学习会、形势分析会上传达学习习近平总书记关于安全生产、消防安全工作重要指示批示精神，要求将指示批示精神传达到关区每一位干部职工，切实提高政治站位，贯彻落实好习近平总书记关于安全生产、消防工作的重要指示批示精神。深入落实"一岗双责"，压实党委主要负责人安全生产第一责任人责任，推动落实"三个必须"监管责任，动态更新安全生产"两个清单"，建立完善问题整改"三张清单"和"吹哨人"预警机制，将安全生产责任具体压实到人，确保工作开展有效。深入开展办公场所公共设施安全专项检查，加强安全环境和防灾工程建设，全面落实安全隐患整改责任，切实防范办公场所安全风险。定期对用水用电、机房、库房、职工宿舍等开展排查检查，确保安全。年内开展内部安全风险隐患排查 12 次，查出安全隐患 4 个并全部完成整改，未发生安全生产事故。积极开展安全生产月宣传，深入推进安全生产宣传引导，按照谁执法谁普法宣传、谁执法谁宣传安全生产的总体要求，大力开展安全生产进企业、进农产品基地活动。同时，积极采取大厅 LED 显示屏宣传、拉横幅宣传、发放宣传小册子宣传等多形式宣传，确保安全生产人人知晓。

【服务发展】2022 年，毕节海关充分发挥海关职能作用，持续推动毕节外贸高质量发展。深入开展促进外贸保稳提质"大调研"，累计走访调研外贸企业 20 余次，收集到对海关工作的意见建议 3 条，帮助企业解决问题困难 4 个。组织开展外贸政策培训班，培训外贸企业代表 100 余人次，指导辖区企业用好用足优惠政策。优化帮扶指导，实施"一企一策""一企一专员"精准帮扶措施，打通惠企政策落实的"最后一公里"，帮助企业抢抓发展机遇，助力企业轻装前行，取得良好成效。毕节辖区年内农特产品累计出口 4600 余吨，货值约 5434 万元，涉及食用菌、禽蛋、苹果、白酒、茶叶、脱水南瓜条等多种农特产品。其中，食用菌申报出口 374 批次，约 4000 吨，货值约 4000 万元，批次、货重、货值同比分别增长 1.5 倍、1.4 倍和 0.92 倍。多项业务开展实现"零"的突破。推广运用"提前申报"通关模式，实施"7×24 小时"预约通关服务，设立鲜活易腐农食产品查检绿色通道，做到"随到随检""快验快放"。助力贵州省禽蛋产品首次供港，年内累计出口 15 批次，货值约 344 万元；助推贵州省苹果首次出口，年内累计出口 8 批次，货值约 178 万元；指导毕节市桑蚕丝首次出口，货

▲2022 年 8 月 4 日，贵阳海关所属毕节海关关员赴威宁县迤那镇开展出境水果果园注册登记现场评审 （温仕林 摄）

值 100 万元；首次办理跨境电商"9710"模式商品出口，年内累计出口 23 批次，货值 2000 余万元；首次办理进料料件内销审核，年内审核进料料件内销报关单 10 批次，货值约 8 万元；办理首单出境宠物检疫，在疫情期间完成毕节首单进境粮食调运业务，首次协助兄弟海关开展减免税异地监管，各项业务不断实现新突破。

【通关监管】2022 年，毕节海关一体推进"提前申报""两步申报"改革，落实"两段准入""先放后检"等便捷措施，积极帮助辖区企业解决通关难题，扎实做好通关时间压缩工作，让企业享受海关改革红利。年内，毕节海关受理进出口报关 157 批次、货值 1.12 亿元，报关单数量同比增长 1.24 倍，货值同比增长 4.4 倍。其中，进口报关 53 批次，货值 1053.93 万元，出口报关 104 批次、货值 1.02 亿元。进口报关单数量比 2021 年增长 0.76 倍，货值增长 113 倍，出口报关单数量增长 1.6 倍，货值增长 4.4 倍。大力开展综合治税，积极引导辖区重点企业税收回流，强化税收风险分析和防范，提升税收征管质量。年内征税 127.37 万元，同比增长 59 倍，主要来源为进口医疗设备。

【原产地管理】2022 年，毕节海关积极指导帮扶辖区企业用好原产地证关税优惠政策，大力宣传 RCEP 原产地规则。通过微信群宣传、电话告知、送政策上门等方式，推广原产地证自助打印和智能审核等便利措施，进一步为企业节省时间和人力资源成本。年内，为 5 个企业出具 4 种原产地证书 33 份，货值 100.35 万美元。其中非优惠原产地证书 5 份，货值 19.50 万美元；中国—东盟自由贸易区原产地证书 23 份，货值 57.56 万美元；中国—澳大利亚自由贸易协定原产地证书 1 份，货值 9.44 万美元；中国—韩国自由贸易协定原产地证书 4 份，货值 13.86 万美元。

【属地查检】2022 年，毕节海关严格落实海关总署、贵阳海关属地查检业务工作要求，进行属地检查人员、资质、装备情况统计，认真评估关区现有属地检查资源。加强对属地查检文件的学习，提高执法意识和能力。开展属地查检业务领域安全生产和疫情防控工作自查，强化属地查检规范操作和安全防护，严格落实属地查检资质要求。严格按指令开展进口目的地查验，通过新一代查验管理系统接单、分单、实施查验，严格开展"双随机"。建立毕节海关属地查检作业管理台账，年内完成属地查验 8 批次，其中进口医疗器械属地查验 7 批次，货值约 2300 万元，出口白酒属地查验 1 批次，货值 2.47 万元。严格做好进口冷链食品属地查检环节疫情防控工作，加强对《海关新冠疫情防控工作人员安全防护管理规定》《进口商品口岸环节新冠病毒预防性消毒作业指导书》《进口商品及包装新冠病毒检测采样作业指导书》等相关业务规范的学习，及时组织开展或参加预防性消毒演练，做好进口冷链食品属地查检业务技能储备。

【推动跨境电商新业务模式试行落地】2022 年，毕节海关积极跟进"9710""9810"跨境电商业务发展，加强与地方商务部门联动协作，努力推动跨境电商新业务模式试行落地。深入企业，开展跨境电商、加工贸易等业务的政策宣讲，联合贵阳海关职能部门、地方商务部门工作人员对重点企业进行业务指导。2022 年 1 月 4 日，办理毕节关区首单跨境电商"9710"模式茶叶出口，货值 113.79 万元。年内办理跨境电商"9710"模式出口报关 23 批次，货值 2007.57 万元。

【知识产权海关保护】2022 年，毕节海关严格按照海关总署、贵阳海关安排部署，切实履行海关职能，深入开展"龙腾行动 2022"专项行动，结合"4·26"世界知识产权日、"8·8"海关法治宣传日、"12·4"宪法宣传日等重要时间节点，通过办公楼 LED 大屏幕、发放宣传材料等方式，加强知识产权保护法律法规政策宣传，提醒企业及时进行知识产权备案，提高企业知识产权保护意识。强化进出口货物监管，加强进出境环节知识产权保护力度，收集案件线索。加强与地方公安机关、知识产权管理部门的联系配合，开展打击侵犯知识产权和制售假冒伪劣商品工作，畅通案件移交渠道。

【企业管理】2022 年，毕节海关持续深化"放管服"改革，简化报关单位备案流程。通用资质方面，2022 年为 38 家企业办理进出口收发货人备案，为 25 家办理进出口收发货人变更，为 19 家办理进出口收发货人注销，截至 2022 年底，辖区内共有进出口收发货人备案 83 家。特殊资质方面，2022 年为 3 家企业办理出口食品生产企业备案，为 1 家企业办理出口食品原料养殖场备案。截至 2022 年底，辖区内共有出口食品生产企业 113 家，出口食品原料种植场 21 家，出口食品原料养殖场 6 家。

【风险管理】2022 年，毕节海关坚持贯彻落实总体国家安全观，充分研判防范系统风险。把防范化解重大风险摆在突出位置，增强风险防范意识，对照海关总署防范化解"7+21"项重大、系统性风险工作部署及贵阳海关印发的具体任务分工，以时时放心不下的责任感，持续加强对各类业务风险的排查、分析、研判、处置。年内上报"跨境电商企业出口数据异常""供港禽蛋业务风险"等 3 条风险信息。

【食品安全】2022 年，毕节海关严把出口食品安全关，持续加大进出口食品等特殊资质备案及后续监管力度，指导企业在疫病防控、疫苗接种、兽药及饲料添加剂使用、产品追溯等方面进一步加强科学化、标准化、规范化管理，年内累计开展出口食品风险监测 6 次。

【打击走私】2022 年，毕节海关切实贯彻落实贵阳海关打私工作会议精神，强化监管措施，守好对外开放大门。积极联系地方市场监管、商务、林业等部门联合开展"国门利剑 2022""清风行动""双打"等专项行动，派员赴大型超市、农贸市场、花鸟市场开展走私线索摸排 10 次。

年内，毕节海关以书面形式组织召开毕节市打击走私综合治理领导小组联席会议暨培训会。一是安排部署打击走私综合治理工作，要求毕节市打击走私综合治理领导小组成员单位提高政治站位，增强反走私责任感和使命感，充分履职担当，注重协调统筹，提升反走私合力，深入开展好打击走私"国门利剑 2022""蓝天 2022"及扫黄打非等联合专项行动。二是统筹开展业务培训，结合打击走私综合治理工作要求，整理汇总相关学习材料，要求各成员单位及时组织相关人员学习。三是广泛开展交流讨论，组织各成员单位结合《打击走私综合治理工作具体评分参考表》，梳理本年度打击走私综合治理工作开展情况，对毕节市打击走私综合治理、市打私办工作意见建议，及时报送毕节海关。

年内，毕节海关整理汇总毕节市公安局、市场监管局、发改委、商务局等 15 个单位打击走私综合治理工作材料并报送省打私办，撰写的 2 篇信息及相关图片被中国反走私公众号采用。

【优化营商环境】2022 年，毕节海关持续巩固"现场监管与外勤执法权力寻租"专项整治工作成果，积极构建关企"清亲"关系。聚焦"放管服"改革和毕节市"十四五"规划，以助推毕节市外向型经济发展为立关之任，全面从严治党治关，进一步

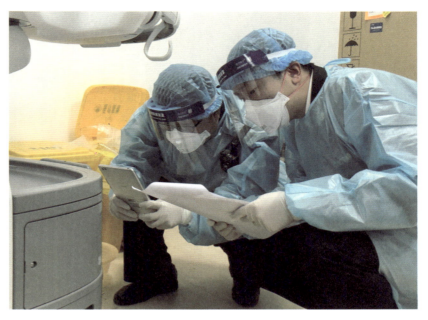

▲2022 年 12 月 8 日，贵阳海关所属毕节海关关员赴咸宁县妇幼保健院进行进口医疗设备属地现场查验　（温仕林　摄）

落实关市合作备忘录和《毕节海关支持毕节市外向型经济发展十条措施》。积极培育外贸新增长极，深入实践抓好"贵人服务""毕须办"等服务品牌，赴县区和企业开展调研 20 余次；跟进跨境电商工作新业态，持续培育意向企业"9710"报关；鼓励企业属地报关，引导实体外贸业务数据"双回流"。持续压缩通关时长。加大"提前申报""两步申报"等便企政策宣传，让"数据多跑路，

群众少跑路"。

【基础保障】2022 年，在贵阳海关党委关心关怀下，毕节海关持续推进关区生活保障设施建设，进一步改善干部职工工作生活环境，着力解决干部职工"急难愁盼"问题。先后对毕节海关食堂餐桌椅、餐具等进行升级，购置洗脱、烘干设备建成洗衣房，极大改善干部职工工作、生活条件，增强干部职工幸福感和归属感，充分激发边关同志干事创业热情。

撰稿人

路朦萌

兴义海关

【概况】2022 年，兴义海关内设 2 个正科级机构核定行政编制数 10 名，实有行政编制 8 名。其中，党委书记、关长 1 名，党委委员、副关长 1 名。下设兴义海关综合业务党支部，实有党员 4 名，2022 年 12 月 6 日升级支部品牌为"峰林国门·锋语"。

年内，兴义海关坚持以习近平新时代中国特色社会主义思想为指导，贯彻落实党的二十大精神，捍卫"两个确立"、做到"两个维护"，落实"疫情要防住、经济要稳住、发展要安全"重要要求，围绕海关总署党委提出的"铸忠诚、担使命、守国门、促发展、齐奋斗"工作要求，践行"求实、扎实、朴实"海关文化，积极推进社会主义现代化海关建设。落实贵阳海关党委要求，紧盯"三个导向"，聚焦"三个

▲2022 年 9 月 1 日，兴义海关综合业务党支部开展"不忘初心永葆革命底色，牢记使命坚守清正廉洁"主题党日活动 （焦淼 摄）

创新"，突出"三项重点任务"（党建工作、海关监管、内部管理），履职尽责、主动作为，全力推动贵阳海关党委决策部署、关区重点工作任务取得新进展。黔西南州外贸进出口总额再创新高。年内，黔西南州外贸进出口总额 4.38 亿元，同比增长 52.94%。监管货运量 1278 吨，同比增长 171.34%；监管进出口商品总值 5211 万元，同比增长 116.81%。实际入库税收 405.75 万元，同比增长 180.6%。进一步激发外贸经营主体活力。新增备案企业 59 家，同比增长 59.46%。带动 5 个千万级外贸值的产业发展，新增有进出口实绩企业 14 家。外贸新业态发展

提速。年内，新增跨境电子商务企业 4 家，跨境电商出口海外仓 1 个。关区企业以跨境电商 B2B 直接出口（"9710"模式）申报货物出口 3 批，实现黔西南州"零"的突破。农特产品出口快速增长。实现黔西南州出口鲟鱼"零"的突破，茶叶出口规模持续扩大。重点项目稳步推进。积极为黔西南州开展自主锰矿进口牵线搭桥，牵头组织召开黔西南州锰矿进口专题会议 6 次，促成贵州省物资集团国际贸易公司与黔西南州工投集团达成合作协议，开展进口锰矿属地自营，为 2023 年开展进口锰矿业务打好基础。助推平安建设。贯彻落实习近平总书记关于反走私综合治理等重要指示批示精神，严格落实总体国家安全观要求，严厉打击"洋垃圾"、固体废物、象牙等濒危物种及其制品走私，开展"国门利剑 2022"联合专项行动。

【基层党建】2022 年，兴义海关将深入学习贯彻党的二十大精神作为首要政治任务，组织专题学习会议，开展学习宣传贯彻党的二十大精神系列活动，切实把党的二十大精神落实到兴义海关工作的各领域全过程。党委带头"先一步"。切实发挥领导干部"领头雁"示范引领作用。组织开展专题学习研讨、心得体会交流、读书会等活动，开展党委理论学习中心组学习 3 次，撰写心得体会 20 份，实现学习宣传贯彻党的二十大精神全覆盖。党员干部"齐迈步"。党员干部开启"四微六学"学习模式，掀起学习宣传贯彻党的二十大精神热潮。制订《兴义海关学习宣传贯彻党的二十大精神工作方案》，创新学习方式，丰富学习载体，提升学习效果。开展"微辅导、微问答、微交流、微讲评"的"四微"活动和"领导干部带头领学、线上线下模式自学、开展知识竞赛促学、权威媒体解读深学、分享学习经验互学、立足工作实际固学"的"六学"模式，深入学习宣传贯彻党的二十大精神，做到笃学笃信笃行。年内组织开展集中学习、研讨交流、知识竞赛等学习活动 12 次。宣传带动"共踏步"。优秀党员等先进典型主动谈认识、谈感受、谈思路；通过开展专题研讨会、会前提问等活动保持学习热度。结合执法、调研等活动，与企业、群众一同学习党的二十大精神。以海关特约监督员为特约宣传员，扩大影响面。学以致用"再进步"。把深入学习贯彻党的二十大精神与各项海关业务工作任务紧密结合，强化在打击走私、危险化学品监管、"异宠"治理等重点工作中的指导实践作用。年内，开展打击走私、国门生物安全、"异宠"综合治理等普法宣传 13 次，受众 300 余人次，发放宣传手册 120 余本。

年内，兴义海关强化理论武装。坚持好"三会一课"制度，把深入学习宣传党的二十大精神作为首要政治任务，并将学习习近平总书记重要讲话和对海关工作相关指示批示精神作为"第一议题"学习，引导党员干部围绕中心、服务大局，聚焦疫情防控、外贸稳增长等重大政治任务，自觉以实际行动和工作成效捍卫"两个确立"，践行"两个维护"。年内，组织党委理论学习中心组学习 16 次，支部集体学习和青年理论学习 28 次。做好党员发展。加强党员干部队伍梯队建设，注重后备队伍培养，突出党建对业务工作引领作用，发挥党员干部先锋模范作用，积极引导带动普通干部群众向党组织靠拢。年内确定发展对象 1 人，入党积极分子 2 人。加强支部建设。优化升级支部品牌"峰林国门·锋语"，积极参与申报贵阳海关党建示范（培育）品牌；持续加强"青年文明号"建设，获评二星级省直机关"青年文明号"。建强人才队伍。优化配置，鼓励支持党员、青年干部参加各类业务培训、跟班学习，激发人才队伍的活力。全关干部具备动植检、危险化学品监管、高级兽医签证官等多个岗位资质，其中危险品检验岗位资质通过率为100%。关区 3 人获年度考核优秀，1 人获评优秀党务工作者，1 个科室获评嘉奖，1 人获评贵阳海关"身边榜样"。

年内，兴义海关落实全面从严治党主体责任，扎实推进党风廉政建设工作。党委会研究部署关区全面从严治党工作。聚焦政治建设，狠抓学习教育。开展"不忘初心永葆革命底色，牢记使命坚守清正廉洁"等党史学习教育主题党日 4 次，开展

党章党规学习 8 次，其中专题学习 1 次。聚焦制度执行，狠抓责任落实。认真履行"一岗双责"，落实谈心谈话制度，把党风廉政建设作为党委重点工作，扎实推进实施年度工作计划。按季度开展廉政风险分析 4 次，查改党风廉政风险点 11 个；组织开展谈心谈话、任职前谈话11 人次；第一责任人认真践行主体责任，抓部署抓落实，组织开展纪法学习 15 次，讲廉政党课 2 次，转发警示教育案例 10 条。聚焦节点控制，狠抓管理监督。针对外出执法廉政监督节点，严格落实《海关工作人员外出执法廉政监督办法》要求，实行审批和台账管理制度，同步开展执法前廉政教育提醒49 次；针对直接面向群众的报关大厅等"四风"节点，强化首问责任制落实，重点开展纪律学习教育、作风教育，邀请海关特约监督员开展明察暗访监督 1 次；针对春节、中秋等重要时间节点，转发廉洁过节提醒、典型案例；针对公务接待、办公用房、公车私用等"四风"节点，常态化开展自查监督。聚焦作风养成，狠抓文化建

设。常态化开展准军事化队列训练、纪律作风督查检查，锻造养成过硬优良作风；利用办公大厅电子显示屏、走廊墙面等打造廉政文化墙，营造浓厚廉洁文化氛围；持续开展"光盘行动"、节约型机关建设，无烟机关建设，荣获"节约型机关""无烟机关"荣誉称号，进一步涵养"三实"作风；开展政治家访、集体政治生日、廉政家书等活动，筑牢廉洁从政思想防线家庭防线，建设传承优良家风。

【推进"三个专项"工作】2022 年，兴义海关深入推进捍卫"两个确立"、做到"两个维护"、强化政治机关建设专项教育活动与"海关重点项目和财物管理以权谋私"专项整治、"学查改"专项工作三个专项工作，持续推动全关广大党员干部牢固树立政治机关意识，不断提高政治判断力、政治领悟力、政治执行力。年内组织"三个专项"专题会议 8 次，党委理论学习中心组学习 4 次，支部学习研讨 5 次。专项教育活动中，查摆问题 16 个，全部完成整改。专项整治工作中，接受第三派驻纪检组

▲2022 年 1 月 19 日，贵阳海关所属兴义海关关员开展出口箱包抽样工作（瞿玥辉　摄）

检查 1 次，开展知识测试 3 次，组织 10 人参加贵阳海关知识测试 1 次，全员平均分 99.2 分。向贵阳海关提供资料 94 份，为贵阳海关专项整改工作深入推进提供材料支撑。"学查改"专项工作中，梳理出问题 5 个，全部完成整改。通过"三个专项"开展，广大党员干部经受了全面深刻的政治教育、思想淬炼和精神洗礼。

【业务发展】2022 年，黔西南州外贸进出口总值 4.38 亿元，同比增长 52.94%，其中进口 0.17 亿元，同比增长 10 倍；出口 4.21 亿元，同比增长 47.67%。年内，黔西南州实际开展进出口贸易企业共 30 家，新增实际开展进出口贸易企业 14 家。主要进出口产品为钽、箱包、服装、汽车轮毂、钢铁板材、硝酸铵、茶叶等。年内，钽铌制品、鲟鱼等实现首次出口。

【海关监管】2022 年，兴义海关监管进出口货物 1278 吨，同比增长 171.34%，其中进口货物 340 吨，同比增长 33 倍；出口货物 938 吨，同比增长 103.47%。进出口商品总值 5211 万元，同比增长 116.81%，其中进口商品总值 2623 万元，同比增长 208.52%，出口商品总值 2588 万元，同比增长 66.61%。

【税收征管】2022 年，兴义海关强化综合治税，加强对辖区企业调研，开展税收情况分析，深挖税源，年内税收入库 405.76 万元，同比增长 180.6%。积极开展税政调研，加强涉税风险分析、强化税收风险防控，根据贵阳海关部署，年内排查海关总署及贵阳海关发布的预警信息 12 期，对发现的两条风险进行核查，并要求企业整改。认真做好属地纳税人管理工作，通过调研走访、税收政策推送、纳税约谈、风险提醒等方式，引导企业合规申报。加强税收征管知识学习，提高业务能力和水平。加大"十四五"税收优惠政策的政策宣讲、培训，关注企业诉求，提升关员业务能力，扩大政策知晓面。

【原产地管理】2022 年，兴义海关共签发各类原产地证书 56 份，签证金额 938 万美元。为贵州省出口企业获得进口方关税减免约 10 万美元。

【动植物检验检疫】2022 年，兴义海关严格按照海关总署、贵阳海关要求，认真做好动植物检验检疫工作，筑牢国门生物安全防线。开展外贸大调研，全力推动鲟鱼出口。深入走访出境鲟鱼注册养殖场，宣传贯彻海关促进外贸保稳提质系列措施，帮助企业解决外贸过程中遇到的困难；强化源头监管，开展安全风险监控和疫病监测风险分析，规范出口水生动物养殖场饲料、兽药等农业投入品使用；加大国外标准法规及技术性贸易措施收集研究，指导企业对照标准组织生产、完善自检自控，助力出境鲟鱼开拓新兴市场。强化现场检疫，设立"出口鲜活易腐农食产品查验绿色通道"，实行优先查验和"7×24小时"预约查验，进一步提高通关时效。实现黔西南州活动物出口"零"的突破。认真开展出口食用农产品风险监测

工作。年内，开展出口食用水生动物一般监控物质监测 1 次、重点监控物质监测 5 次、阳性物质监测 8 次。共抽取鲟鱼样品 11 个，水样 2 个，饲料样品 1 个。检测项目共计 40 项，检测项次共计 129 次，检出项目 2 个，为恩若沙星和环丙沙星。检出恩若沙星 5 次，检测值为 5.03μg/kg～14.45μg/kg，均未超过 100μg/kg 的监控计划执行限量。检出环丙沙星 10 次，超过 5μg/kg 的监控计划执行限量 9 次，超过进口国越南 100μg/kg 限值 1 次。所有检出均为鲟鱼样品，水样、饲料样品未检出。根据风险监

测结果，采取对应的监管措施，指导企业做好生产管理。严格开展进境粮食企业管理，强化全环节监管，保证进境粮食安全，推动辖区饲料企业及养殖业发展。年内，监管进口粮食 3.6 万吨。加强进口粮食调研审批，做好系统管理。认真做好进口粮食的运输、入库、生产加工、下脚料处理的监管，严格按要求对加工存放企业及周边开展外来有害杂草监测 3 次，未发现检疫性杂草或外来杂草。加强外来入侵物种防控，协助贵阳海关动植物和食品检验检疫处做好辖区动物疫病监测、植物疫情信息监测等工作。年内，组织开展国门生物安全宣传 8 次。加强人员培训，提高检验检疫能力。年内，兴义海关派员参加动植检岗位资质培训 7 人次，具有相应岗位资质 20 人次。

【食品检验检疫】2022 年，兴义海关按照贵阳海关的部署，加强进出口食品安全检验检疫监管，认真做好各项工作任务。

年内，兴义海关检验检疫监管出口食品 57 批，主要出口产品为薏仁米、红茶、

▲2022 年 5 月 18 日，贵阳海关所属兴义海关关员开展出口鲟鱼现场监管（焦淼 摄）

果汁饮料等。在出口监管中未检出不合格情况，无出口食品不合格境外通报等情况发生。受理报关进口食品 2 批，产品为魔芋干片，持续开展《中华人民共和国进出口食品安全管理办法》和《中华人民共和国进口食品境外生产企业注册管理规定》的宣传贯彻，严格落实进口食品准入要求。加强辖区进出口食品企业及相关基地管理，做好日常监管和年度审核工作，开展日常监管检查 9 次，反馈问题 1 个，督促企业落实主体责任。根据海关总署及贵阳海关的各项改革便利措施，优化审批程序。辖区内现有备案出口食品生产企业 22 家，年内新增 9 家；供港澳蔬菜基地 6 家；出口食用原料种植基地 5 家，年内新增 3 家；年内新增备案进口食品进口商 1 家。持续开展出口食品监督抽检和风险监测工作。年内，兴义海关承担供港蔬菜专项检查计划任务 4 个，检测项目 217 个，检测项次 868 次。4 个样品均有检出，检出项目均未超过香港《食物内除害剂残余规例》《2018 年食物掺杂（金属杂质含量）（修订）规

例》和国家标准。开展出口茶叶产品风险监测 1 次；监测项目依据 2022 年度出口食品、食用农产品、化妆品安全监督抽检计划实施，共 25 项次，检出 4 个项目，未超过我国国家标准及进口国俄罗斯标准。

【推进跨境电商新业态发展】2022 年，兴义海关大力推进跨境电商新业态发展，深入开展业务调研，了解地方及企业情况与需求，积极推动跨境电商企业对企业出口（"9710""9810"）模式在黔西南州落地。深入企业，开展跨境电商、加工贸易等业务的政策宣讲，邀请贵阳海关技术骨干专家对重点企业、地方商务部门工作人员进行业务指导，实施一对一帮扶，组织跨境电商业务培训 1 次。2022 年，新增实绩跨境电子商务企业 4 家，跨境电商出口海外仓 1 个，箱包、茶叶等产品通过 "9710" 模式实现出口，跨境电商业务在贵州省全面铺开，首次实现贵州省 "出口农产品+中欧班列+跨境电商" 新业态模式，黔西南州跨境电商贸易呈现跨越式发展。

【知识产权海关保护】2022

年，兴义海关按照贵阳海关部署，根据工作职能，认真做好知识产权海关保护工作，积极配合地方部门开展打击侵犯知识产权和制售假冒伪劣商品工作。成立兴义海关知识产权保护专项行动工作小组，组织开展 "龙腾行动 2022" 和 "蓝网行动 2022" 专项行动。根据贵阳海关知识产权海关保护工作 25 条措施，结合关区实际，细化落实，全面组织推进专项行动的开展。强化进出口货物监管，加强进出境环节知识产权保护力度，积极收集案件线索。年内未发现相关线索，未查获和移交相关案件。

年内，兴义海关强化知识产权保护宣传，围绕世界知识产权日、海关法治宣传日、宪法宣传日等重要时间节点，开展内外宣传，引导进出口企业积极运用知识产权海关保护措施保护合法权益，营造良好执法氛围。同时在日常管理、监管、调研等活动中，直接向企业宣传相关知识产权保护政策。赴辖区企业开展调研 6 次，了解知识产权保护情况，收集黔西南州企业对知识产权海关保护的需求及意见建议。

开展知识产权海关保护政策宣讲，敦促企业落实主体责任，为 6 家重点企业实施"一对一"针对性指导和服务，增强企业对知识产权海关保护的了解，维护其合法权益。

【统计工作】2022 年，兴义海关认真做好业务统计工作，强化数据报送与检查。加强统计调查，做好与企业对接。协助完成贵州省对东盟及 RCEP 成员方贸易情况分析 5 期。专人做好数据分析与管理，为黔西南州外贸发展提供数据支撑和辅助服务。

【稽查核查】2022 年，兴义海关依据职能积极配合贵阳海关相关部门开展稽核查工作。按照贵阳海关的部署，积极配合黔西南州市场监督管理局，开展市场监管领域部门联合"双随机、一公开"监管工作。与黔西南州市场监督管理局、黔西南州人力资源和社会保障局等部门联合开展为期 1 天的检查工作，对辖区 1 家企业进行企业公示信息检查，未发现问题。联合检查工作按照要求录入系统，并及时公开。

年内，兴义海关开展辖区供港澳蔬菜基地检查，提交核查需求 1 个，由六盘水海关开展企业供货证明情况的核查。根据贵阳海关动植物和食品检验检疫处反馈的 3 条核查结果，及时开展相关问题处置工作。

【属地查检】2022 年，兴义海关严格落实海关总署、贵阳海关推进属地查检业务改革要求，进行属地检查人员、资质、装备情况统计，认真评估关区现有属地检查资源。加强对属地查检文件的学习，提高执法意识和能力。开展属地查检业务领域安全生产和疫情防控工作自查，强化属地查检规范操作和安全防护，严格落实属地查检资质要求。严格按指令开展进口目的地查验。通过新一代查验管理系统接单、分单、实施查验，严格开展"双随机"。建立兴义海关进境货物目的地事中查验台账。完成进口货物目的地查验 5 批。严格做好出口商品属地查检工作。严格按照相关要求做好执法作业安全，开展培训，进入查检作业场所遵守相关场所有关安全制度和要求。实施查检作业时，根据疫情防控要求、现场和货物情况穿戴合适的防护装备，严格

按规范开展作业，保证安全。严格按照海关总署规定，开展出口硝酸铵的监管工作，强化出口硝酸铵的申报把关，严格落实海关总署关于危险化学品"产地检验、口岸查验"的要求，按规定实施内容物检验，对出口硝酸铵实施 100% 现场监管和抽样检验，严格按照规范进行现场查验、采样、送样，加强包装的性能鉴定和使用鉴定，合理配置监管人员，保障双人持证上岗，开展逐批现场查验要求。设立"出口鲜活易腐农食产品查验绿色通道"，对出口鲟鱼实行优先查验和"7×24 小时"预约查验，进一步提高通关时效。严格做好进口冷链食品属地查检环节疫情防控工作。兴义海关无进口冷链食品业务，主要做好进口冷链食品属地查检业务技能储备。加强对《海关新冠疫情防控工作人员安全防护管理规定》《进口商品口岸环节新冠病毒预防性消毒作业指导书》《进口商品及包装新冠病毒检测采样作业指导书》等相关业务规范的学习，年内组织开展和参加进口冷链食品口岸环节新冠病毒检测采样和预防性消

毒作业培训及演练 14 次。

【优化口岸营商环境】2022年，兴义海关持续深化"放管服"改革，优化业务流程，提升服务质量。严格执行贵阳海关促进外贸保稳提质十六条措施，发挥"出口鲜活易腐农食产品查验绿色通道"的便捷作用，为企业办实事、解难题，帮助贵州省特色优势农食产品扩大出口。加强与地方交流，积极配合地方做好食品安全、"双随机"执法、知识产权保护、医美行业管理、跨境犯罪、扫黑除恶等工作，持续优化营商环境，推动黔西南州外贸健康发展。因积极助力鲟鱼企业实现鲟鱼出口，获企业赠题为"严格把关促贸易，助鲟鱼走出国门"的锦旗。

【打击走私工作】2022年，兴义海关持续深入贯彻落实习近平总书记对海关工作重要指示批示精神，加大打击"洋垃圾"走私、濒危动植物及其制品走私等反走私工作力度。深入学习贯彻全国打私办主任会议精神、全国海关缉私工作会议精神，切实加强打击走私综合治理办公室职能落实，强化组织领导，持续做好关区打击走私工作。深化全员打私工作认识，将打击走私重点工作列为党委会"第一议题"内容，着重加强进出口货物监管，扎实开展"国门利剑2022"联合专项行动、打击冻品走私、疫情防控物资走私、农产品走私、禁止"洋垃圾"入境和打击野生动物及其产品走私等工作。联合黔西南州市场监督管理局、黔西南州商务局等部门，开展打击走私综合治理专项行动，深入黔西南州特色农产品加工主要企业，重点对企业生产经营范围、原料仓库、账册单证等进行核查，实地调研产业基本情况及走私风险。开展打击走私、保护濒危动植物等宣传，以"世界野生动植物日""世界知识产权日""全民国家安全教育日"等节日为重要宣传节点，联合打击走私综合治理办公室成员单位，深入农贸市场、花鸟市场、大型批发市场、黔西南民族职业技术学院等，向企业、学生、群众开展反走私政策法规宣传，累计发放象牙等濒危野生动植物及其制品反走私及禁毒宣传手册等宣传资料1000余份。全面提升企业群众的反走私意识，引导形成自觉抵制、积极举报、全民参与的反走私工作良好氛围。落实总体国家安全观要求，以"平安贵州""平安黔西南"建设为抓手，与地方政府部门加强沟通联系，推动"国门利剑2022""国门绿盾2022""清风行动"等专项工作深入开展，强化责任分工和任务落实，强化横向联合执法、联合宣传，深化疫情防控物资、农产品走私等重点领域走私线索挖掘，巩固打击走私综合治理工作成效。年内无重大走私案件发现，打击走私工作成效明显。

【技术性贸易措施研究】2022年，兴义海关积极参加贵阳海关技术性贸易措施研究，结合海关监管发现的质量安全问题，有针对性地收集相关技术性贸易措施信息，做好辖区企业技术性贸易措施的咨询、指导、帮扶和培训工作。协助贵阳海关开展2022年度技术性贸易措施影响统计调查工作，克服部分企业信息缺失、联系沟通不畅、暂无出口业务以及对技术性贸易措施影响不了解、不配合等不利因素，统筹促外贸保稳提质和大调研等重点工作，对 10 家样本企业采取电话调查、上门走访等，开展政策宣讲，争取企业支持和配合，圆满完成全部企业统计调查、问卷收集和核对工作。加强技术性贸易措施宣传，特别针对鲟鱼出口越南受限问题积极联系主管部门，探索解决方法，提高辖区企业应对能力，推动农特产品出口。

【疫情防控】2022 年，兴义海关党委高度重视疫情防控工作，在党委会中 9 次研究部署疫情防控工作。年内，兴义海关共经历了三轮疫情冲击，均经受住了考验。新的政策出台以来，兴义海关全力做好内部管理，认真做到贵阳海关党委提出的"两个防止"。

【安全生产】2022 年，兴义海关党委作出"3+1"重点工作部署，将安全生产与党建、疫情防控、业务监管一体谋划布局、一体推动落实。年内组织开展安全生产自查检查 12 次。落实"吹哨人"预警机制，查找隐患 11 个，整改完成 11 个。

年内，开展"口岸危险品综合治理"百日专项行动。为深入贯彻落实习近平总书记关于安全生产工作重要指示批示精神，心怀"国之大者"，抓好关区安全生产工作，筑牢国门安全防线，服务经济社会发展大局。根据海关总署统一部署，按照贵阳海关安排，兴义海关积极行动认真开展"口岸危险品综合治理"百日专项行动。加强组织领导，做好工作部署。按照《贵阳海关"口岸危险品综合治理"百日专项行动方案》，结合兴义海关实际，制订《兴义海关"口岸危险品综合治理"百日专项行动方案》，细化实施措施。成立兴义海关"口岸危险品综合治理"百日专项行动工作组，统筹、指挥、督促、推进专项行动各项工作。设置联络员，向上对接上级专项行动领导小组（工作组）。全面开展排查处置，防范化解风险隐患。对辖区内危险品及相关企业情况进行全面深入排查，全面掌握硝酸铵等危险品进出口企业基本情况以及危险品种类、特性、

包装、存储、运输、进出口等情况，摸清底数并建立管理台账，按时报送排查情况。同时对危险货物包装生产企业开展检查。年内，辖区相关企业生产、运输、储存正常，未发现出口企业在地方主管部门要求停产整顿、督查整改、立案处罚期间或处于安全事故整改期等情形下申请登记代码、申报出口检验情况。严格开展进出口监管，严打伪瞒报行为。兴义海关严格按要求开展危险品及其包装监管，严格落实有资质人员双人执法工作，严禁无资质人员从事相关检验监管工作。开展出口硝酸铵内部培训，让一线执法人员掌握相关业务知识、具备熟练的检验监管能力；在执法监管中根据危险品属性配备安全防护装备，做好个人安全防护。加强对进出口货物监管检查，辖区内未发现企业未按产地检验相关规定在本辖区以外其他海关办理危险品出口的情况。未发现伪瞒报、高危低报、多危少报危险品等情况；无相关未申报的疑似危险品采取的后续措施，无相关稽核查作业。

加强宣传引导，深化关地协作。通过"执法+宣传"、"调研+宣传"、企业微信群宣传等方式大力宣传安全生产知识，强化企业安全生产主体责任意识，督促企业落实安全生产责任。深化与地方应急、公安、交通运输、生态环境等部门监管协作，进一步通畅安全联系通道，无相关问题通报和移送地方主管部门。年内，线上宣传企业51家，现场宣传企业7家。

撰稿人

焦　淼

遵义海关

【概况】遵义海关于 2005 年 2 月经国务院批准设立，2010 年 7 月 30 日正式开关运行。业务管辖范围为遵义 15 个县（市、区），有业务监管现场 3 个，分别是遵义综合保税区、遵义新舟机场和遵义恒中保税仓库。遵义海关内设 7 个科室。截至 2022 年年底，实有行政人员 22 名。遵义海关设有第一、第二党支部，截至 2022 年年底，遵义海关第一党支部有党员 10 人，含预备党员 2 人，支部品牌名为"三型三好"；遵义海关第二党支部有党员 12 人，含预备党员 1 人，支部品牌名为"四色先锋"。

2022 年，遵义海关获国家机关事务管理局、中共中央直属机关事务管理局、国家发展改革委、财政部联合授予的"节约型机关"荣誉称号，还成功创建 2022 年度市级工会"会站家"一体化建设示范单位；张凌同志在 2022 年荣获全国海关"百名优秀执法一线科长"荣誉称号。

年内，遵义海关全面贯彻落实党的十九大和十九届历次全会精神，学习贯彻党的二十大精神和二十届一中全会精神，贯彻落实中央经济工作会议精神及贵州省、遵义市开放型经济发展大会精神，抢抓国发〔2022〕2 号文件历史机遇，全面加强党的领导，以扎实开展强化政治机关建设专项教育、"海关重点项目和财物管理以权谋私"专项整治和"学查改"专项工作为抓手，把讲政治的要求落实到每项工作中、每个岗位上，聚焦 2022 年各项工作任务，推动遵义外贸经济发展行稳致远。遵义市外贸进出口总值达 105.7 亿元，同比增长 70.5%，历史上首次突破百亿大关。

截至 2022 年 12 月 31 日，遵义关区实有进出口收发货人累计 1130 家，其中遵义综合保税区区内企业 80 家。现有出口食品生产企业 267 家，出口食品原料种植场 72 家，供港澳蔬菜种植基地 2 家，出口蜂产品原料养殖场 1 家，出口化妆品企业 1 家，进口肉类收货人 2 家，进口食品化妆品境内进口商 13 家。

【强化政治建设】2022 年，遵义海关坚持党建引领，牢牢走好第一方阵。始终将政治建设摆在首位，以扎实开展捍卫"两个确立"、做到"两个维护"、强化政治机关建设专项教育活动为契机，坚持"四个着力"将政治建设要求贯穿于工作各方面、全过程，走好政治机关第一方阵。着力加强政治学习，制订并严格落实《遵义海关 2022 年党建工作实施方案》《遵义海关学习宣传贯彻党的二十大精神工作方案》，始终以学习宣传贯彻习近平新时代中国特色社会主义思想，党的十九大和十九届历次全会精神，党的二十大精神和二十届一中全会精神作为首要政治任务，着重把握 9 个方面的"深刻领会"，发挥党委带头示范作用，坚持"关党委带头学、中心组专题学、党支部督促学、党小组定期学、党员干部常态学"五级联动抓好学习，年内共计召开党委会议 24 次，党委理论学习中心组学习 12 次，工作督查例会 12 次，党支部理论学习 24 次，主题党日活动 23 次。着力提高政治站位，始终把学习贯彻落实习近平总书记系列重要讲话精神和重要指示批示精神作为会议的"第一议题"，将落实习近平总书记重要讲话精神和重要指示批示精神、上级决策部署作为"两个维护"的具体体现，时刻牢记"疫情要防住、经济要稳住、发展要安全"重要要求，围绕海关总署党委提出的"铸忠诚、担使命、守国门、促发展、齐奋斗"，

努力践行"求实、扎实、朴实"海关文化，每月按时召开工作督查会议，每半月召开一次党委会议，研究形势任务、部署重点工作，把好政治方向。着力营造良好政治生态，始终坚持"三会一课"、民主评议党员、谈心谈话制度，在增强基层党内政治生活的政治性、时代性、原则性和战斗性上持续发力，党委班子自觉坚持民主集中制原则，坚持班子成员之间分工不分家，严格遵守党委议事规则和会议制度，自觉用党章规范自己的一言一行，做到立身不忘做人之本、为政不移公仆之心、用权不谋一己之私，班子先锋模范和表率作用得到了较好的发挥。着力加强党支部建设，认真落实《中国共产党支部工作条例（试行）》，班子成员带头参加双重组织生活，带头为党员干部讲党课 3 人次。大力推进基层党建"双提升"行动，加强"四强"党支部建设，深化党建品牌创建，推动基层党组织和党员创先争优，成功发展 1 名党员、3 名预备党员、2 名入党积极分子，补选 2 名支部委员。聚焦海关

中心工作，培养党员干部政治敏锐性，提升善于发现问题的能力和营造敢抓敢管的风气，基层党组织战斗堡垒作用进一步发挥。

年内，遵义海关强化责任担当，持续加强队伍建设。把文明单位建设、准军事化纪律部队建设与干部队伍建设等结合起来，领导班子以上率下、科室负责人身先士卒、干部职工全员参与，"出重拳、下猛药"，推动队伍的凝聚力、战斗力、执行力得到明显提升。在抓队伍作风上，扎实开展"内务规范月"活动和志愿者服务活动，共组织开展 2 次志愿服务、2 次准军队列训练、4 次内务规范检查，队伍准军事化纪律部队作风进一步强化。在抓素质提升上，组织 5 名一线执法人员参加并通过商品检验司 2022 年第 1 期、第 2 期进出口危险货物及其包装检验监管岗位资质培训考核并获得相应资质。在抓精神文明建设上，完善职工服务阵地和职工关爱措施，建立了职工休闲阅读区，开展了工间操、眼保健操、职工运动会等健身活动，积极参加遵义市基层工作"会站家"一体

化建设并成为 2022 年度全市"会站家"创建市直类 10 家示范点之一，干部职工精气神、凝聚力、幸福感得到进一步增强。

年内，遵义海关着力服务全局，统筹推进专项工作。将 3 个专项工作同年内重点工作结合起来，贯穿工作始终，突出政治引领，全面抓实捍卫"两个确立"、做到"两个维护"、强化政治机关建设专项教育活动。通过党委会、党支部"三会一课"、科室例会等强化全员政治理论学习。同时，对标对表深入查找业务领域和具体工作中存在的政治偏差，对梳理出的风险隐患制定 28 项整改措施全面整改，关区"没有脱离政治的业务，也没有脱离业务的政治"意识得到巩固加强。突出从严从实，不折不扣推进"海关重点项目和财物管理以权谋私"专项整治工作。严格按照专项整治各阶段工作要求，扎实开展学习教育和问题自查整改。共组织开展"10+4"起专项整治违纪违法典型案例学习 120 余人次，撰写心得体会 52 篇，开展谈心谈话约 700 分钟，对 2012 年至 2022 年财物账目进行了全面排查，对 31 个问题制定 92 条措施加以整改落实，关区重点项目和财物管理领域规范化水平大幅提升。突出质效提升，迅速行动认真落实"学查改"专项工作要求。根据"六对照六看六查"要求，制定《遵义海关"学查改"专项工作问题整改清单》，各责任科室对照《"学查改"专项工作、政治机关建设专项教育活动自查表》认真进行"补课"，进一步深入查摆问题，深刻剖析原因并逐一进行整改，职工业务水平和能力得到进一步提高。

年内，遵义海关抓住全面从严这一中心，把从严治党的成效体现到党委班子坚强有力上。制定遵义海关认真贯彻落实全面从严治党主体责任工作清单，进一步强化党委书记作为全面从严治党工作的"第一责任人"职责，党委其他班子成员严格履行"一岗双责"、各党支部书记为"直接责任人"的责任，在履行主体责任上持续发力，班子成员之间定期开展组织召开 2 次全面从严治党工作会议，4 次全面从严治党学习会议。坚持以人民为中心这一根本，把从严治党成效体现在政治生态上。始终将党委工作和班子成员置于派驻第二纪检组监督之下，切实加强党内监督，严明干部人事纪律，坚持正确用人导向，成功组织开展了对新提拔年轻干部的谈心谈话和选人推荐工作，联合派驻纪检组召开了 1 次廉政风险及"三不腐"课题专题研讨会，着力营造风清气正的政治生态，党委派驻纪检二组政治生态"护林员"、纪律作风"探照灯"作用得到充分发挥。聚焦严明纪律规矩这一关键，把从严治党成效体现在清廉干事上。在持续优化内控运行机制和加强制度上持续发力，结合以权谋私筑牢靶向监督防线，规范行政审批行为，强化对权力运行的制约和监督，既盯住"关键少数"，盯住重点人、重点事、重要环节和关键岗位，又管住"绝大多数"。

年内，遵义海关将党风廉政建设工作与以权谋私专项整治工作紧密结合起来，把廉政学习教育纳入党委理论学习中心组学习、党支部学习和全员培训内容，坚持将会议学习与钉钉、学习强国 App 自主学习等形式相结合，串起廉政工作学习网；坚持正面引导和反面警示相结合，组织开展了 4 次党风廉政例会，2 次重大项目开展前廉政提醒谈话，1 次规章制度集中培训，1 次廉洁文化建设暨警示教育大会，抓好廉政工作教育网；加强廉政文化建设，改造完成关区廉政文化长廊，积极营造学纪律、懂规矩、守法纪的浓厚氛围，严格执行中央八项规定，紧盯"四风"问题的新形式、新动向，时常要求干部职工要自筑"防火墙"，自设"高压线"，加固廉政工作思想网；强化社会力量监督，不定期邀请海关特约监督员代表开展暗访监督活动 12 人次，在抓常、抓细、抓长上持续发力，使"四风"问题无处遁形，畅通廉政工作监督网。截至 2022 年年底，遵义海关未发生干部职工利用自己的职权办事，收受现金、有价证券和贵重物品等违法违纪行为，未发现廉政问题。

【优化营商环境】2022 年，遵义海关优化通关作业流程，持续巩固压缩整体通关时间

▲2022 年 7 月 19 日，海关总署巡视办督导调研组赴遵义海关开展巡察工作督导调研参观该关党建陈列室　（周凯旋　摄）

成效，建立遵义海关重点企业名录，指定专人"一对一"指导企业采用"提前申报""两步申报"等便捷通关模式办理申报手续。畅通对外开放通道，设立"中欧班列申报专窗"，推行中欧班列"7×24 小时"预约通关。助力黔粤班列"遵义号"顺利首发，从集货、运输方式、出境口岸、规范申报等各个环节提出指导性意见，为企业提供通关保障。提升业务办理时效，压缩出口食品生产企业备案办理时限，由原 5 个工作日压缩至 3 个工作日，最快当天就可办结。

【服务地方发展】2022 年，遵义海关践行"求实、扎实、

朴实"文化，持续深化"放管服"改革，抓好 RCEP 落地实施工作，以外贸提能为追求、以系统观念为引领、以质量效果为导向，推动遵义市外贸持续向好。年内工作主要体现为"三首一再，两增长一推动"（即签发省内首份输马来西亚原产地证书，顺利保障黔粤通道"遵义号"陆海联运班列成功首发，助力遵义鲜活水产品首次走出国门；支持遵义烤烟时隔多年再次成功出口；助力茶叶出口持续增长，其中湄潭县增长 20%，余庆县增长 100%，正安县增长 49%。货值增长 23.13 亿元；推动遵义白酒、绿茶技术性贸易措施

评议基地顺利挂牌）。年内，遵义海关完成税收 2370 万元，增长 28.3%；进出口货物收发货人备案 188 家，出口食品生产企业备案 50 家，进口食品进口商备案 1 家，出口食品原料养殖场 1 家，供港澳蔬菜种植基地备案 1 家，出口食品原料种植场备案 20 家，其中茶叶基地备案 20 家；签发 RCEP 原产地证书 29 份；关区属地申报率为 56.71%，132 项重点目标任务均得到贯彻落实。

【严守国门安全】2022 年，遵义海关把"国门无小事，事事连政治"的道理想清楚、悟透彻、真落实，突出依法把关强化正面监管，不断优化调整关区人力资源，着力推进监管水平提升。年内，共计办结稽查作业 5 起、核查作业 71 起，查发率分别为 60% 和 87.3%；移交案件线索 5 条，简快案件办理 3 起；制定各类操作指引 12 个；累计审签《进口粮食检疫审批初审联系单》18 份，审核调运小麦、高粱、玉米等粮食 6.14 万吨；检验出口危险货物及其包装 158 批次，其中查检不合格 3 批次；出具危险货物包装使用鉴定 17 单；取消 10 家未出口的供港澳蔬菜基地备案资质；开展口岸食品经营单位卫生监督 28 次，公共场所卫生监督 18 次，饮用水卫生监督 3 次，口岸病媒生物监测 28 次；遵义综合保税区首次在属地查验中截获境外有害生物；查发 3 起烟花爆竹出口企业擅自使用其他企业产品出口等违规情事；撰写的风险信息被商品检验司相关刊物采用刊载。

【提升综保功能】2022 年，遵义海关更好利用国内国际两个市场、两种资源，助力保税再制造企业成品转内销，支持综合保税区充分利用跨境电商（"9710"／"9810"）已打通的外贸新平台新通道，加快推动外贸转型升级。2022 年，遵义综合保税区外贸进出口值 69.42 亿元，增长 169.92% 占全市进出口总值的 65.66%，外向型经济"桥头堡"功能作用进一步提升。

【巩固口岸建设】2022 年，遵义海关利用遵义新舟机场无国际航班"空窗期"，对照国家验收标准完善口岸海关监管基础，指导遵义机场按照国家联防联控机制口岸疫情防控要求整改入境卫生检疫作业场地，增设入境旅客核酸采样区，规范设置海关工作人员防护脱卸区，推动遵义市政府将口岸突发公共卫生事件防控纳入全市公共卫生事件防控体系，进一步强化口岸联防联控机制。同时，大力支持遵义新舟机场二期改扩建，指导机场围绕遵义开放型经济发展大局前瞻性完善口岸功能设计布局。加强口岸海关监管硬件维护，开展口岸突发核辐射事件应急处置演练 1 次、疫情防控应急演练 3 次、口岸监管设备常规使用维护 28 次，全力做好口岸正式验收和开放复航工作准备，推进智慧航空口岸建设。

【狠抓疫情防控】2022 年，遵义海关筑牢底线思维，年内共计组织召开党委会议 24 次，其中 13 次对疫情防控工作进行了安排部署，始终以最高的防控级别、最严的防控措施、最细的落实清单，适时调整防控政策，毫不松懈抓紧抓实抓细各项疫情防控措施，保障了全关干部职工生命健康安全。

【严控重点工程】2022年，遵义海关严格质量和效率关口，坚持全过程"一把手"亲自监督过问，分管领导现场督查指导，顺利启动并完成关区监控改造、网络改造、消防车道改造，临时车库、仓库拆除改造停车场项目，红花岗办公区综合楼消防改造项目等工程项目。年内，财政拨款预算执行进度为100%。

撰稿人

王琥旭　周晓炜

铜仁海关

【概况】2022 年，铜仁海关以习近平新时代中国特色社会主义思想为指导，学习贯彻党的二十大精神，落实习近平总书记对海关、对贵州工作重要指示批示精神，找准"两个齿轮"深度融入"内陆开放型经济新高地"建设，"三个创新"助推铜仁开放型经济高速增长，当好"三个排头兵"全面建强新关小关，涵养"三实"文化推动关区事业跨越发展，为党的二十大胜利召开交出满意答卷。

年内，铜仁市外贸保持高速增长，完成货物进出口 32.5 亿元、贵州省排名第 3 位，同比增长 116.4%，增速连续 3 年保持全省第 1 位。监管业务持续拓展，铜仁市监管进出口货物 14.2 亿元，同比增长 18.2 倍；完成税收入库 950 万元，同比增长 4.7 倍；检验检疫货物 1564 批次，同比增长 1.8%；完成危包使用鉴定 1106 批次，同比减少 11.4%，危包性能检验 2338 批次，同比增长 13.7%。基层党建成效显著，"小铜哨"党建品牌被海关总署评为全国海关党建培育品牌，支部获关区"四强"党支部荣誉称号，1 人获得"优秀党务工作者"。成功创建"二星级省直机关青年文明号"，1 人获省直机关"文明标兵"荣誉称号。办公环境焕然一新，铜仁市委、市政府决定将万山区产业园 1 号楼长期无偿提供给铜仁海关使用，并出资 1197 万元进行装修改造。

【党的建设】2022 年，铜仁海关共召开党委会 14 次、督查例会 10 次、党委理论学习中心组学习 12 次。创建"三个一"学习型党组织载体，开展"晨习一语"473 期、"周讲一史"93 期、"月研一典"22 期专题学习。组织开展读报告原文、写心得体会，有关投稿被海关总署"金钥匙杂志"微信公众号采编；完成党委会专题学习 1 次、党委理论学习中心组学习 3 次、支委会学习 2 次、支部大会学习 2 次，开展主题党日活动 2 次；派员参加省直机关公文写作比赛，参与海关总署专题征稿，1 篇获海关总署"海关发布"微信公众号采用，1 篇获"贵阳海关发布"微信公众号采用。

年内，铜仁海关开展捍卫"两个确立"、做到"两个维护"、强化政治机关建设专项教育活动，对发现的 10 个问题完成整改，承担贵阳海关 5 项作业指导书编制并在关区做经验交流发言。撰写的"233 工作法"专项教育信息简报被海关总署政工办、海关总署专项教育专栏基层信息和全国海关专项教育活动简报采用。组织开展巡察整改情况回头看，进行深入自查，做到问题清单"真清零"，自查发现"基层党支部创先争优工作需持续推进""智慧航空口岸试点还需深入推进"2个问题，常态化推进整改工作。对照海关总署统计督察反馈意见认真组织自查和落实，做好统计工作的政治意识，强化统计分析人才培养，保障统计数据质量，杜绝统计造假事件发生，结合关区实际开展外贸形势分析，提升"首报、首发、首用"能力，服务铜仁开放型经济发展大局。

年内，铜仁海关制订支部2022年理论学习计划和党的建设工作要点，开展"三会一课"29次，过集体政治生日4次，培养2名发展对象，党委书记、支部书记带头讲党课。持续丰富"小铜哨"党建品牌和"铜哨前行"内涵外延，践行"铜哨前行当五员"支部口号和"高、快、新、实"支部工作法，创新"支部工作法+"党建业务融合管理模式。"小铜哨"党建品牌被海关总署评为全国海关党建培育品牌，支部

获关区"四强"党支部荣誉称号，1人获得"优秀党务工作者"，成功创建"二星级省直机关青年文明号"，1人获省直机关"文明标兵"荣誉称号。

年内，铜仁海关修订完善《铜仁海关党委议事清单》，严格执行民主集中制、"三重一大"工作制度及党委书记末尾表态制度等。履行意识形态领域管理职责，每半年开展一次形势分析。拟定铜仁海关党委全面从严治党责任清单，明确党委书记第一责任人责任和其他班子成员分管领域主体责任；党委会专题研究全面从严治党2次，对工作进行安排部署、推动落实；层层签订全面从严治党责任书，压紧压实主体责任；建立铜仁海关党风廉政工作要点和风险责任清单；全员签订工作纪律承诺书，严管就是厚爱，提醒督促关员，协勤遵纪守法。主动接受社会监督，定期开展廉政回访，监督一线执法廉政情况；对外设立意见箱、举报电话，接收企业和个人意见建议；主动向企业发放海关执法廉政告知书，建立廉政告知台账，海关执法行

为全程接受企业监督；规范做好"好差评"系统使用，相关执法事项公开透明接受企业评价；补充更新铜仁海关特约监督员，邀请与海关业务相关人员对海关工作进行全面监督，年内无违法违纪事件发生。

年内，铜仁海关开展典型案例研学，党委会、党委理论学习中心组、党支部、青年理论学习小组专题学习反腐倡廉党内法规、重要文章、重要论述，筑牢廉洁从政思想根基。全员集中观看海关总署廉政教育视频，强化警示教育，做到警钟长鸣。创新廉政警示活动，开展书记上廉洁党课、开展政治家访、发放廉政家书、青年干部谈廉洁活动等丰富多彩的主题活动，帮助全体干部职工算好人生、家庭、事业账。全员参与制作《廉关之三不惑》得到署关一致好评，获全国海关"清风国门"廉洁文化创意作品二等奖。强化准军队伍建设，组织全员观看内务规范，开展队列训练和日常内务检查，强化职业荣誉感，提升准军素养，提高干部职工的执行力。配合做好"海关重点项目和财物

管理以权谋私"专项行动，对照贵阳海关工作方案，开展学习教育，公开举报渠道，定期反馈案件线索收集情况，强化专项行动成果学习，提高干部职工廉洁意识。

【队伍建设】2022年，铜仁海关全员获得海关总署各类监管资质39项（含2名高级兽医签证官），培养了通关一体化、税收征管、风险管理、统计分析、检验检疫、新闻宣传、党建等多领域专业人才。铜仁市政府为铜仁海关增派3名"梵净之光"研学研修在编人员，补齐6名劳务派遣聘用人员，干部职工总人数达30人。选派业务专家参加市级外贸专班授课，与地方涉外人才进行交流，授课效果得到铜仁市委组织部充分肯定。年内获贵州省委省政府信息采用2次、海关总署信息采用5次、海关总署及省级新闻宣传采用9次，超额完成海关总署及省级新闻信息采用任务。

【通关监管】2022年，铜仁海关共受理报关单192单次，同比增长6.7%；监管进出口货物14.2亿元，同比增长18.2倍；完成税收入库950万元，同比增长4.7倍。2次召开关

企协作会议解决疑难事项，促成大龙中伟新材料公司分别于3月4日、6月13日首次实现出口、进口属地报关，支持企业属地进口报关单业务以合同公示定价方式落地。指导打火机首次通过跨境电商B2B模式（"9710"）出口阿联酋。

【检验检疫】2022年，铜仁海关开展属地查检220余人次，共检验检疫货物1564批次、同比增长1.8%，涵盖打火机、高纯硫酸锰、茶叶（含抹茶）等13种产品，其中，检验检疫鲟鱼出口17批次、货值532.3万元。完成危包使用鉴定1106批次，同比减少11.4%；危包性能检验2338批次，同比增长13.7%。优化检验检疫监管举措服务主导产业，支持鲟鱼、蜂蜜、氧化铟、高氯酸钾、香枫树精油5种产品首次走出国门。

【打击走私综合治理】2022年，铜仁海关发挥职能优势，持续深入开展打击走私"国门利剑2022""护卫2022""清风行动"等专项行动工作，重点防控冻品、农产品、野生动物、防疫物资等物品走私，切实履职尽责全力维护贸易秩序。开展"世界野

生动植物日"纪念活动、全省打击走私禁毒"五进"集中宣传活动、"6·26"国际禁毒日普法等宣传活动。年内共检出不合格商品15批次，办理"两简案件"4件，一般案件1件，对11批次、24073吨进境粮食开展后续监管。

【服务发展】2022年，铜仁海关落实海关总署、贵阳海关决策部署服务稳外贸工作大局，结合铜仁市进出口实际对照梳理形成20条纾困举措，落实"一场外贸大调研""两轮业务培训""三张清单清零""四个要素保障"工作举措，建立重点服务企业清单，完成"问题清零"台账解决措施78条，实施"一产一策"强化改革服务，支持新型功能材料、茶产业迅猛发展，企业成长、数据回流成效显著，助推全市外贸克服困难大幅度增长。铜仁市完成货物进出口32.5亿元、贵州省排名第3位，同比增长116.4%、增速连续3年保持全省第1位。

年内，铜仁海关辖区新增外贸实绩企业12家；完成进出口货物收发货人备案57家、同比增长72.7%，总数

达431家。出口食品生产企业备案19家、同比增长90%，出口食品原料种植场（养殖场）备案19家、同比增长280%；指导铜仁追花族科技有限公司完成加工厂和养蜂基地备案，"思南晏茶"完成核心茶区出口基地备案，碧江山茶油完成龙头企业出口加工厂备案，并对大龙中伟、江口贵茶及专精特新企业进行了海关AEO认证政策宣讲。

年内，铜仁海关重点聚焦新型功能材料抓好产业培育和数据回流。年内，新增外贸实绩企业12家，外贸实绩企业总数达到49家，其中进出口贸易额亿元以上3家，千万元以上企业17家。与大龙中伟新材料公司召开关企协作会2次，解决企业50余项外贸诉求，提请贵阳海关解决的问题20余条，积极向贵阳海关汇报企业情况集全关之力服务好企业，王松青关长走访调研中伟新材料公司落实更深层次的政策支持，层报有关镍原料税政建议得到海关总署采纳支持企业发展，为该公司数据回流贡献海关力量。2022年，新型功能材料产业进出口总额达

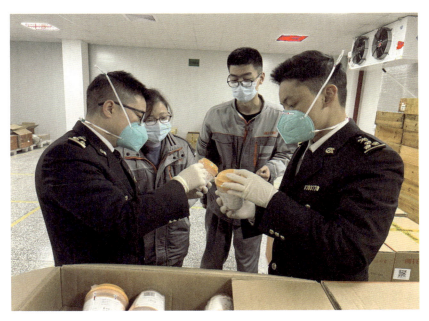

▲2022年12月16日，贵阳海关所属铜仁海关为助力铜仁蜂蜜首次出口开展检验检疫工作　（王娟　摄）

24.1亿元，同比增长163.4%，拉动全市外贸增长99.7个百分点，占全市外贸总额的74.2%。其中，镍钴锰氢氧化物出口17.1亿元（主要销往韩国），镍的生产原料进口6.8亿元；高纯硫酸锰、锂离子电池出口稳步上升。

年内，铜仁海关支持茶产业发展壮大。撰写支持茶产业发展专题报告市领导，与市茶叶专班深入座谈交流，开展海关产业扶持政策宣讲，积极响应企业出口需求，专人指导开展好出口茶叶加工厂备案和种植场备案，邀请企业到海关"跟班学习"报关报检知识，帮助培养外贸

人才。2022年，全市茶叶出口2.1亿元，同比增长61.7%，占全市外贸总额的6.4%，出口茶叶加工厂备案累计达41家，基地备案累计达42家、面积约49.33平方千米。

年内，铜仁海关精准帮扶支持食用菌、蜂蜜出口。妥善应对印江梵天菌业出口木耳农残超标事件，对企业开展溯源核查和立案调查，争取贵阳海关支持依法依规从轻处理，督促严格执行质量管理体系，指导增加食用菌种植场备案数量，发挥海关作用支持企业做好挂牌上市准备。铜仁追花族科技有限公司的蜂蜜产品因内销受

阻出口愿望强烈，铜仁海关主动服务，帮助企业完成出口加工厂备案，指导养蜜基地以养蜂联合体申请出口备案，争取贵阳海关支持跨关区协调加快完成广东阳江养蜂基地备案，开辟"绿色通道"指导江口养蜂基地快速完成备案，基地共涵盖蜂农23人、蜂群6324个、年产蜂蜜预计达4220吨；指导企业到海关"跟班"学习报关报检业务，随报随检、快速出证，积极化解通关过程中的突发问题，支持铜仁蜂蜜于年底实现出口"零"的突破。

【安全生产】2022年，铜仁海关制订《铜仁海关安全生产2022年度工作计划》《铜仁海关安全生产集中整治工作责任清单》《2022年贵阳海关安全生产和消防工作目标任务分解表》，确保每项工作、每个环节的责任落实到部门、落实到岗位、落实到个人。与工信、商务、大龙管委会和高新区等部门的协作配合，共同做好重点敏感企业安全生产工作，确保安全生产专项整治三年行动圆满收官。动态更新"两个清单"，全面建立三张"清单"。对机场口岸、危险品企业等重点领域不定期开展安全检查35次，对查发的2条安全隐患完成整改。制订关区"口岸危险品综合治理"百日专项行动"1+3"实施方案，即1项实施总方案，危货、危包、危险化学品3类产品子方案，成立以主要负责人为组长的专项行动组，梳理16项细化任务措施。建立"铜仁海关危险品企业管理底单"，全盘梳理出关区危险品企业8家、产品范围6类、产品危险特性4种、历史查发问题隐患3个、整改落实情况5条，涉及有关常用标准21份，研究提出监管注意事项7条。百日专项行动期间，共查检出口打火机及点火枪累计271批次，检出不合格4批次；出口高氯酸钾3批次，无不合格情况；缬草油2批次，检出包装不合格1批次；报送出口危险货物及其包装不合格典型案例1起获海关总署采用。

【疫情防控】2022年，铜仁海关做好疫情防控，成功应对属地突发疫情统筹保健康促发展工作。实行离铜报备制度并建立工作台账，开展健康排查"日报告、零报告"，严格外来人员管控和公共区域消毒，做好防疫物资和生活物资保障，成功应对多次属地突发疫情，做到疫情防控"零疏漏""零感染"，干部职工疫苗接种率和加强针接种率均达100%。按照中央政策调整、从严执行地方疫情防控要求，督促干部职工落实好"自我防疫的第一责任人"，实施防疫"三件套"牢记防护"五还要"，个人做好健康监测，单位做好健康排查，保障身体健康，维护良好工作秩序。高效统筹疫情防控和促发展工作，克服疫情影响支持企业正常办理进出口业务，设立鲜活易腐农食产品进出口"绿色通道"，公开预约电话，支持鲟鱼及其他急需出口货物快速通关，得到了政府和企业高度肯定。

【内控示范科室建设】2022年，铜仁海关建立《铜仁海关综合业务科人员岗位清单及业务事项清单》和《铜仁海关综合业务工作要求汇编》，涵盖业务办理、科室管理等58项内控操作规程，实现制度对业务的全覆盖。梳理内控岗位节点，形成《岗位配置表》，规范设置岗位18

个，细化岗位职责 37 项，实施 A/B 角制度和核查岗负责制，对每个岗位的业务细节进行明确，做到有章可循，强化制度的可操作性。形成《科室内控核查清单》，明确核查具体要求、核查周期与责任人，定期对清单事项进行核查，落实各岗位风险的执行控制和内部监控。发挥科技力量，通过 HLS 2007、"云擎"等系统建立中美贸易、原产地、商品归类、不实贸易监控等 13 个模型，累计运行 300 余次，及时查发 2 单进口商品归类有误，3 单出口货物原产地标准适用有误，累计上报不实贸易风险 3 次。

【改善办公条件】2022 年，铜仁海关争取铜仁市委、市政府大力支持，联合行文函告贵阳海关，明确铜仁海关新办公用房保障事宜，决定由铜仁市机关事务中心租赁万山区产业园 1 号楼，政府出资 1197 万元进行装修改造，长期无偿提供给铜仁海关使用。加强与贵阳海关职能部门、设计院、承建方及施工方沟通联络，重点关注房屋安全问题，督促新办公楼的选址、设计、施工、验收、整改等各个环节有序推进。完成急用办公用具、设备及服务等 11 个项目采购。历时 22 个月完成新楼搬迁任务，海关对外形象得到提升，办公条件得到改善。

撰稿人

王　庆　李治华

第八篇

直属事业单位

贵阳海关综合技术中心（保健中心）

【概况】2022年，贵阳海关综合技术中心（保健中心）围绕贵阳海关党委工作部署，狠抓贯彻执行。以党建为引领、以提升技术保障能力和服务水平为抓手、以解决市场基础薄弱和经费短缺这一痛点问题为目标，法检技术保障能力和社会化服务水平大幅提升，市场经营收入实现跨越式发展，创下历史最高，同比增长100%。

【全面从严治党】2022年，贵阳海关综合技术中心（保健中心）坚持党建引领，以专项教育活动和专项整治为契机，以重要业务工作开展为载体，全面推进组织作风建设，落实政治责任。结合捍卫"两个确立"、做到"两个维护"、强化政治机关建设专项教育活动，"海关重点项目和财物管理以权谋私"专项整治以及"学查改"专项活

动，自2月24日起，先后联合筑城海关、铜仁海关、六盘水海关以及科技处、综合业务二处深入开展"没有脱离政治的业务，也没有离开业务的政治"党建交流研讨活动，将海关执法监管业务与技术保障需求紧密结合，加强了政治机关建设的工作联动，同时将政治要求和风险防控体系落实到制定业务

规范、办理具体业务过程中，避免出现讲政治虚化、抽象化现象，确保业务工作不偏离政治的主导方向。年内，贵阳海关综合技术中心（保健中心）党支部共组织召开支委会12次，党员大会及党员（扩大）会11次，支部书记上党课1次，开展"强化政治机关建设""支部联建""专项工作党员示范岗工作表

▲2022年11月18日，贵阳海关所属综合技术中心（保健中心）与综合业务二处开展业务研讨会　（刘松　摄）

彰""政治生日忆初心，凝心聚力担使命""传承好家风，涵养好作风""迎接二十大，做合格党员"等 15 次主题党日活动；深入职工家庭开展政治家访 3 次，谈心谈话 25 人次。

【队伍管理】2022 年，贵阳海关综合技术中心（保健中心）在组织完成"三定"工作基础上进一步优化科室岗位职责，将实验室出具报告职责调整至业务部，相应调配高级工程师审核、出具检测报告，一方面为实验室人员腾出了更多的精力投入检测工作，另一方面也在一定程度上解决了人员忙闲不均的问题，工作效能得到显著提升；组织制定在编人员绩效考核和编外聘用人员薪酬管理等 2 项制度，5 月 17 日经监委会审议通过实施，进一步完善在编人员激励考核机制，实现了整合后临聘人员薪酬管理统一化、规范化。

【法检技术支撑保障】2022 年，贵阳海关综合技术中心（保健中心）结合职能职责抓好法检任务，突出抓好物种鉴定、涉税化验、卫生检疫、动物疫病检测、商品鉴定等各项重点工作。年内，执法支撑保障能力持续提升，对所有职能部门和隶属海关的技术保障业务需求做到 100% 响应，年内实验室完成法定检测任务同比增加 221.3%，年内核酸检测 16 万人次，满足贵阳海关关警员抗疫需求。12 月上旬，抽派 4 人参加了海关总署危包资质培训并全部通过考试，为关区危险化学品检验监管业务做好技术人才储备。相继完成贵阳龙洞堡机场海关截获送检来自法国、中国台湾、西班牙近 20 批植物种子和 4 批海螺鉴定工作，确保 100% 鉴定至种，其中土沉香和海螺为贵阳海关关区首次查获，切实发挥技术支撑保障作用，维护国门生物安全。

【实验室检测、出入境监测体检和预防接种业务】2022 年，贵阳海关综合技术中心（保健中心）食品、商品检验和生物实验室在 1—12 月完成实验室检测业务 7832 批次，同比增长 39.9%，其中法定检测任务 1863 批，同比增长 221.3%；监管及社会委托检验业务 5344 批，同比增长 5.0%。卫生检疫实验室在 1—12 月累计开展新冠病毒核酸检测 160131 人次，同比增长 15.7 倍。出入境监测体检和预防接种方面 1—12 月体检工作情况：完成预检分诊 22145 人次，同比增长 49.1%；完成出入境人员咨询、体检、总检以及证书发放 3355 人次，同比增长 10.2%；完成预防接种及转签 7107 项次，同比增长 214.2%；证书发放 1330 人次，同比增长 10.7%；完成社会人员体检、总检及体检报告发放 5935 人次，同比下降 77.0%；完成核酸检测登记及报告发放 12829 人次，外文表填写 242 份。

【疫情防控】2022 年，贵阳海关综合技术中心（保健中心）在疫情防控工作中始终站在讲政治的高度，立足本职、担当作为。深刻认识疫情防控的复杂性、长期性和常态化防控的重要性，抓实抓细常态化疫情防控工作，实验室坚决保障关区核酸检测工作有序开展。面对 9 月贵阳突发疫情严峻形势，中心紧急调配人力资源，抽调党员干部和技术骨干配合卫检实验室，成立疫情防控核酸采样和检测小组，下设 6 个采样小组和 1 个机动小组，实行组员轮班制，全方位做好

▲2022 年 8 月 29 日，贵阳海关所属综合技术中心（保健中心）赴贵阳市公安局核酸采集现场开展工作　（王艳　摄）

贵阳关区大量应急处置和采样检测工作。静默管理期间核酸采样和检测小组连续作战，赴市公安系统等多家单位开展核酸采集工作，完成核酸采集、检测 57200 人次。

2022 年 5—6 月，圆满完成"5·18""6·05""6·10"入境航班卫生检疫检测工作，坚持常态化精准防控与局部应急处置有机结合，严防疫情跨境传播，此项工作得到了上级有关单位的充分肯定和表扬。

【遵义路改造项目搬迁】2022 年，贵阳海关综合技术中心（保健中心）为顺利推进遵义路改造项目（门诊部与卫检实验室）搬迁重点工作，以不影响业务工作为原则，做好搬迁工作方案及应急处置预案，仅用 5 天时间高效零事故完成项目搬迁，得到了贵阳海关关领导的充分肯定。在 6 月底全面启动搬迁工作以来，一方面及时跟进与搬家公司、诊疗设施设备等一系列服务供应商的招标工作；另一方面与财务处、基建办、科技处、后管中心等部门就搬迁经费落实、工程项目后期建设、信息化建设、搬迁实施等一揽子工作进一步加强沟通和密切协作，保证相关项目如期完工。此外，搬迁期间，积极对外协调各方，对内细化落实人员分工，提前做好业务工作安排、分批进行设备物品打包，确保门诊部、卫检实验室各项工作有序和无缝衔接。8 月 22 日，在遵义路新址试运行，主要搬运工作及整理用时 5 天，实际停业 4 天，比原计划的 8 月 31 日新址开业提前了 8 天。整个搬迁准备、实施过程中，门诊部、卫检室全体干部职工准备充分，业务部、办公室做好后勤保障，整个搬迁工作安全平稳有序。

【技术能力建设】2022 年，贵阳海关综合技术中心（保健中心）为满足海关执法监管

▲2022 年 8 月 22 日，贵阳海关所属综合技术中心（保健中心）新址门诊部大厅试运行　（秦洁　摄）

技术保障需求和市场竞争需要，多措并举持续提升技术能力和工作效能。年内组织参加各领域能力验证 15 项，结果反馈均为满意，为评价实验室出具数据的可靠性和有效性提供了重要依据。6月24日通过了 2022 年贵州省食品安全承检机构现场检查，完成在人员培训、抽样规范、样品管理、设施设备试剂等资源管理等方面共 14 项问题整改，进一步提升实验室规范化管理水平，为下一步检测业务量突破 1 万批做好充分准备。8 月 5 日顺利通过 CNAS 现场评审，11 月 24 日通过 CATL 现场资质认证评审。通过评审，贵阳海关综合技术中心（保健中心）本部及果蔬实验室扩项 180 项，为下一步关区行政执法提供强有力的技术支撑和资质保障，不断拓展检测领域，增强了实验室综合实力和公信力。为全面做好市场抽检业务工作，着力打造专业抽检队伍，12 月 21 日成立专职抽样组，并根据业务增长点逐步充实人员，重点抓好队伍的纪律作风、理论实操入职培训，为规范、严格开展市场抽检工作打牢基础；积极

配备检测资源、调配检测业务，支持国家果蔬检测重点实验室（六盘水）建设，推进重点实验室验收。

【检验检测市场业务】2022年 11 月 16 日，贵阳海关综合技术中心（保健中心）参与市级流通环节监督抽检项目投标，在与贵州省内外 7 家具备强大实力的竞标单位中脱颖而出，成功中标。市级抽检项目的中标，是贵阳海关综合技术中心（保健中心）在参加县（区）级食品安全抽检业务领域基础上取得的重大突破。首先，中标市级抽检项目后，平均每单批次利润率较 2021 年提升 23%；其次，打破省内检测市场长

期被省理化测试分析研究中心和省质检院等单位占领的格局；最后，补齐技术短板，增强队伍信心，为 2023 年争取省级食品安全监督抽检业务夯实基础。

【体检业务】2022 年，贵阳海关综合技术中心（保健中心）在巩固原有市场客户的基础上，10 月中标贵阳市市场监督管理局职工体检项目，陆续与中国检验认证集团贵州有限公司、贵州省外事服务中心、贵州省外事办联络接待站等 5 家单位签订体检合作协议，多渠道全方位拓展社会体检业务市场。年初，贵阳海关综合技术中心（保健中心）领导班子积极谋划，

▲2022 年 11 月 16 日，贵阳海关所属综合技术中心（保健中心）食品安全抽检工作动员部署会　（梁艺馨　摄）

充分寻求利用各种社会资源，以 HPV 疫苗接种业务为创新点和切入点，探索体检市场发展新途径并取得了明显成效，通过 HPV 疫苗接种业务收入，极大程度上解决了资金短缺问题。

【安全生产】2022 年，贵阳海关综合技术中心（保健中心）为落实海关总署科技发展司和贵阳海关对实验室安全管理工作要求，开展实验室生产安全、生物安全、气瓶室安全、易制毒试剂、危险化学品库房安全隐患排查和日常监督检查，组织对试剂室进行彻底清理，规范试剂耗材和库房管理，建立了疫情防控物资专用库房，将存在安全隐患的氮气发生器迁至楼顶，切实防范化解重大安全风险，坚决守牢安全生产底线。3 月上旬，配合科技处、综合二处、督察内审处开展"海关实验室安全管理领域安全生产督查"，对发现的问题制定相应整改措施，切实加强安全问题隐患自查自纠，全力稳定安全生产形势。通过对关区海关实验室安全管理领域现场督察查、口岸疫情防控的"四不两直"检查等工作，进一步规范实验室管理，强化生物安全防范意识和防护能力，确保安全生产形势持续稳定。6 月 14 日，组织参加关区"安全生产月"消防安全知识培训，进一步提升职工对消防安全的责任意识和防范能力，深入推进消防安全综合治理。11 月上旬，组织修订了中心 E 版管理体系危险化学品相关管理程序及"管理和关键岗位要求"作业指导书，进一步完善安全管理体系文件。

撰稿人

罗天林

贵阳海关后勤管理中心

【概况】贵阳海关后勤管理中心（简称"后管中心"）于2019年6月由原贵州出入境检验检疫局机关服务中心和中华人民共和国贵阳海关后勤管理中心整合而成。后管中心设7个内设机构，分别为办公室、财务部、生活部、节能管理部、经营部、采购部、企管部，所属企业4家。截至2022年年底，后管中心共有海关事业编制人员18人。

【党建工作】2022年，后管中心长期严格执行"第一议题"制度，在支部开展集中学习11次，思想交流、学习研讨7次，专题讲座1次，线上线下学习篇目共计120篇，组织学习违法违规违纪典型案例4批次、27起。同时，严格执行"三会一课"制度，组织召开支委会及党员大会各12次，支部书记带头上党课2次，主题党日活动12次，过"政治生日"13人次，开展"政治家访"1次、家访党员12人，提醒谈话7次、共计91人次。后管中心高度重视意识形态工作，主要负责人切实履行意识形态第一责任人职责，领导班子成员履行分管领域意识形态管理职责，同时要求各部室及企业负责人抓实抓好本部门意识形态工作、加强教育提醒，每周定期专题汇报。

【专项工作】2022年，后管中心严格按照关区部署要求，深入开展各项专项工作，确保工作成果落地见效。深入开展捍卫"两个确立"、做到"两个维护"、强化政治机关建设专项教育活动以及"学查改"专项工作。根据捍卫"两个确立"、做到"两个维护"、强化政治机关建设专项教育活动以及"学查改"专项工作要求，自觉对标对表、深入开展自查，形成专项教育活动业务整改方案及整改清单，并严格落实整改要求，年底所有问题均已整改到位，同时通过深入查改问题，教育引导干部职工举一反三，在深学细悟中进一步统一思想、提高政治站位，忠诚践行"两个维护"，捍卫"两个确立"。深化落实"海关重点项目和财物管理以权谋私"专项整治工作及"2022年贵阳海关督察审计自查"专项工作。在思想上高度重视专项整治工作，严格按照海关总署、贵阳海关工作要求，制订工作方案，开展动员部署、教育宣传，进一步统一思想、提高站位，组织撰写心得体会36份和个人剖析材料32份。同时，组织各部室及所属企业严格开展财物管理项目自查，共计查阅资料

30652 份（其中电子资料 2078 份，纸质资料 28574 份），并根据贵阳海关职能部门梳理出的整改问题梳理出涉及后管中心的整改问题共 11 项，形成 24 条整改措施，在年底全面落实完毕。根据贵阳海关 2022 年督察审计自查工作方案要求，后管中心组织本级及所属企业完成审计自查共 237 项，梳理汇总自查要点 7 项、共计 18 个风险问题，发现以前年度存在问题共计 27 项并全部完成整改。

【涉案财物管理】2022 年，为进一步规范和加强涉案财物仓储管理，保障涉案财物保管安全，后管中心结合工作实际修订了涉案财物仓储管理工作规程，明确对涉案财物仓库盘点的频次、要求及检查重点。同时严格涉案财物出入库管理，确保全过程有记录，全面掌握涉案财物库内情况。年内共计完成涉案财物出入库 214 批次，其中精品仓库出入库 182 批次、社会仓库 32 批次，未发生涉案财物仓库安全事故。

【档案管理】2022 年，后管中心为进一步夯实基础工作，根据工作实际，形成中心档案管理办法，利用有限硬件设施条件，初步设置资料室作为档案存放场所，并引进第三方档案专业服务商开展档案整理，进一步理顺中心档案特别是 2018 年机构整合前的历史档案，历时 3 个月完成第一批次 4017 件档案整理，形成跨度从 1997 年至 2021 年的电子、纸质档案目录，进一步提升了档案查阅利用效率。

【信息宣传】2022 年，后管中心为规范和加强本单位信息宣传以及电子档案的形成和保管，印发了信息宣传工作实施方案，并进一步梳理整合了内网相关专栏内容。一方面细化了对各部室及所属企业的信息宣传要求，并对任务量及考核方式作出了明确；另一方面通过整合相关模块内容，使其更加贴合了中心工作实际，总体由 7 个模块调整为 6 个模块。

【财务制度建设工作】2022 年，后管中心修订印发财务管理方面制度共 6 项，包括《贵阳海关后勤管理中心财务管理办法》《贵阳海关后勤管理中心财务审批和报销管理办法》《贵阳海关后勤管理中心采购管理规程》《贵阳海关后勤管理中心固定资产管理实施细则》《贵阳海关后勤管理中心涉案财物仓储管理工作规程》《贵阳海关后勤管理中心所属企业财务监督管理暂行办法》。

【安全管理】2022 年，后管中心高度重视安全生产工作，高效、安全保障公务车辆调派，对公务车辆常态化消毒 3146 次；开展驾驶员安全培训 4 次；保障公务车辆安全行驶 985 次、行驶里程 87357 千米，维修维护公务车辆共计 26 车次、车辆安全隐患排查 21 车次。全面细致开展安全检查，年内共计开展 30 次，覆盖区域包含各办公区以及公有住房。完成办公楼堆积杂物清理 10 余车、完善安全标识标牌 58 枚、更换设备间门锁 39 把，要求第三方服务商物业公司做好人员教育及安全培训、签订安全承诺书 58 份，解决了长期以来的历史遗留问题，在防范化解安全隐患方面取得较好成效。助力推进碳达峰、碳中和工作，在贵阳海关观山湖办公区分别搭建电动汽车充电桩 5 个、电动自行车充电桩 15 个，极大程度解决了关区职工电动汽车充电难的问题，同时规范了电动自行车充电及停放，避免了私自拉线充电的情况发生，实现了"停放+充电"安全双保险，为未来大范围推广电能交通工具使用打下良好基础。

【内部疫情防控工作】 2022年，后管中心根据属地和贵阳海关疫情防控要求，强化机关内部疫情防控，加大各门岗查检力度，2022年年内累计登记、测温121303人次，对办公区域消杀660次、停车场660次、电梯1320次、门把手660次、快递暂存点990次。在9月3—30日贵阳市静默管理至全面解封期间，后管中心领导班子靠前指挥，科学合理安排有限的人力资源，落实后勤生活保障、车辆保障、机关内部防控、安全管理等各方面工作。严格落实食堂、物业等第三方服务人员办公区内封闭管理措施，确保服务人员防控安全；迅速管控属地各办公区各个出入口，仅开放1个主要出入通道，加强进出人员登记、测温、"三码一结果"（健康码、通行码、场所码、核酸检测结果）检查，全月共计检查登记3313人次；监督指导物业服务商每日3次对各办公区开展卫生清洁和防疫消毒；加强对食堂服务商的监督管理，严格把控食堂食品安全，积极协调生活物资采买，全月累计保障各办公区用餐共计6927餐次；组织司勤人员开展线上行车安全培训，从严就高落实疫情防控和安全行车要求，指定1名专职驾驶员24小时在关区值班，由于疫情防控政策要求不能跨区，同时还安排2名驾驶员轮流在主城办公区域有序做好保障；指定专人在各办公区轮流值守，确保水电气、消防安全；加强对留守关区同志的关心关爱，就地在办公区内部解决5名同志的住宿、用餐问题。

【后勤保障工作】 2022年，后管中心在效率和质量上下功夫，多措并举提升后勤生活保障质量。充分结合当前服务社会化管理趋势，在贵阳市本地"一关四地"4个办公区统筹推行食堂全包管理，全面深化智慧食堂管理模式。同时，调整优化食堂服务商管理模式，加大监督管理力度，通过"每日一报告、每周一小结、每月一考评"方式结合不定期对食材和餐具进行抽检，在节约食堂开支的同时严格把控用餐安全，共计开展食堂服务月度考评12次，食材餐具抽检215次、食材退换处理39次。后管中心注重提升科学化管理服务水平，确保依法依规落实采购任务，同时平稳有序开展综合服务工作，保障关区各类型维修500余次；切实抓好资产管理工作，完成2022年资产清查工作，严格规范资产申领程序，按要求调配资产21车。

撰稿人

赵旭菲

中国电子口岸数据中心贵阳分中心

【概况】2022年，中国电子口岸数据中心贵阳分中心（以下简称"数据分中心"）在贵阳海关党委的坚强领导下，以习近平新时代中国特色社会主义思想为指导，进一步提高政治站位，履行政治责任，团结奋斗。年内，数据分中心以关区重点工作任务为抓手，以实际行动支持口岸疫情防控，促进外贸稳增长，不断强化系统运维保障能力，检查防风险保安全、抓规范促管理，进一步提高了工作效能，圆满完成了关区各项重点工作任务。

【党的建设】2022年，数据分中心把学习贯彻习近平新时代中国特色社会主义思想作为首要政治任务，扎实开展捍卫"两个确立"、做到"两个维护"、强化政治机关建设专项教育活动，做到全员覆盖，全面查摆问题、全面整改落实。树牢政治机关意识，不断提高政治判断力、政治领悟力、政治执行力，把讲政治落实到数据分中心工作的各领域、全过程。

年内，数据分中心巩固拓展党史学习教育成果，强化全面从严治党"两个责任"落实，认真贯彻落实意识形态工作责任制。全面把握党中央关于政治机关建设的各项要求，深入开展交流研讨，把习近平总书记重要指示批示作为政治要件，加强统筹协调，推进重大决策部署落地。年内，科技处数据分中心联合党支部共组织召开支委会15次，党员大会5次，主题党日活动12次，党小组会4次，廉政分析会4次，意识形态分析会2次，党课5次，集中理论学习5次，学习宣贯2次。支部书记与党员之间、党员与党员之间积极开展谈心谈话，进行政治家访，对困难群众上门拜访，以多种形式促进党员之间交流思想，有效增强党支部战斗堡垒作用。

年内，数据分中心认真贯彻落实中央八项规定及其实施细则精神，坚决纠治"四风"，切实解决形式主义、官僚主义突出问题。驰而不息推进党风廉政建设，压紧压实全面从严治党责任，抓好常态化警示教育，做实做细日常监督，不断提高队伍拒腐防变能力。结合"海关重点项目和财物管理以权谋私"专项整治活动及巡察、审计工作，查找业务领域风险、制度漏洞，优化完善内控机制，持续推动管理要求刚性落实，进一步提升廉政风险防控水平。

【开展专项工作】2022年，数据分中心严格按照关党委的统一部署要求，扎实开展捍卫"两个确立"、做到"两个维护"、强化政治机关建设专项教育活动，"海关重点项目和财物管理以权谋私"专项整治工作以及"学查改"三个专项工作。分别成立了以数据分中心主要负责人为组长，数据分中心及下属公司全员为成员的三个专项工作领导小组，同时指定专人组建工作专班负责各专项工作的推进落实。各专项工作均按照关党委的统一部署要求制订各专项工作方案，制定工作时间节点进度表，认真开展自查，形成问题清单并落实整改，严格开展督导检查，确保各专项工作有序按要求开展，将"没有离开政治的业务，也没有离开业务的政治"落实在各项工作中。

年内，数据分中心将学习教育始终贯穿于各专项工作中。根据贵阳海关关区各专项工作学习教育内容的安排，将捍卫"两个确立"、做到"两个维护"、强化政治机关建设专项教育活动，"学查改"专项活动的内容进行整合，结合后管中心实际情况，立足中心职责和岗位实际全员参与，以周例会必学、人

人领学的方式开展学习教育，将学习教育融入日常工作，形成了良好的学习氛围。撰写心得体会、剖析材料，积极参加学习测试，参与率达100%。

年内，数据分中心认真开展"海关重点项目和财物管理以权谋私"专项整治工作，通过"两班两表"即组成综合专班和项目专班，对各阶段工作任务制订工作计划表和学习计划表，有序推进各阶段工作。各工作专班按照要求开展自查，在查阅2000余份纸质和电子凭证的基础上，组织召开专班研讨，形成了数据分中心的廉政风险问题清单和整改清单，并结合2022年贵阳海关关区督察审计自查存在的问题，开展全面整改。在完成捍卫"两个确立"、做到"两个维护"、强化政治机关建设专项教育活动问题整改清单的基础上，数据分中心结合"学查改"专项工作"六对照六看六查"要求，进一步深入查摆问题，深刻剖析原因，明确了整改措施。

【内部规范管理】2022年，数据分中心以"海关重点项目和财物管理以权谋私"专项

整治工作以及审计整改为基础，规范内部管理。针对审计检查提出涉及整改的9个问题拟订整改实施计划，逐项整改落实，并以此为契机，举一反三、全面梳理排查存在的管理漏洞，对2项制度进行了补充修订，修改了下属海信通公司章程，重新制定了10个管理制度，进一步规范内部管理，提升了管理水平。

【规范下属企业管理】2022年，数据分中心以顺利完成"国企三年改革行动方案"验收为目标。贵州海信通科技有限公司在章程已修订、法人治理结构及议事规则已完善，并重新确定员工劳动关系的基础上，探索非公企业党组织建设方案，加强党的组织建设，发挥党组织的领导核心和政治核心作用，一名公司聘用人员党组织关系由原单位转入科技处数据分中心联合党支部，企业党员干部力量得到加强。

【经营业务增长】2022年，数据分中心在人力资源有限的情况下，开展信息化设备租赁、监控系统建设、弱电系统集成项目。年内实现业务收入206.44万元。

【创新电子口岸服务方式】2022年，数据分中心与中国建设银行贵州省分行、贵阳综合保税区管委会合作，以"贵州政务服务网"贵阳综合保税区分站点为全省互联网端电子口岸IC卡（"关银一KEY通"）业务申请入口，实现线上线下融合，联动办理，变过去的"线下办"为"线上办"、变"一处受理"为"多点可办"，为贵州省外贸企业带来口岸服务智能融合的新便利。该模式不仅优化办理流程、提高办事效率、节省企业成本，更是在疫情防控时期，有效减少了人员流动和非必要接触，切实把疫情防控落实到工作的方方面面。年内，共办理电子口岸卡1559张，新增企业874家，并通过"线上办"方式为155家企业办理了290张IC卡，实现了零接触、不出门、高效办卡的目标。

【抓好常态化疫情防控】2022年，数据分中心配合贵阳海关疫情防控工作小组的相关部署，对疫情防控工作的信息化保障第一时间响应，全力确保疫情防控部门设备稳定、网路通畅、系统可用。以高度的使命感和责任感做

好疫情防控工作，按中央和海关总署的决策部署结合贵阳海关疫情内部防控措施要求做好数据分中心内部疫情防控工作。严格执行出差、会议、培训等公务活动审批管理，做好人员外出登记，坚持实行每日健康台账登记制度，加强对干部职工的教育提醒，强化防护意识，自觉做好个人防护工作。

在贵阳发生新冠疫情期间，收到静默管理通知后，第一时间以视频会议方式组织召开了数据分中心党小组抗击疫情扩大会议，数据分中心主要负责人对当前的疫情防控工作作出了部署和安排，要求全体职工听从指挥、服从安排、不信谣不传谣。安排专人保障关区会议网络畅通，做到快速响应，高效完成保障工作。

【全力做好运维保障工作】2022年，数据分中心建立与科技处机房检查"联检"机制，执行"日巡检"制度，以及节假日前的安全巡检，做好各项巡检记录，发现安全隐患及时报告并采取措施，避免出现安全问题。年内共完成会议信息化技术服务451次，指挥中心例行巡检值守

274次，电脑打印机等办公信息化设备故障处置1583次。在"5·17""6·05""6·10"航班期间，数据分中心技术保障人员按照前期工作部署到现场开展设备及网络巡检，确保万无一失。每架航班到港期间，技术人员全程值守指挥中心，确保视频监控及现场通讯正常，航班监管工作顺利进行。全力做好2022年度网络攻防演习工作，按照2022年度网络攻防演习要求，数据分中心成立工作小组，派出技术人员全程参与攻防演练的值班值守，制定2022年度网络攻防演习任务清单和攻防演习专项应急预案，切实做好电子口岸专网分中心节点信息系统的安全防护工作。自9月29日起，数据分中心两位同志全力以赴做好科技处组织的党的二十大期间关区网络安全"7×24小时"保障工作，坚决防止关区网络安全重大风险，坚决杜绝关区重要系统、重要网络大面积瘫痪，重要网站被篡改，重要系统的数据大面积泄漏等事件发生，全力保障党的二十大贵阳海关关区网络安全。

【安全生产工作】2022年，为

切实做好数据分中心安全生产工作，落实"吹哨人"制度，数据分中心成立安全生产工作领导小组，主要负责人任组长，数据分中心全体人员任成员，做到目标明确，责任落实，工作到位。对数据分中心所管理的库房进行了全面检查清理，清退了缉私局库房，做到库存物品集中统一存放。对机房、二级指挥中心及中心各个办公场所进行检查，重点检查机房及办公场所各项安全措施是否有效落实，办公场所是否存放易燃易爆物品，查看应急装置是否完好有效，电子设备及插板是否存在老化现象，办公场所的电子设备下班时是否及时关闭。加强公务用车管理，严格落实海关总署财务司加强公务用车安全使用管理工作精神，深刻汲取安全生产事故教训，开展全面自查，压紧压实公务用车安全使用管理责任。

【开拓市场，推进经营管理】 2022年，数据分中心为更好地利用平台优势，采取创建战略合作伙伴库的方式弥补人力资源及技术资源匮乏的短板，积极与具备技术优势、资质优势、服务优势的公司合作，签订战略合作协议，寻找合作机会，开发新市场，提高经营创收。经市场调研走访多家企业，截至2022年年底，5家企业纳入战略合作伙伴库。

年内，数据分中心在做好现有业务的基础上，转变思路，最大限度地发挥下属企业的市场化优势，创新服务方式，增加"信息化设备租赁"服务，切实解决了贵阳海关关区信息化设备配置限制所造成的供需矛盾，满足了缉私局的办公信息化设备短缺的需求。在了解到综合业务二处、兴义海关存在信息化设备老旧、损坏无法使用且科技处无法调配新设备的实际情况后，数据分中心主动作为，无偿提供打印机等信息化设备供其使用，解决了日常办公急需解决的问题。

【推动跨境电商新业态发展】 2022年，贵州省跨境电商迎来快速增长，企业数量和业务规模都实现了较大提升，特别是临近"双11"期间，跨境电商通关需求更是井喷式增长，给原有数据交换二级节点平台带来了较大压力。为解决业务快速增长而导致数据传输通道拥堵、数据交换反馈时间长的问题，数据分中心充分发挥信息技术优势，对数据交换二级节点平台和传输通道进行了自主优化，对申报环节的企业信息、参数校验等基础配置数据读取进行了改造，通过增加硬件资源，扩容优化网络等方式，使数据交换二级节点性能在全功率传输模式开启的状态下，峰值处理能力达到800票/秒，较之前速率提升了800%，原本的10万票货物需要20多分钟才能传输完毕，而现在只需125秒，使得"道路更宽、速度更快"，实现通关效率"秒级响应"。11—12月，共保障数据交换二级节点传输跨境电商申报及回执数据52369条。新的数据交换平台为进一步服务贵州省加快发展跨境电子商务贸易新业态，助力贵州开放型经济高质量发展提供了强有力的技术支撑。

【落实"我为群众办实事"实践活动】 2022年，为更好地为贵州省内进出口企业做好服务，方便快捷的办理电子口岸IC卡业务，数据分中心工作人员深入隶属关辖区内建设银行分行网点进行现场检查评估，指导银行网点进一步完善服务场所互联网接入条件、制卡服务专用终端和用户服务体系，积极推动银行网点申办制卡代理点，使"关银一KEY通"项目做到贵阳海关所有隶属海关全覆盖（贵阳龙洞堡机场、筑城、贵安、六盘水、凯里、毕节、兴义、遵义、铜仁）。开展共享盾业务培训，实现"让数据多跑路，让企业少跑腿"新理念，增加企业获得感，为广大外贸企业带来电子口岸与金融服务智能融合的全新体验，大幅增加"关银一KEY通"项目在地州一级建行业务的办理点，努力提高覆盖面。为认真落实"我为群众办实事"实践要求，深入实施"科技兴关"战略，数据分中心派员赴毕节海关、铜仁海关、六盘水海关、兴义海关、凯里海关等开展科技人员跟班作业活动，实地查看各隶属海关机房及信息化设施设备情况，就隶属海关在信息化建设、一线执法过程中实验室技术支撑是否到位等方面存在的问题及困难进行现场座谈并及时解决出现的问题。

撰稿人

郑 巍

第九篇

荣誉·名录

2022 年度贵阳海关获得 "双先" 表彰名录
（先进集体和先进个人）

海关总署缉私局党组授予"全国缉私部门先进基层党组织"称号

贵阳海关缉私局党支部

中共海关总署委员会授予"百名优秀执法一线科长"称号

张　凌

国家卫生健康委、海关总署、国家中医药局授予"全国消除疟疾先进个人"称号

罗　吉

海关总署政策法规司授予"2021 年全国海关优秀公职律师"称号

犹　珩

海关总署缉私局党组授予"全国缉私部门优秀共产党员"称号

张琦悦

海关总署缉私局党组授予"全国缉私部门优秀党务工作者"称号

曾　征

海关总署政治部授予"党务之星"称号

刘　伟

贵阳海关记三等功人员

方晓红　　熊　剑　　吕琪泳　张宗利　次仁欧珠　郭　宇　　秦海鸥　段　晖
陈　沛

贵阳海关记功人员

秦　洁

贵阳海关机关党委授予"优秀党务工作者"称号

黄极限　　陈英汇　　李　菁　罗　晶　　周明杰　　白陀丽　　张　伟　李勤刚
黎仁军

贵阳海关2022年度授予嘉奖人员

徐应奎	王卫民	周雪松	王　芳	孙　靖	胡　劼	黄维洪	肖文锋
王晓刚	陈　坦	李　峰	辜　黎	沈星啸	阳凯沙	范宝强	李　梅
胡安琳	陈英汇	李　彦	李　菁	邢江涛	郭志锋	邵　浪	张　宇
张冰雪	于　涛	徐正斌	周　峰	梁　辉	姜　醒	周明杰	刘理恒
陈慧龙	王小庆	曾玲珑	左　耘	王　琼	刘　洋	张一博	龙怡帆
刘　兵	黄佑能	王　迪	杨珺轶	石　璐	高　升	胡　晖	焦　淼
马梦庚	廖　军	罗晓静	金长富	赵忠蕾	曹　旭	黎仁军	孙茂芳
罗天林	刘　松	曹云恒	周　筱	周富强	郭　杰	迟雪梅	赵旭菲
郑　峰	谢荣恒	熊　骏	高　睿	谢　南	杨　金	金　瑶	陈　林
张济麟	吴承涛	宋小鹤	向　阳	杨继松	张　凌	龙　霄	潘兴鹏
李辰辉	王　娟	刘康书	黄极限	苏文嘉	晏　辉	黄　璐	曹　玢
陈　健	罗　晶	李雪梅	李永良	丁　颖	陈　浩	何亚乔	宋　雪
郑　巍							

2022 年贵阳海关接受国务院 "授衔令" 人员名单

孙永泉（授予一级关务监督）

陈　力（授予二级关务监督）

张　勇（授予二级关务监督）

第十篇

海关统计资料

2022 年贵阳海关统计资料

表 10-1 2022 年贵州省分地区进出口情况统计表

代码	地区	进出口		出口		进口	
		人民币 （亿元）	人民币 同比（%）	人民币 （亿元）	人民币 同比（%）	人民币 （亿元）	人民币 同比（%）
合计		681.1533	4.9202	424.6896	-12.5270	256.4637	56.6655
5201	贵州省贵阳市	494.5866	-3.1032	292.9364	-25.2085	201.6501	69.8027
5202	贵州省六盘水市	15.4518	-33.2577	0.4631	721.5864	14.9887	-35.0998
5203	贵州省遵义市	86.9922	40.2843	60.4303	39.6525	26.5619	41.7432
5204	贵州省铜仁市	32.4944	116.3893	25.4609	81.8799	7.0335	590.9826
5205	贵州省黔西南布依族苗族自治州	3.2683	14.1514	3.0959	8.6845	0.1725	1076.3584
5206	贵州省毕节市	4.7337	21.1900	3.5777	-5.8116	1.1559	975.2807
5207	贵州省安顺市	8.9962	55.1057	5.4715	29.8976	3.5247	121.9747
5208	贵州省黔东南苗族侗族自治州	9.5045	91.5966	9.4404	93.4311	0.0641	-20.0935
5209	贵州省黔南布依族苗族自治州	25.1256	19.2184	23.8134	14.6413	1.3123	332.7461

表 10-2 2022 年贵州省分贸易方式进出口情况统计表

贸易方式	进出口		出口		进口	
	人民币 （亿元）	人民币 同比（%）	人民币 （亿元）	人民币 同比（%）	人民币 （亿元）	人民币 同比（%）
总值	681.1534	4.9202	424.6896	-12.5270	256.4638	56.6655
一般贸易	453.7579	-0.9125	305.0277	-18.1434	148.7302	74.3619
加工贸易	143.1323	23.8108	84.3271	23.8002	58.8052	23.8261
来料加工贸易	34.0238	147.2803	14.0046	80.5402	20.0193	233.5332

续表

贸易方式	进出口		出口		进口	
	人民币 （亿元）	人民币 同比（%）	人民币 （亿元）	人民币 同比（%）	人民币 （亿元）	人民币 同比（%）
进料加工贸易	109.1085	7.1304	70.3225	16.5082	38.7859	-6.5128
对外承包工程出口货物	0.6523	-95.5784	0.6523	-95.5784	0.0000	—
保税物流	79.9285	61.7871	33.7620	70.1738	46.1664	56.1589
海关保税监管场所进出境货物	11.7956	-3.0749	1.8361	42.2121	9.9595	-8.4497
海关特殊监管区域物流货物	68.1328	82.9872	31.9259	72.1201	36.2069	93.7750
海关特殊监管区域进口设备	2.5084	163.1411	0.0000	—	2.5084	163.1411
其他贸易	1.1741	-88.8805	0.9205	-90.9437	0.2536	-35.7346

表 10-3　2022 年贵州省分企业性质进出口情况统计表

企业性质	进出口		出口		进口	
	人民币 （亿元）	人民币 同比（%）	人民币 （亿元）	人民币 同比（%）	人民币 （亿元）	人民币 同比（%）
总值	681.1534	4.9202	424.6896	-12.5270	256.4638	56.6655
国有企业	232.9604	0.9220	174.5719	1.0458	58.3885	0.5536
外商投资企业	32.5887	-3.6832	20.2479	-0.3583	12.3409	-8.6826
中外合作企业	0.0038	-48.7176	0.0000	—	0.0038	-48.7176
中外合资企业	13.0256	-9.0674	7.9924	-3.0709	5.0331	-17.2016
外商独资企业	19.5594	0.2885	12.2554	1.4940	7.3039	-1.6713
民营企业	415.3564	8.1472	229.7791	-21.3417	185.5773	101.8396
集体企业	22.1302	-6.3680	19.0997	-16.0283	3.0306	240.5279
私营企业	393.2261	9.0990	210.6794	-21.7903	182.5467	100.4841
其他	0.2479	-48.1165	0.0908	-69.7950	0.1571	-11.3359

表 10-4　2022 年贵州省分国别（地区）进出口情况统计表

代码	国别（地区）	进出口		出口		进口	
		人民币 （亿元）	人民币 同比（%）	人民币 （亿元）	人民币 同比（%）	人民币 （亿元）	人民币 同比（%）
合计		681.1534	4.9202	424.6896	-12.5270	256.4638	56.6655
101	阿富汗	0.0094	261.8647	0.0094	261.8647	0.0000	—

续表1

代码	国别（地区）	进出口		出口		进口	
		人民币（亿元）	人民币同比（%）	人民币（亿元）	人民币同比（%）	人民币（亿元）	人民币同比（%）
102	巴林	0.3162	−37.9178	0.0067	−72.3103	0.3095	−36.2098
103	孟加拉国	2.4077	96.7195	2.4077	100.0317	0.0000	−100.0000
104	不丹	0.0000	−100.0000	0.0000	−100.0000	0.0000	—
105	文莱	0.0200	−28.7005	0.0200	−28.7005	0.0000	—
106	缅甸	2.1217	−44.8219	2.0579	−45.3371	0.0638	−20.7249
107	柬埔寨	0.9674	25.8706	0.9674	25.8991	0.0000	−100.0000
108	塞浦路斯	0.0114	245.2637	0.0114	245.2637	0.0000	—
110	中国香港	86.6420	−53.4885	85.5031	−54.0991	1.1390	34100.3267
111	印度	22.9807	17.1104	19.2037	−0.0047	3.7770	802.4684
112	印度尼西亚	56.8371	570.5760	11.7548	45.0520	45.0822	12019.3978
113	伊朗	0.2265	161.3701	0.1197	73.0744	0.1067	511.2951
114	伊拉克	0.7648	6.3631	0.7648	6.3631	0.0000	—
115	以色列	0.8502	59.6885	0.7984	50.9446	0.0518	1389.8733
116	日本	21.5570	−9.1172	19.1998	9.4090	2.3571	−61.8022
117	约旦	0.7339	147.4981	0.7339	147.5317	0.0000	−100.0000
118	科威特	1.3979	153.9586	0.3212	160.5764	1.0767	152.0489
119	老挝	0.7818	−16.8109	0.7761	−17.4156	0.0057	—
120	黎巴嫩	0.0895	−26.4245	0.0895	−26.4245	0.0000	—
121	中国澳门	2.0388	23.5927	2.0388	23.5982	0.0000	−100.0000
122	马来西亚	35.0335	20.9621	11.6627	−32.9685	23.3708	102.1071
123	马尔代夫	0.0206	125468.5940	0.0206	125468.5940	0.0000	—
124	蒙古国	0.1096	−1.4374	0.1096	−1.4374	0.0000	—
125	尼泊尔	0.0591	−73.5450	0.0589	−73.6626	0.0003	—
126	阿曼	0.2447	−76.9326	0.2447	12.8838	0.0000	−100.0000
127	巴基斯坦	1.8986	−20.2995	1.8397	−22.7722	0.0589	—
128	巴勒斯坦	0.0015	377751.2821	0.0015	377751.2821	0.0000	—
129	菲律宾	10.5522	75.7518	10.5050	86.2085	0.0472	−86.9816
130	卡塔尔	3.6164	−76.7472	0.2264	−98.3445	3.3900	80.6040
131	沙特阿拉伯	5.4991	−43.8325	3.8260	77.2547	1.6731	−78.0776
132	新加坡	8.3704	255.7012	8.2692	273.5714	0.1013	−27.5062
133	韩国	31.9660	52.0613	28.7470	49.6340	3.2190	77.8212
134	斯里兰卡	0.2479	8.7518	0.2277	2.6501	0.0203	227.3187

续表2

代码	国别（地区）	进出口		出口		进口	
		人民币（亿元）	人民币同比（%）	人民币（亿元）	人民币同比（%）	人民币（亿元）	人民币同比（%）
135	叙利亚	0.0080	−72.8924	0.0080	−72.8924	0.0000	—
136	泰国	24.4235	−4.0915	13.7879	21.3259	10.6356	−24.5760
137	土耳其	6.9353	89.7926	6.9092	91.3966	0.0262	−40.9468
138	阿联酋	11.4621	7.0118	6.0129	−4.1771	5.4492	22.8394
139	也门	0.4442	2.5304	0.4442	2.5304	0.0000	—
141	越南	15.0504	18.4810	12.5496	9.2043	2.5008	106.5171
142	中国	20.6352	97.5650	0.0000	—	20.6352	97.5650
143	中国台湾	47.1145	5.8934	3.4860	−0.2560	43.6285	6.4176
144	东帝汶	0.0000	−100.0000	0.0000	—	0.0000	−100.0000
145	哈萨克斯坦	0.4311	44.3474	0.4311	44.3474	0.0000	—
146	吉尔吉斯斯坦	1.2870	234.3185	1.2870	234.3185	0.0000	—
147	塔吉克斯坦	0.0052	18.4588	0.0052	18.4588	0.0000	—
148	土库曼斯坦	0.0146	2034.4464	0.0146	—	0.0000	−100.0000
149	乌兹别克斯坦	0.6483	223.1650	0.6483	223.1650	0.0000	—
150	格鲁吉亚	0.0000	−100.0000	0.0000	−100.0000	0.0000	—
151	亚美尼亚	0.0000	−100.0000	0.0000	−100.0000	0.0000	—
152	阿塞拜疆	0.0000	−100.0000	0.0000	−100.0000	0.0000	—
201	阿尔及利亚	0.4205	144.2040	0.4205	144.1959	0.0000	325.5236
202	安哥拉	0.5429	130.6070	0.2030	41.0994	0.3399	271.2807
203	贝宁	0.0628	3072.6490	0.0628	3072.6490	0.0000	—
204	博茨瓦纳	0.0050	−68.3911	0.0050	−68.3911	0.0000	—
205	布隆迪	0.0000	—	0.0000	—	0.0000	—
206	喀麦隆	0.2053	24.3423	0.2053	24.3423	0.0000	—
211	乍得	0.0051	75.0032	0.0051	75.0032	0.0000	—
212	科摩罗	0.0000	−100.0000	0.0000	−100.0000	0.0000	—
213	刚果共和国	0.0227	−89.2043	0.0227	−89.2043	0.0000	—
214	吉布提	0.6468	436.5695	0.6468	436.5695	0.0000	—
215	埃及	1.0903	2.5592	1.0903	2.5597	0.0000	−100.0000
216	赤道几内亚	0.0000	−100.0000	0.0000	−100.0000	0.0000	—
217	埃塞俄比亚	0.0414	−56.8279	0.0414	−56.7913	0.0000	−100.0000
218	加蓬	6.0677	58.0092	0.0001	7260.2564	6.0677	58.0077
219	冈比亚	0.0387	483.1415	0.0387	483.1415	0.0000	—

续表3

代码	国别（地区）	进出口		出口		进口	
		人民币（亿元）	人民币同比（%）	人民币（亿元）	人民币同比（%）	人民币（亿元）	人民币同比（%）
220	加纳	0.5310	19.6219	0.5310	19.6504	0.0000	−100.0000
221	几内亚	0.2607	150.2427	0.2607	150.2427	0.0000	—
222	几内亚比绍	0.0846	—	0.0846	—	0.0000	—
223	科特迪瓦	0.7693	379.2861	0.2431	51.4317	0.5263	—
224	肯尼亚	1.1972	53.7591	1.1907	53.4671	0.0065	136.9245
225	利比里亚	0.0887	60.0226	0.0887	60.0226	0.0000	—
226	利比亚	0.2764	100.0751	0.2764	100.0751	0.0000	—
227	马达加斯加	0.0647	−80.9486	0.0647	−22.5332	0.0000	−100.0000
228	马拉维	0.0320	71.7895	0.0319	71.5760	0.0000	—
229	马里	0.1843	376.2886	0.1843	376.2886	0.0000	—
230	毛里塔尼亚	0.0636	8149638.4615	0.0636	8149638.4615	0.0000	—
231	毛里求斯	0.3026	45.9260	0.3026	45.9260	0.0000	—
232	摩洛哥	0.5065	−6.3566	0.5045	−6.5642	0.0020	117.3848
233	莫桑比克	0.7009	44.0954	0.7009	44.1586	0.0000	−100.0000
234	纳米比亚	0.6354	24.9416	0.6354	24.9416	0.0000	—
235	尼日尔	0.0000	−100.0000	0.0000	−100.0000	0.0000	—
236	尼日利亚	2.2911	121.7391	2.2848	121.1337	0.0063	—
237	留尼汪	0.0155	119.8578	0.0155	119.8578	0.0000	—
238	卢旺达	0.0126	0.2426	0.0126	0.2426	0.0000	—
240	塞内加尔	0.3033	−15.0978	0.3033	−15.0978	0.0000	—
241	塞舌尔	0.0140	13.2845	0.0140	13.2845	0.0000	—
242	塞拉利昂	0.0400	156.9561	0.0400	156.9561	0.0000	—
243	索马里	0.0555	385.4562	0.0555	385.4562	0.0000	—
244	南非	11.1068	3.8040	4.3508	−10.2833	6.7560	15.4813
246	苏丹	0.0890	11.8146	0.0890	11.8146	0.0000	—
247	坦桑尼亚	0.6022	35.8100	0.6022	35.8100	0.0000	—
248	多哥	0.5179	257.2592	0.5179	257.2592	0.0000	—
249	突尼斯	0.1643	−15.5092	0.1643	−15.5130	0.0000	—
250	乌干达	0.2388	386.3809	0.2388	386.3809	0.0000	—
251	布基纳法索	0.0395	5.7623	0.0395	5.7623	0.0000	—
252	刚果民主共和国	5.0071	483.6561	0.2003	−22.7610	4.8067	703.1368
253	赞比亚	0.1076	−83.3614	0.0145	357.4150	0.0931	−85.5389

代码	国别（地区）	进出口		出口		进口	
		人民币（亿元）	人民币同比（%）	人民币（亿元）	人民币同比（%）	人民币（亿元）	人民币同比（%）
254	津巴布韦	0.0615	161.5182	0.0615	161.5182	0.0000	—
259	马约特	0.0104	—	0.0104	—	0.0000	—
301	比利时	4.4349	32.1389	4.2490	36.0651	0.1860	-20.3655
302	丹麦	0.7041	11.9402	0.6086	7.3821	0.0955	53.4484
303	英国	6.4662	-12.5892	4.3935	-36.3387	2.0727	317.7721
304	德国	7.2118	20.1913	4.2109	22.5873	3.0009	16.9830
305	法国	9.3989	9.8572	8.3523	15.0781	1.0466	-19.3448
306	爱尔兰	0.5529	21.7617	0.4452	-0.9433	0.1077	2203.1373
307	意大利	3.4408	7.6348	3.1504	10.6816	0.2904	-17.1185
308	卢森堡	0.0000	-99.9475	0.0000	-99.9475	0.0000	—
309	荷兰	5.4624	-3.8375	5.3286	-4.2393	0.1338	15.4613
310	希腊	1.2221	11.8705	1.2221	11.8705	0.0000	—
311	葡萄牙	0.2728	-24.1653	0.2212	-26.9651	0.0516	-9.2449
312	西班牙	3.2916	33.0211	2.3825	63.7834	0.9090	-10.8607
313	阿尔巴尼亚	0.1543	3087.6267	0.1543	3087.6267	0.0000	—
315	奥地利	0.4720	237.5901	0.0471	-40.2375	0.4249	596.0051
316	保加利亚	0.4188	17.8003	0.4188	17.8260	0.0000	-100.0000
318	芬兰	0.3870	-43.1164	0.3860	18.5984	0.0010	-99.7204
320	直布罗陀	0.0000	-92.3077	0.0000	-92.3077	0.0000	—
321	匈牙利	0.2863	555.6970	0.2858	607.8158	0.0005	-85.8197
322	冰岛	0.0409	412.3449	0.0409	412.3449	0.0000	—
323	列支敦士登	0.0000	-100.0000	0.0000	-100.0000	0.0000	—
324	马耳他	0.2844	57.6672	0.2844	57.9462	0.0000	-100.0000
325	摩纳哥	0.0000	-100.0000	0.0000	-100.0000	0.0000	-100.0000
326	挪威	0.3378	11.3157	0.3377	11.2771	0.0001	—
327	波兰	2.6332	192.9483	2.6156	191.1366	0.0176	3746.6824
328	罗马尼亚	0.7070	62.4049	0.7026	144.5269	0.0044	-97.0142
329	圣马力诺	0.0000	-53.2423	0.0000	-53.2423	0.0000	—
330	瑞典	1.2205	-23.9762	1.1264	-5.4526	0.0941	-77.2710
331	瑞士	0.7946	-0.9924	0.7404	9.4823	0.0542	-57.0643
334	爱沙尼亚	0.5065	47.5617	0.5065	47.5617	0.0000	—
335	拉脱维亚	1.1254	33.4020	1.1253	33.3827	0.0002	—

续表5

代码	国别（地区）	进出口		出口		进口	
		人民币（亿元）	人民币同比（%）	人民币（亿元）	人民币同比（%）	人民币（亿元）	人民币同比（%）
336	立陶宛	0.2132	92.4341	0.2132	92.6032	0.0000	-100.0000
337	格鲁吉亚（旧）	1.1864	938.0088	1.1864	938.0088	0.0000	—
338	亚美尼亚（旧）	0.0677	134.5661	0.0677	134.5661	0.0000	—
339	阿塞拜疆（旧）	0.0402	-20.5948	0.0402	-20.5948	0.0000	—
340	白俄罗斯	0.0563	148.8955	0.0523	141.1882	0.0039	333.5099
343	摩尔多瓦	0.0043	48.9083	0.0000	-99.8201	0.0043	61.0521
344	俄罗斯	11.5834	299.3782	11.0200	361.7391	0.5635	9.6764
347	乌克兰	1.0331	-36.8057	0.2296	-70.9011	0.8035	-5.0015
350	斯洛文尼亚	0.3129	17.5032	0.3108	16.6888	0.0022	942978.2609
351	克罗地亚	0.1030	0.4975	0.1030	0.4975	0.0000	—
352	捷克	0.3524	15.0692	0.3024	24.4025	0.0500	-20.8536
353	斯洛伐克	0.0398	241.0748	0.0397	774.0862	0.0001	-98.5334
354	北马其顿	0.0025	-78.5465	0.0025	-78.5465	0.0000	—
355	波斯尼亚和黑塞哥维那	0.0009	-60.8924	0.0009	-60.8924	0.0000	—
356	梵蒂冈	0.0000	-66.6667	0.0000	-66.6667	0.0000	—
357	法罗群岛	0.0000	-100.0000	0.0000	-100.0000	0.0000	—
358	塞尔维亚	0.0337	66.0852	0.0337	66.0852	0.0000	—
359	黑山	0.1148	17.5491	0.1148	17.5491	0.0000	—
402	阿根廷	5.6377	65.5026	2.7101	-14.9684	2.9275	1235.7393
403	阿鲁巴	0.0000	-92.8571	0.0000	-92.8571	0.0000	—
404	巴哈马	0.0028	408.8512	0.0028	408.8512	0.0000	—
405	巴巴多斯	0.0003	—	0.0003	—	0.0000	—
406	伯利兹	0.0066	-1.2852	0.0066	-1.2852	0.0000	—
408	玻利维亚	0.7646	1768.4511	0.0204	-50.0963	0.7442	—
410	巴西	13.3516	2.8189	5.0440	-58.3961	8.3076	864.0329
411	开曼群岛	0.0000	-100.0000	0.0000	-100.0000	0.0000	—
412	智利	4.4071	-11.8414	3.3553	-11.2825	1.0518	-13.5784
413	哥伦比亚	2.7303	314.8516	1.0773	63.6863	1.6531	7119063.7812
414	多米尼克	0.0112	1430665.3846	0.0112	1430665.3846	0.0000	—
415	哥斯达黎加	0.1827	32.5879	0.1826	49.2988	0.0001	-99.2771
416	古巴	0.0436	66.5821	0.0436	66.5821	0.0000	—
418	多米尼加	0.5172	117.7779	0.5171	117.7785	0.0000	3.8760

代码	国别（地区）	进出口		出口		进口	
		人民币（亿元）	人民币同比（%）	人民币（亿元）	人民币同比（%）	人民币（亿元）	人民币同比（%）
419	厄瓜多尔	1.7104	185.5752	0.7398	23.5143	0.9706	—
420	法属圭亚那	0.0000	−100.0000	0.0000	−100.0000	0.0000	—
421	格林纳达	0.0000	—	0.0000	—	0.0000	—
423	危地马拉	0.2875	51.4394	0.2875	51.4394	0.0000	—
424	圭亚那	0.0705	220.6862	0.0705	220.6862	0.0000	—
425	海地	0.0000	−100.0000	0.0000	−100.0000	0.0000	—
426	洪都拉斯	0.0883	52.5132	0.0883	52.5132	0.0000	—
427	牙买加	0.0368	−43.7900	0.0368	−43.7900	0.0000	—
429	墨西哥	3.9421	7.1951	3.5226	12.8528	0.4195	−24.5648
431	尼加拉瓜	0.0613	808.2739	0.0613	808.2739	0.0000	—
432	巴拿马	0.7100	−1.3804	0.7100	−1.3804	0.0000	—
433	巴拉圭	0.0439	−57.2849	0.0439	−57.2849	0.0000	—
434	秘鲁	2.4516	6.5266	1.9453	45.1529	0.5063	−47.3268
435	波多黎各	0.0088	−79.5954	0.0088	−79.5954	0.0000	—
437	圣卢西亚	0.0000	—	0.0000	—	0.0000	—
439	圣文森特和格林纳丁斯	0.0000	−80.0000	0.0000	−80.0000	0.0000	—
440	萨尔瓦多	0.2139	93.3525	0.2138	93.3150	0.0000	—
441	苏里南	0.3719	103.6201	0.3719	103.6201	0.0000	—
442	特立尼达和多巴哥	0.0377	163.6015	0.0377	163.6015	0.0000	—
443	特克斯和凯科斯群岛	0.0000	−100.0000	0.0000	−100.0000	0.0000	—
444	乌拉圭	2.6879	−43.6225	0.4183	−91.2269	2.2696	—
445	委内瑞拉	0.3489	55.3350	0.3489	55.3350	0.0000	—
447	圣基茨和尼维斯	0.0000	−100.0000	0.0000	−100.0000	0.0000	—
448	圣皮埃尔和密克隆（旧）	0.0000	0.0000	0.0000	0.0000	0.0000	—
449	博纳尔，圣俄斯塔休斯和萨巴	0.0000	−100.0000	0.0000	−100.0000	0.0000	—
499	拉丁美洲其他国家（地区）	0.0000	900.0000	0.0000	900.0000	0.0000	—
501	加拿大	7.7739	54.7738	3.6960	−9.7255	4.0779	339.1684
502	美国	39.3616	27.5704	30.7472	21.5116	8.6143	55.1902
503	格陵兰	0.0000	100.0000	0.0000	100.0000	0.0000	—
504	百慕大	0.0000	−92.6136	0.0000	−92.6136	0.0000	—
599	北美洲其他国家（地区）	0.0000	−100.0000	0.0000	−100.0000	0.0000	—
601	澳大利亚	48.0425	5.4386	27.6189	73.6248	20.4236	−31.1344

续表7

代码	国别（地区）	进出口		出口		进口	
		人民币（亿元）	人民币同比（％）	人民币（亿元）	人民币同比（％）	人民币（亿元）	人民币同比（％）
603	斐济	0.2730	−24.8746	0.2730	−24.8746	0.0000	—
606	瑙鲁	0.0000	0.0000	0.0000	0.0000	0.0000	0.0000
607	新喀里多尼亚	4.9560	133324.8854	0.0031	−15.7312	4.9529	—
608	瓦努阿图	0.0000	−75.0000	0.0000	−75.0000	0.0000	—
609	新西兰	10.3241	10.1366	8.1857	−12.2952	2.1384	5157.8226
610	诺福克岛	0.0000	—	0.0000	—	0.0000	—
611	巴布亚新几内亚	0.1931	16.1719	0.1931	16.1719	0.0000	—
613	所罗门群岛	0.0116	10.8508	0.0116	10.8508	0.0000	—
614	汤加	0.0000	−100.0000	0.0000	−100.0000	0.0000	—
617	萨摩亚	0.0024	—	0.0024	—	0.0000	—
618	基里巴斯	0.0000	−100.0000	0.0000	−100.0000	0.0000	—
619	图瓦卢	0.0000	0.0000	0.0000	0.0000	0.0000	—
623	法属波利尼西亚	0.0015	−94.1756	0.0015	−94.1756	0.0000	—
699	大洋洲其他国家（地区）	0.0000	−99.8259	0.0000	−99.8259	0.0000	—
701	国家（地区）不明	0.1571	−11.3391	0.0000	0.0000	0.1571	−11.3392

表 10−5　2022 年贵州省分类章进出口情况统计表

类章	进出口		出口		进口	
	人民币（亿元）	人民币同比（％）	人民币（亿元）	人民币同比（％）	人民币（亿元）	人民币同比（％）
合计	681.1534	4.9202	424.6896	−12.5270	256.4638	56.6655
第一类 活动物	17.4792	984.6176	0.7175	240.2379	16.7616	1096.6957
第1章 活动物	1.1280	93.3411	0.1530	58.8021	0.9750	100.1732
第2章 肉及食用杂碎	14.6038	1642.8539	0.0000	−100.0000	14.6038	1646.4886
第3章 鱼、甲壳动物、软体动物及其他水生无脊椎动物	1.5476	1271.9285	0.5380	376.9796	1.0095	—
第4章 乳品；蛋品；天然蜂蜜；其他食用动物产品	0.1051	65.6593	0.0265	—	0.0786	23.9107
第5章 其他动物产品	0.0947	578.6354	0.0000	—	0.0947	578.6354
第二类 植物产品	10.8036	−50.0272	6.5221	−57.6456	4.2815	−31.1666

类章	进出口		出口		进口	
	人民币 （亿元）	人民币 同比（%）	人民币 （亿元）	人民币 同比（%）	人民币 （亿元）	人民币 同比（%）
第6章 活树及其他活植物；鳞茎、根及类似品；插花及装饰用簇叶	0.3815	31.1899	0.3815	31.1899	0.0000	—
第7章 食用蔬菜、根及块茎	0.2519	-65.9053	0.2091	-65.9877	0.0428	-65.4967
第8章 食用水果及坚果；甜瓜或柑橘属水果的果皮	2.7397	-44.0207	0.0124	339.7739	2.7272	-44.2427
第9章 咖啡、茶、马黛茶及调味香料	5.8647	-59.6785	5.8095	-59.4903	0.0552	-72.9199
第10章 谷物	0.8767	0.4041	0.0000	-100.0000	0.8767	1.5029
第11章 制粉工业产品；麦芽；淀粉；菊粉；面筋	0.0108	-72.9637	0.0000	—	0.0108	-72.9637
第12章 含油子仁及果实；杂项子仁及果仁；工业用或药用植物；稻草、秸秆及饲料	0.5487	420.4579	0.0804	-23.7703	0.4684	—
第13章 虫胶；树胶、树脂及其他植物液、汁	0.0699	9837.4312	0.0000	-100.0000	0.0699	—
第14章 编结用植物材料；其他植物产品	0.0598	-54.4539	0.0292	-13.7677	0.0306	-68.6073
第三类 动、植物油、脂及其分解产品；精制的食用油脂；动、植物蜡	0.1259	8.7129	0.0613	-42.1108	0.0645	555.5491
第15章 动、植物油、脂及其分解产品；精制的食用油脂；动、植物蜡	0.1259	8.7129	0.0613	-42.1108	0.0645	555.5491
第四类 食品；饮料、酒及醋；烟草、烟草及烟草代用品的制品	47.9374	41.0122	47.7265	40.9438	0.2109	58.4131
第16章 肉、鱼、甲壳动物、软体动物及其他水生无脊椎动物的制品	0.0025	—	0.0025	—	0.0000	—
第17章 糖及糖食	0.1958	84069.8401	0.0026	—	0.1933	82973.6826
第18章 可可及可可制品	0.0003	—	0.0000	—	0.0003	—
第19章 谷物、粮食粉、淀粉或乳的制品；糕饼点心	0.0651	253.3247	0.0631	904.7776	0.0020	-83.8141
第20章 蔬菜、水果、坚果或植物其他部分的制品	1.4623	14.2804	1.4621	14.2668	0.0002	—
第21章 杂项食品	1.8975	40.5651	1.8966	41.7577	0.0009	-92.6897
第22章 饮料、酒及醋	37.8999	37.6966	37.8856	38.1906	0.0143	-86.8188
第24章 烟草、烟草及烟草代用品的制品	6.4140	67.7792	6.4140	67.7792	0.0000	—
第五类 矿产品	61.6348	-2.9566	8.4824	38.8842	53.1524	-7.4082
第25章 盐；硫黄；泥土及石料；石膏料、石灰及水泥	28.0377	25.1002	8.3055	38.0249	19.7322	20.3564
第26章 矿砂、矿渣及矿灰	31.2103	-22.1085	0.1709	91.0097	31.0395	-22.3616

续表2

类章	进出口		出口		进口	
	人民币（亿元）	人民币同比（%）	人民币（亿元）	人民币同比（%）	人民币（亿元）	人民币同比（%）
第27章 矿物燃料、矿物油及其蒸馏产品；沥青物质；矿物蜡	2.3867	131.4107	0.0060	825.6870	2.3807	130.9756
第六类 化学工业及其相关工业的产品	118.8439	10.3930	118.1270	11.3078	0.7169	−53.1075
第28章 无机化学品；贵金属、稀土金属、放射性元素及其同位素的有机及无机化合物	60.8410	63.8253	60.4367	64.3874	0.4043	8.4084
第29章 有机化学品	1.7427	4.8670	1.7156	112.7774	0.0272	−96.8232
第30章 药品	0.1431	−23.9161	0.1407	−23.5543	0.0024	−40.3566
第31章 肥料	52.2667	−20.4285	52.2667	−20.4285	0.0000	—
第32章 鞣料浸膏及染料浸膏；鞣酸及其衍生物；染料、颜料及其他着色料；油漆及清漆；油灰及其他类似胶粘剂；墨水、油墨	0.7092	272.3005	0.7054	275.9048	0.0038	34.8196
第33章 精油及香膏；芳香料制品及化妆盥洗品	0.1527	280.1262	0.0968	697.2453	0.0559	99.3919
第34章 肥皂、有机表面活性剂、洗涤剂、润滑剂、人造蜡、调制蜡、光洁剂、蜡烛及类似品、塑型用膏、"牙科用蜡"及牙科用熟石膏制剂	0.0840	229.5190	0.0523	494.9011	0.0316	89.6615
第35章 蛋白类物质；改性淀粉；胶；酶	0.1190	−35.7689	0.0493	−13.0467	0.0696	−45.7979
第36章 炸药；烟火制品；引火合金；易燃材料制品	0.0007	−89.9099	0.0007	−89.9099	0.0000	—
第37章 照相及电影用品	0.0358	10519.8361	0.0358	10519.8361	0.0000	—
第38章 杂项化学产品	2.7490	8.5191	2.6270	8.8681	0.1220	1.5106
第七类 塑料及其制品；橡胶及其制品	38.7374	23.9711	26.8229	35.3883	11.9145	4.1905
第39章 塑料及其制品	5.8676	48.2637	4.8878	78.8114	0.9798	−19.9519
第40章 橡胶及其制品	32.8698	20.4481	21.9351	28.4383	10.9346	7.0846
第八类 生皮、皮革、毛皮及其制品；鞍具及挽具；旅行用品、手提包及类似品；动物肠线（蚕胶丝除外）制品	2.9473	−15.7338	2.9374	−15.8555	0.0098	48.2226
第41章 生皮（毛皮除外）及皮革	0.0000	−99.9926	0.0000	−100.0000	0.0000	—
第42章 皮革制品；鞍具及挽具；旅行用品、手提包及类似容器；动物肠线（蚕胶丝除外）制品	2.9462	4.1150	2.9363	4.0113	0.0098	48.2079
第43章 毛皮、人造毛皮及其制品	0.0011	−99.8297	0.0011	−99.8297	0.0000	—

类章	进出口		出口		进口	
	人民币（亿元）	人民币同比（%）	人民币（亿元）	人民币同比（%）	人民币（亿元）	人民币同比（%）
第九类 木及木制品；木炭；软木及软木制品；稻草、秸秆、针茅或其他编结材料制品；篮筐及柳条编结品	1.1222	36.7714	0.9043	51.5645	0.2179	-2.6619
第44章 木及木制品；木炭	1.0494	28.1525	0.8319	39.8139	0.2175	-2.8475
第45章 软木及软木制品	0.0000	-100.0000	0.0000	-100.0000	0.0000	—
第46章 稻草、秸秆、针茅或其他编结材料制品；篮筐及柳条编结品	0.0728	5036.8569	0.0724	5007.5523	0.0004	—
第十类 木浆及其他纤维状纤维素浆；纸及纸板的废碎品；纸、纸板及其制品	3.1884	159.3295	1.7878	145.1052	1.4006	180.0763
第48章 纸及纸板；纸浆、纸或纸板制品	3.0869	158.4419	1.6879	142.9447	1.3990	179.9902
第49章 书籍、报纸、印刷图画及其他印刷品；手稿、打字稿及设计图纸	0.1014	189.5969	0.0999	188.4671	0.0016	285.1610
第十一类 纺织原料及纺织制品	12.8683	8.1883	12.7721	8.2277	0.0961	3.2001
第50章 蚕丝	0.0027	-26.4158	0.0027	-26.4158	0.0000	—
第52章 棉花	0.1439	91.5726	0.1439	91.5726	0.0000	—
第53章 其他植物纺织纤维；纸纱线及其机织物	0.0013	-93.9268	0.0013	-22.3908	0.0000	-100.0000
第54章 化学纤维长丝；化学纤维纺织材料制扁条及类似品	0.5698	166.8710	0.5432	161.7104	0.0266	346.5508
第55章 化学纤维短纤	1.0779	432.5484	1.0775	452.7166	0.0004	-95.0115
第56章 絮胎、毡呢及无纺织物；特种纱线；线、绳、索、缆及其制品	0.1666	46.4985	0.1659	64.1645	0.0006	-94.9178
第57章 地毯及纺织材料的其他铺地制品	0.0538	217.1091	0.0533	233.5912	0.0005	-50.9957
第58章 特种机织物；簇绒织物；花边；装饰毯；装饰带；刺绣品	0.1206	14.1691	0.1190	13.0521	0.0016	322.9221
第59章 浸渍、涂布、包覆或层压的纺织物；工业用纺织制品	0.1134	8.9113	0.0951	27.4635	0.0183	-37.9997
第60章 针织物及钩编织物	0.1656	144.2163	0.1222	80.1949	0.0434	—
第61章 针织或钩编的服装及衣着附件	4.9057	-21.5598	4.9054	-21.5060	0.0004	-92.2877
第62章 非针织或非钩编的服装及衣着附件	4.9713	24.4935	4.9711	24.7657	0.0001	-98.6322
第63章 其他纺织制成品；成套物品；旧衣着及旧纺织品；碎织物	0.5757	-20.3216	0.5715	-20.5937	0.0042	49.2339
第十二类 鞋、帽、伞、杖、鞭及其零件；已加工的羽毛及其制品；人造花；人发制品	6.8692	49.6608	6.8690	49.6926	0.0001	-86.7810

续表4

类章	进出口		出口		进口	
	人民币（亿元）	人民币同比（%）	人民币（亿元）	人民币同比（%）	人民币（亿元）	人民币同比（%）
第 64 章 鞋靴、护腿和类似品及其零件	6.0028	61.5369	6.0028	61.5760	0.0000	−100.0000
第 65 章 帽类及其零件	0.1319	100.9484	0.1319	101.1596	0.0000	−60.2164
第 66 章 雨伞、阳伞、手杖、鞭子、马鞭及其零件	0.0252	−2.7081	0.0251	−2.5981	0.0001	−35.7884
第 67 章 已加工羽毛、羽绒及其制品；人造花；人发制品	0.7092	−9.3318	0.7091	−9.3384	0.0001	—
第十三类 石料、石膏、水泥、石棉、云母及类似材料的制品；陶瓷产品；玻璃及其制品	3.1685	28.8920	2.9932	26.7912	0.1753	79.7567
第 68 章 石料、石膏、水泥、石棉、云母及类似材料的制品	0.5502	6.7006	0.5450	6.6183	0.0053	15.9749
第 69 章 陶瓷产品	1.8548	28.3427	1.8038	28.9750	0.0510	9.3708
第 70 章 玻璃及其制品	0.7634	53.4978	0.6444	42.8822	0.1190	156.7839
第十四类 天然或养殖珍珠、宝石或半宝石、贵金属、包贵金属及其制品；仿首饰；硬币	0.6895	23.1707	0.4719	−2.7734	0.2176	192.2850
第 71 章 天然或养殖珍珠、宝石或半宝石、贵金属、包贵金属及其制品；仿首饰；硬币	0.6895	23.1707	0.4719	−2.7734	0.2176	192.2850
第十五类 贱金属及其制品	89.4527	270.6681	25.6579	33.6746	63.7948	1191.7709
第 72 章 钢铁	4.4516	56.4286	2.0115	−22.4039	2.4401	862.4895
第 73 章 钢铁制品	5.7734	−5.1976	5.6835	−5.1314	0.0899	−9.2040
第 74 章 铜及其制品	0.3167	−86.8041	0.0397	−63.3124	0.2770	−87.9130
第 75 章 镍及其制品	54.9964	3364.0508	0.1544	298.7696	54.8420	3440.6782
第 76 章 铝及其制品	10.3358	75.3133	10.2638	74.6625	0.0720	273.9080
第 78 章 铅及其制品	0.0000	−100.0000	0.0000	−100.0000	0.0000	—
第 79 章 锌及其制品	0.0108	−80.0395	0.0002	−94.5052	0.0106	−78.8951
第 80 章 锡及其制品	0.0000	−100.0000	0.0000	−100.0000	0.0000	—
第 81 章 其他贱金属、金属陶瓷及其制品	9.6802	405.6560	3.6765	189.2123	6.0037	833.4442
第 82 章 贱金属工具、器具、利口器、餐匙、餐叉及其零件	2.6903	8.2046	2.6503	7.1498	0.0399	212.1643
第 83 章 贱金属杂项制品	1.1975	39.3846	1.1780	40.3764	0.0195	−2.2370
第十六类 机器、机械器具、电气设备及其零件；录音机及放声机、电视图像、声音的录制和重放设备及其零件、附件	185.3408	−30.7642	111.9366	−47.1320	73.4042	31.1565

类章	进出口		出口		进口	
	人民币（亿元）	人民币同比（%）	人民币（亿元）	人民币同比（%）	人民币（亿元）	人民币同比（%）
第84章 核反应堆、锅炉、机器、机械器具及零件	46.9842	79.0678	31.2709	90.5799	15.7133	59.8518
第85章 电机、电气设备及其零件；录音机及放声机、电视图像、声音的录制和重放设备及其零件、附件	138.3567	-42.6993	80.6658	-58.7007	57.6909	25.0427
第十七类 车辆、航空器、船舶及有关运输设备	3.7693	-3.4372	3.6082	1.7730	0.1611	-55.0189
第86章 铁道及电车道机车、车辆及其零件；铁道及电车道轨道固定装置及其零件；附件；各种机械（包括电动机械）交通信号设备	0.0068	501.9430	0.0068	501.9430	0.0000	—
第87章 车辆及其零件、附件，但铁道及电车道车辆除外	2.8971	-0.2637	2.8358	-1.4777	0.0614	131.6540
第88章 航空器、航天器及其零件	0.8523	-14.3691	0.7534	13.2198	0.0989	-70.0267
第89章 船舶及浮动结构体	0.0131	475.8671	0.0122	2369.3422	0.0009	-51.7468
第十八类 光学、照相、电影、计量、检验、医疗或外科用仪器及设备、精密仪器及设备；钟表；乐器；上述物品的零件、附件	41.4772	-6.4710	21.8445	2.2674	19.6327	-14.5910
第90章 光学、照相、电影、计量、检验、医疗或外科用仪器及设备、精密仪器及设备；上述物品的零件、附件	38.7162	-5.8312	19.1057	5.2709	19.6105	-14.6053
第91章 钟表及其零件	0.2552	55.9442	0.2330	63.5959	0.0222	4.5923
第92章 乐器及其零件、附件	2.5058	-18.3681	2.5058	-18.3434	0.0000	-100.0000
第二十类 杂项制品	33.8574	125.1265	23.7642	59.5313	10.0931	6959.1329
第94章 家具；寝具、褥垫、弹簧床垫、软坐垫及类似的填充制品；未列名灯具及照明装置；发光标志、发光铭牌及类似品；活动房屋	19.7185	308.1882	9.6627	101.3014	10.0558	32753.7113
第95章 玩具、游戏品、运动用品及其零件、附件	7.8315	19.7819	7.7977	21.1549	0.0338	-66.8287
第96章 杂项制品	6.3073	71.8442	6.3038	72.2341	0.0035	-66.1520
第二十一类 艺术品、收藏品及古物	0.0000	-99.9664	0.0000	-99.9664	0.0000	—
第97章 艺术品、收藏品及古物	0.0000	-99.9664	0.0000	-99.9664	0.0000	—
第二十二类 特殊交易品及未分类商品	0.8407	-90.9288	0.6828	-92.4881	0.1579	-11.5413
第98章 特殊交易品及未分类商品	0.8407	-90.9288	0.6828	-92.4881	0.1579	-11.5413

附录

2022 年贵阳海关参与署级、省级课题政策研究成果目录

课题类型	课题名称
署级课题	RCEP 视角下中国—东盟自贸区 3.0 版建设路径与战略研究
	航空口岸公共卫生核心能力建设管理机制研究
省级课题	抢抓 RCEP 政策机遇 加快构建贵州特色农食产品"双循环"高质量发展新格局
	贵州省中欧班列物流体系建设发展研究

2022 年贵阳海关高级认证企业名单

行政相对人名称（法人组织全称）	列入日期
贵州富智康精密电子有限公司	2017-03-10
贵州詹阳动力重工有限公司	2019-07-31
贵州泰宏进出口有限公司	2012-06-04
贵州航宇科技发展股份有限公司	2022-10-20
中国烟草贵州进出口有限责任公司	2022-12-13
贵阳海信电子有限公司	2022-12-08

2022 年贵阳海关基层党组织体系

2022 年，贵阳海关有基层党委 9 个，党支部 33 个，创立支部党建品牌 25 个。党员 421 人，其中在职党员 322 人，退休党员 99 人。包括事业编制党员 41 人，企业编制党员（中检公司）11 人，非在编党员 13 人。

基层党委（9 个）
贵阳龙洞堡机场海关党委
筑城海关党委
贵安新区海关党委
六盘水海关党委
凯里海关党委
毕节海关党委
兴义海关党委
遵义海关党委
铜仁海关党委
党支部（33 个）
办公室党支部
法规处党支部
综合业务一处党支部
综合业务二处党支部
卫生检疫处党支部
动植物和食品检验检疫处党支部
企业管理和稽查处党支部
缉私局党支部
财务处党支部
科技处、数据分中心联合党支部

督察内审处党支部	
人事教育处党支部	
政工办、离退办联合党支部	
监察室党支部	
贵阳龙洞堡机场海关	第一党支部
	第二党支部
	第三党支部
筑城海关	第一党支部
	第二党支部
贵安新区海关	第一党支部
	第二党支部
遵义海关	第一党支部
	第二党支部
退休党员	第一党支部
	第二党支部
六盘水海关综合业务党支部	
凯里海关综合业务党支部	
毕节海关综合业务党支部	
兴义海关综合业务党支部	
铜仁海关综合业务党支部	
综合技术中心党支部	
后勤管理中心党支部	
中检公司党支部	